バスクの修道女　日々の献立

丸山久美

RECETAS DEL CORAZÓN
POR LAS HERMANAS DE LOS
CONVENTOS VASCOS

Introducción

はじめに

修道院の呼び鈴を鳴らしてしばらくすると、足早にやってくる修道女の足音が廊下に響き渡ります。そして、小さな回転扉の向こうから挨拶の声が返ってくるのです。

古くから、"トルノ"と呼ばれるこの回転扉は、表に出てはいけない修道女と外部との架け橋になってきました。スペインに住んでいた頃に出合った修道院のお菓子をきっかけに、私は幾度となく修道院のトルノを回してはお菓子を受け取り、顔は見えずともトルノ越しに修道女と話をしたものです。ときには、トルノの奥の禁域の面会室に導かれて、お話をしたり、ご馳走になったりという奇跡的なことも起きました。巡礼者のための宿泊施設のある修道院で料理をいただいたこともあり、今となれば懐かしい思い出がいっぱいです。

スペインでは、伝統料理の多くが修道院で生まれたといわれています。お城と同じように大きな竈と貯蔵庫があり、大人数のための料理作りが工夫されてきました。代々受け継がれたその料理を作る修道女は、美味しい料理を作る人の代名詞となり、今でも「おふくろの味」を象徴する存在として一目置かれているのです。

それはさておいても、修道院の料理には、私たちが今必要としているヒントがたくさん詰まっていると思います。キーワードを挙げれば、簡単、短時間で作れる、経済的、残さないで使い切る工夫、保存食、旬の食材、特別な日のうれしいお菓子など。そして何よりも、誰もが「美味しい!」と喜んでくれることが基本になっているのは、私たちと変わりません。

この本では、バスクでお会いした修道女のレシピを中心に、今まで訪れた修道院や文献からの料理も交え、日々の献立をご紹介します。食材が手に入りにくいものは、本来の味を損なわず、日本の食材で作れるようなアレンジを心がけました。献立に困ったとき、気軽に活用していただけたら幸いです。

丸山久美

ビスケー湾

Francia
フランス

Asturias
アストゥリアス

Cantabria
カンタブリア

País Vasco
バスク

Galicia
ガリシア

Navarra
ナバラ

La Rioja
ラ・リオハ

Cataluña
カタルーニャ

Castilla y León
カスティーリャ・イ・レオン

Aragón
アラゴン

Madrid
マドリード

Portugal
ポルトガル

Castilla-La Mancha
カスティーリャ=ラ・マンチャ

Comunidad
Valenciana
バレンシア

Extremadura
エストレマドゥーラ

Islas Baleares
バレアレス諸島

地中海

Región de
Murcia
ムルシア

Andalucía
アンダルシア

大西洋

España スペイン

ヨーロッパの中でも、スペインにはたくさんの女子修道院があり、北部のバスクにも数多く存在します。このバスクは春夏秋冬があり、山、海の恵みに育まれた地方です。そして独自の文化と伝統は大切に受け継がれ、発展を遂げたバスク料理は、スペインを代表とする料理です。

El convento

修道院とは

スペインの修道院は、外部からは想像ができないほど大きく、禁域の境界線の向こうには私たちが見ることのない世界が広がっているのでしょう。ですが、中世の頃と変わらない石造りの壁と長い回廊、中庭にはたくさんの木や花々があることは、修道女たちとの会話から分かります。同時に時代とともに老朽化が進んでいるところも多くあり、なかなか修復が叶わず、住みにくくなっている修道院もあるようなのです。

修道院とはキリスト教の戒律に従って共同生活をする場所のことです。カトリック修道院には大きく分けると、観想修道会と活動修道会があります。スペインの多くは前者で、この本でご紹介する修道院もしかりです。観想修道会の修道院には禁域があり、その境界線に外部から入ることは禁止され、また修道女たちも出ることができません。病院や事務的な手続きなどで外出することはありますが、その生涯を修道院の中で過ごします。ただし、修道会にはいくつもの会派があり、同じカトリックでも、修道院の規則はほんの少しずつ違います。例えば、この本にも出てくるクララ会、カルメル会、ほかにもベネディクト会、ドミニコ会、フランシスコ会、トラピスト会など、修道会名を聞いたことがおありじゃないでしょうか。

修道院で暮らす修道女たちは「マザー」「シスター」と呼ばれ、お互いも「シスター＋名前」で呼び合います。シスターと呼ばれるまでには志願期間、修練期間があり、それまではベールを被ることができないことも私たちはあまり知りません。

Un día en el convento
修道女たちの1日

決められたスケジュールの中で毎日を過ごす修道女たち。その1日はとても忙しく、祈りを中心に時間通りに毎日、きっちりとこなしていきます。1日のスケジュールは修道院によって多少の違いがありますが、ここでは善き羊飼いの修道院の1日をご紹介します。

ちなみに労働も修道院によってさまざまですが、共通しているのは自給自足を実践しているということです。野菜や果物など作物の農作業、養鶏の世話などが労働に充てられ、花を絶やさない教会のための花卉栽培も大切な仕事のひとつです。ほかには掃除や裁縫、そして収入源としての労働もあります。販売用のお菓子作りや刺繍、小物作り、アイロンがけ、本の装丁や家具の修理など、それぞれです。

Monasterio de las Carmelitas
Descalzas del Buen Pastor

6:30	起床	13:15	昼食	18:30	祈り
7:00	祈り	13:45	自由時間	20:00	夕食
8:30	ミサ	14:15	聖体訪問	20:45	自由時間
9:15	朝食	15:00	霊的読書	21:45	祈り
9:40	労働	15:45	祈り	22:30	自由時間
12:40	祈り	16:15	労働	23:00	就寝

El desayuno, la comida y la cena
朝食、昼食、夕食

修道女たちにとっても日々の食事は歓びのひとつです。食事の時間が遅いのはスペインの習慣。私たちと1〜2時間の違いがあります。朝と夜は比較的簡単な料理で済ませ、昼にしっかりとした食事を取るのが特徴です。

食事中の会話を禁じているところも多く、聖書などの朗読を聞きながら静かに食事をします。

比較的に食事も短時間。家族や友人たちとにぎやかに食卓を囲むスペインをはじめ、ラテン系の国々の人たちには考えられないことです。でも、私たち日本人も仕事中は1時間ほどの時間の中で料理をオーダーし、ひとりで黙々と食べていることを考えれば、それほどびっくりしないはずです。日曜日や祝日は会話しながら、平日より少しゆっくりと食事を楽しみます。

el desayuno［朝食］

朝はパンとミルクコーヒー。とてもシンプルに済ませます。パンはバゲットをスライスしたものが基本です。

マーマレードが添えられる日もあれば、日曜日だけと決めているところもあります。多くの修道院が朝にはコーヒーが欠かせません。「スペインらしいでしょ?」と聖クララ会のマザー。コーヒーには、好みの量のホットミルクを入れる修道女たちがほとんどです。大好きなコーヒーも夜は眠れなくなってしまうので、あくまで朝だけ。

果物は食卓の果物皿にいつでも絶やすことなく置かれ、3食内で好きなときに好きな果物を選んで食べられるようにしているので、朝食に果物を食べる修道女もいます。

la comida［昼食］

修道院は比較的、軽い料理が多いですが、お昼には重めの料理を食べます。一皿目、二皿目、デザート（おもに果物）、そしてバゲットなどのパンです。

la cena［夕食］

夜はごく軽い料理を作るのが基本ですが、昼食と同様に一皿目、二皿目、デザートをいただきます。

la merienda［おやつ］

通常おやつの時間はありませんが、日曜日も含めて特別な日にはおやつを食べることもあります。時間は日本の3時とは違い、4〜5時にいただきます。

Dos platos y postre
パンと二皿料理、そしてデザート

修道院の食事には習慣に沿った流れがあり、一皿目、二皿目、デザートの順番に食べます。レストランですと、前菜からスタートして一皿目が始まりますが、家庭や修道院では一皿目から始めます。一度にサーブされることも多く、日本の一汁二菜に通ずると思っていただくと分かりやすいかもしれません。

修道院ではこの流れに従って、主食であるパンを中心に料理のバランスを考え、料理内容を決めていきます。メニューを決めるのが楽になり、栄養バランスも考えやすくなる利点もあります。

primer plato
[一皿目]

野菜料理、豆料理が中心です。サラダやスープ、ポタージュは頻繁に作られる一皿目のひとつ。また米料理、パスタなどの炭水化物も一皿目に含まれます。重めな料理のときは二皿目にすることもあります。

segundo plato
[二皿目]

魚料理、肉料理、卵料理が中心です。魚、肉を焼いただけのシンプルなものや、煮込み料理など。卵料理はトルティージャやオムレツ、茹で卵料理など。いずれも一皿目で野菜が不足している場合はつけ合わせを添えることもあります。

聖クララ修道院では水曜日と金曜日が魚介料理、あとは肉料理2回、残りは豆料理、卵料理とおおまかに暗黙のルールがあるそうです。肉を食べないカルメル会では魚介料理と卵料理が中心です。

postre
[デザート]

果物が基本です。食卓の大きな果物皿に常時置かれた季節の果物から、好みのものを好きな量だけいただきます。栄養バランス的にも旬の果物からビタミンを摂ることは理にかなっていると感心するところです。ヨーグルトやチーズが加わることもあります。そしてそんなときにははちみつも欠かせません。

ときには手間のかからないプリンやクリーム、果物のマセドニアを作る修道女も。ちょっと手のかかったお菓子は私たちと同じで、時間のある日曜日や特別な日に作ります。

pan y bebida
[パンと飲み物]

パンは主食。毎日の3食に必ず食べるもので、バゲットとバタールの中間のような太さをしたフランスパンタイプのものが一般的です。お水はガラスやホーローの水さしに入れて食卓の上に。ミルクを飲む修道女や、夜にはインスタントココアを飲む修道女もいるそうです。ココアよりもう少し濃いホットチョコレートを冬の夕食後に飲むことも。夏にはレモネードや果物のジュースをいつでも飲めるようにして、水分補給をします。

Días especiales
特別な日

日曜日は特別な日で、いつもより時間をかけて料理を作ります。例えば、ロールパンやピザ、スペイン風のピザ "コカ (Coca)" やパイ "エンパナーダ (Empanada)" を生地から手作りします。

復活祭、聖母マリア昇天祭、諸聖人の日、クリスマスなどの祝日や、それぞれの教会にまつわる聖人の日、地域にまつわる聖人の日なども特別な日です。聖クララ修道院では、ふだん控えめにしている肉料理やデザートもいつもより時間をかけて作ります。善き羊飼いの修道院ではマザー・マリアがお得意のパイを焼くほか、聖クララ修道院では高齢の修道長が20cmもの高さのあるクリーム入りのケーキを作ったこともあったそう。得意なお菓子 "モスタチョーネス (Mostachones)" を作るときには、朝5時に起きて黙々とみんなに振る舞うお菓子の準備をすることも。

修道女のお誕生日も特別な日のひとつ。聖クララ修道院では、修道女のお誕生日はその修道女の好物の食材を使った料理を作ってお祝いするのが習慣。修道長のお誕生日には毎年、大好物の海老を使った料理とケーキが用意されます。料理だけではなく、祭壇を美しく飾ったり、特別なミサを行ったり、聖歌を歌ったり、劇をしたりとサプライズにも工夫を凝らし、喜ばしいお祝いにするそうです。

Recetario de las hermanas
修道女の毎日のご飯がお手本

本書では、実際に修道女たちが日々食べている料理をご紹介します。知恵と工夫、旬の食材を生かしつつ、あくまでも慎ましやかに、無駄なく、簡単に。文化の違いはあれど、日本の食材、調味料でも作れるシンプルなものがほとんどです。日々の食事、洋食の献立の参考にしてください。

1. 慎ましやか、経済的、あるもの、予算内で作る

2. 簡単、時間のかからない料理

3. 軽くて体に優しい

4. 旬の食材、栄養バランス、野菜たっぷりを意識する

5. 一皿目、二皿目、デザート(おもに果物)の献立を基準にする

6. 時間のあるときはデザートを手作りする

7. 季節の保存食を仕込み、残り物を工夫する

8. 洋食のお手本であり、スペイン・バスクの家庭料理のお手本

9. 代々伝わってきた知恵を取り入れる

10. 愛情を込めて作る

Índice
目次

MENÚ DE PRIMAVERA
春の献立

MENÚ PARA CUARESMA
四旬節の食事

MENÚ PARA PASCUA
復活祭の食事

MENÚ DE VERANO
夏の献立

MENÚ DE OTOÑO
秋の献立

MENÚ DE INVIERNO
冬の献立

コラム

修道女の薬箱レシピ

ジャム

その他

● 料理名などのローマ字はスペイン語表記で、例外的に
　バスク語を使用しています。

● 小さじ1は5㎖、大さじ1は15㎖、1カップは200㎖です。

● ごく少量の調味料の分量は「少々」で親指と人差し指で
　つまんだ分量です。

● 「適量」はちょうどよい分量、「適宜」は好みで入れなく
　てもよいということです。

● 野菜類は特に指定のない場合は、洗う、むくなどの作業
　を済ませてからの手順です。特に指示のない場合は、
　その作業をしてから調理してください。

● こしょうはすべて黒こしょうを使用しています。

鶏手羽元とそら豆のハーブ風味（⟶ **Page. 038**）

春野菜のスープ（──➤ Page.044）

玉ねぎのタルト（⟶ Page. 044）

春野菜炒め／鰯のピカタ（⟶ Page. 082）

あさりのご飯（⟶ *Page. 080*）

ゴシュア（──▶ Page. 089 ）

エンサラディージャ（⟶ Page. 112）

白身魚と野菜のバスク風 (⟶ Page. 112)

トリーハス (⟶ Page. 113)

さくらんぼのシロップ漬け（——➤ Page. 121）

ピストの卵落とし（⟶ Page. 126）

トマトソースかけご飯（——▸ Page.136 ）／豚肉のパプリカ風味とフライドポテト（——▸ Page.137 ）

ズッキーニの鶏挽き肉詰め（⎯⟩ Page.150）

オイルサーディンのサンドイッチ（──▸ Page. 158）

トマトとサラミのサラダ（—→ Page. 164 ）

鯵のエスカベチェ（⟶ Page. 182）

MENÚ DE PRIMAVERA

スペインの北部に位置し、大西洋に面したバスク地方では、春の始まりはまだ肌寒い日が続きます。ときには春の雪を見ることもあれば、霜が降りることもあるものの、3月から4月へかけて徐々に日は長くなり、降り注ぐ陽の光も次第に温かくなっていきます。

修道院では、春は1年で最も大切な復活祭を迎える重要な季節。復活の日までの40日間は「四旬節」と呼ばれ、神と向き合う特別な期間です。修道女たちはより一層、厳粛な祈りの日々を送ります。

そして復活祭の日にはキリストの復活を祝い、喜びを分かち合います。まさに修道院にも春がやって来ます。木々の若葉は初々しく、瑞々しい緑が輝く美しい季節の到来。

続いて訪れる5月は、聖母マリアの月。修道院の庭でも花々が次々とつぼみをほころばせ、いちご、ラズベリー、赤すぐりなどのベリー類やさくらんぼが、木々に色鮮やかな果実をつけ始めます。また、青々とした可愛いグリーンピースやそら豆、だいだい色のにんじんなどの野菜も収穫期です。春の恵みを愛しみながら、修道女たちは1年で最も美しい聖母月を実感します。

PRIMER PLATO 一皿目

Crema de zanahorias
にんじんのポタージュ

INGREDIENTES 材料(4人分)

にんじん---------------------------------------2本
玉ねぎ -------------------------------------1/2個
にんにく ------------------------------------1片
オリーブオイル --------------------------- 大さじ2
塩 --------------------------- 小さじ1/4〜1/2
こしょう --------------------------------- 少々

PREPARACIÓN 作り方

1. にんじん、玉ねぎ、にんにくは粗みじん切りにする。

2. 鍋にオリーブオイルを弱火で温め、玉ねぎをゆっくり炒める。

3. 玉ねぎがしんなりとしたら、にんじんとにんにくを加えてさらに
   4〜5分炒める。

4. 水3カップを加えて蓋をし、15分ほど煮る。

5. ミキサーまたはブレンダーでピューレ状にする。

6. 鍋に戻し入れて再度温め、塩、こしょうで味を調える。

CONSEJOS

旬の春にんじんと新玉ねぎを茹でてクリーム状に仕上げたポタージュ。新鮮な
野菜を使えば、スープストックいらずで作れます。ショートパスタを入れることも。
その際はさらに水2と1/2カップを加えて沸騰したら、3cm程度に折ったカッペ
リーニと塩適量を加えて混ぜ、弱火で8〜9分煮ます。

SEGUNDO PLATO 二皿目

Pollo al brandy
鶏肉のソテー グリーンピース添え

INGREDIENTES 材料(4人分)

鶏もも肉 -----------------------------------2枚
グリーンピース --------------------- 100g(正味)
にんにく ------------------------------------1片
ブランデー --------------------------- 大さじ2
オリーブオイル --------------------------- 小さじ2
塩、こしょう------------------------------各適量

PREPARACIÓN 作り方

1. 鶏肉は半分に切り、余分な脂を取り除き、塩、こしょうをふる。

2. にんにくは粗みじん切りにする。

3. フライパンにオリーブオイルを中火で温める。鶏肉を皮目から
   入れ、にんにくも加えたら弱めの中火に落として両面をゆっく
   り焼く。

4. グリーンピースは塩少々を入れた熱湯で2分ほど茹で、火を
   止めてそのまま置く(余熱でやわらかくなり、シワも出ない)。

5. 鶏肉の両面がこんがりとして中まで火が通ったら、ブランデー
   を加えて煮詰め、水気をきったグリーンピースとともに器に盛る。

CONSEJOS

蝶のような形をしたグリーンピースの花が春の訪れを知らせます。花が終わる頃
には、可愛らしい粒々のお豆が入ったさやが修道院の庭にもゆらゆらと揺れ
ます。たくさん採れたグリーンピースは茹でて冷凍したり、瓶詰めにしたりして保存
するのも、修道女たちの毎年恒例の仕事です。

Natillas
レモン風味のカスタードクリーム

INGREDIENTES 材料（4人分）

牛乳	2カップ
レモンの皮（ノーワックス）	1個分
卵黄	2個分
グラニュー糖	大さじ3と1／2
コーンスターチ	大さじ2

PREPARACIÓN 作り方

1. 鍋に牛乳1と1／2カップとレモンの皮を入れ、弱火で3分ほど煮る。
2. ボウルに卵黄とグラニュー糖を入れて混ぜ、レモンの皮を除いた1.を加えて混ぜる。
3. 鍋に戻し入れ、残りの牛乳で溶いたコーンスターチを加え、中火で混ぜながらとろみがつくまで煮る。

CONSEJOS

スプーンですくうお菓子が大好きなスペインの修道女たち。カスタードクリームをアレンジした色々なお菓子があります。修道院で古くから伝えられているコツは、クリームを混ぜるときは必ず木べらを使い、ダマにならないように同じ方向に優しく混ぜ続けることです。

卵と結婚式

「クララ会の修道院に、結婚式の前に卵を持って行くと式の日は晴れる」という言い伝えが古くからあります。今でも、カゴに入れたり、可愛く包んだりした1ダースの卵を持って来るカップルがたくさんいると、修道女がうれしそうに話してくれました。特に結婚シーズンの春から夏にかけては、ビルバオの街から少し離れたデリオの聖クララ修道院にもたくさんの卵が届けられるそう。微笑ましい話ですが、結婚式のお天気は当の本人たちにとっては深刻な心配事。ましてや雨の多いバスクですから……。

クララ会の"clara"は創立者の名前ですが、スペイン語で卵白の意味もあるから、あるいは中世の頃の結婚式は野外だったからなど、その起源は諸説あり、はっきりした由来は分かっていません。またクララ会は中世の頃からお菓子作りで有名ですが、それは卵がたくさんあったからともいわれています。

とても長い伝統なので、地方や場所によって習慣が変化していき、式の何日前に、誰が、いくつの卵を持っていくかなど、各修道院で違いがあるようです。

今もどこかのクララ会の修道院で、結婚式の日のために、また新郎新婦の永遠の幸福のために、祭壇に捧げた卵に祈る修道女がいることでしょう。

PRIMER PLATO 一皿目

Guisantes con patatas
グリーンピースとじゃがいもの煮込み

INGREDIENTES　材料(4人分)

グリーンピース ----------------------------------- 100g(正味)
じゃがいも --2個
玉ねぎ --- 小1個
にんにく ---1片
イタリアンパセリのみじん切り----------------------- 少々
オリーブオイル ------------------------------- 小さじ2
塩、こしょう--------------------------------------各適量

PREPARACIÓN　作り方

1. じゃがいもはひと口大に、玉ねぎとにんにくはみじん切りにする。

2. フライパンにオリーブオイルを弱火で温め、玉ねぎとにんにくを焦がさないように炒める。玉ねぎがしんなりとしたら、じゃがいもを加えてさらに炒める。

3. グリーンピースを加えて水をひたひたに注ぎ、塩、こしょうを加えて蓋をし、弱火で15〜20分煮る。

4. イタリアンパセリをふって軽く混ぜる。

CONSEJOS

チョリソー、ソーセージ、茹で卵などを加えても美味しい。タイムやオレガノなどのハーブを加えると、さらに香り高くなります。

SEGUNDO PLATO 二皿目

Pechugas de pollo rellenas
鶏肉のベーコン、チーズロール

INGREDIENTES　材料(4人分)

鶏むね肉 --4枚
ベーコン ---4枚
スライスチーズ(溶けるタイプ) ------------------4枚
薄力粉 --適量
白ワイン ----------------------------------- 大さじ3
オリーブオイル ----------------------------- 大さじ1
塩、こしょう---各適量
ラディッシュ --適量
レタス ---適量

PREPARACIÓN　作り方

1. 鶏肉は余分な脂を取り除く。皮を下にして置き、身の厚い部分に包丁を入れて開くように外側に寝かす。塩、こしょうを軽くふる。

2. 鶏肉の上にベーコン、スライスチーズを重ねて端からぎゅっと巻き、タコ糸でぐるぐる巻く。薄力粉を薄くはたきつける。

3. フライパンにオリーブオイルを中火で温め、2.の全体をこんがり焼く。焼き色がついたら、白ワインを加えて蓋をし、弱火にして鶏肉に火が通るまで15分ほど蒸し焼きにする。

4. タコ糸を取り除いて半分に切って器に盛り、輪切りにしたラディッシュとちぎったレタスを添える。

CONSEJOS

面倒でもタコ糸を使うと、仕上がりがきれいです。

Galletas de mantequilla
バタークッキー

INGREDIENTES 材料（直径3cmの丸形・約20枚分）

薄力粉 --- 125g
ベーキングパウダー ------------------------------------ 小さじ1/2
塩 -- ひとつまみ
バター（無塩）--- 60g
グラニュー糖 -- 50g
溶き卵--- 1個分

PREPARACIÓN 作り方

1. ボウルにバターを入れてやわらかくなるまで練る。

2. グラニュー糖を加えてよく混ぜ、溶き卵を加えてさらに混ぜる。

3. 薄力粉、ベーキングパウダー、塩を加えて混ぜる。ラップをして冷蔵庫で1時間ほど休ませる。焼くタイミングに合わせ、オーブンを180℃に温める。

4. 台の上に薄力粉（分量外）をふり、3.の生地を麺棒で1cm厚さにのばす。

5. 型で抜き、オーブンシートを敷いた天板に並べ、温めたオーブンで15分ほど焼く。

CONSEJOS
クッキーは焼き上がったときにくっつかないように間隔をあけて並べます。修道院ではバニラシュガーを加えることも。

カモミールのこと

春から夏にかけて、デイジーのような小さな可愛らしい花を咲かせるカモミール。自然治療の効能がとても多いハーブで、修道院では万能ハーブとして古くから生活の中に溶け込んでいます。

昔は、目の疾患や筋肉痛などの痛みに乾燥カモミールを湿布として使うこともあったようですが、現在はおもにハーブティーにして飲むことがほとんどです。風邪や感染症の予防のほか、免疫力を高める効果や体の酸化防止にもよいとされ、また消化も助けるので、食後のお茶として飲むのもおすすめです。胃の調子が悪いとき、痛みがあるときの助けにもなります。またリラックス効果もあるので、就寝前に飲むと心を落ち着かせ、睡眠の助けをしてくれます。

カモミールにはジャーマンとローマンの2種類があり、お茶に使われるのは背が高いジャーマンカモミールです。白い花びらが下を向き始め、黄色い部分がツンと突き出してきたら、お天気のよい日に花を摘みます。きれいに水で洗ったら、風通しのよい日陰で乾燥させて清潔なガラス瓶に入れ、太陽に当たらないように保存します。

Ensalada de zanahorias
にんじんのサラダ

INGREDIENTES 材料（4人分）

にんじん ------------------------------------2本
松の実 ----------------------------------- 20g
レーズン ----------------------------------- 25g
レモン果汁----------------------------------- 大さじ1
ディジョンマスタード---------------------------- 小さじ1
はちみつ ----------------------------------- 小さじ1
オリーブオイル -------------------------------- 小さじ1
塩 ------------------------------------- 小さじ1/4

PREPARACIÓN 作り方

1. にんじんはせん切りにする。

2. ボウルに入れ、残りの材料を加えて混ぜ、冷蔵庫で30分ほど
   味を馴染ませる。

CONSEJOS

採れ立ての、やわらかく瑞々しい春にんじんを生で楽しみます。体内でビタミン
Aに変わるβ-カロテンを多く含み、オリーブオイルを加えることでさらに吸収率
を高めます。混ぜて時間を置くとレーズンがやわらかくなり、全体に味が馴染ん
で美味しくなります。

Pollo con habas
鶏手羽元とそら豆のハーブ風味

INGREDIENTES 材料（4人分）

鶏手羽元（または鶏もも肉）-------------------------8本
そら豆 ----------------------------- 140g（正味）
トマト（完熟）----------------------------- 大1個
小ねぎ ------------------------------------2本
にんにく -----------------------------------1片
ローズマリー ----------------------------- 1〜2本
オリーブオイル -------------------------------- 大さじ1
塩、こしょう-----------------------------------各適量

PREPARACIÓN 作り方

1. 鶏手羽元は塩、こしょうをふる。

2. そら豆は薄皮をむく。トマトは皮をむき、粗みじん切りにする。
   小ねぎは3〜4等分に切る。にんにくは包丁の背で潰す。

3. フライパンを強火で熱する。オリーブオイルを入れて中火に落と
   し、鶏手羽元の全体をこんがり焼く。脂が出たら、その都度ペー
   パータオルでふき取る。

4. 2.を加えて塩、こしょうをふる。軽く混ぜ、ローズマリーをのせて
   蓋をし、弱火で20〜30分蒸し焼きにする。途中、水分が足りな
   いようなら適宜足す。

CONSEJOS

兎肉で作る料理ですが、ここでは鶏肉を使います。そら豆は崩れる程度にやわ
らかく、ほっくりとした食感を楽しみたいので、面倒でも薄皮はむきましょう。

Macedonia de frutos rojos
ベリーのマセドニア

INGREDIENTES 材料（4人分）

いちご --8個
ラズベリー --- 16個
ミントの葉--- 5〜6枚
レモン果汁--- 1/4個分
はちみつ --- 適宜

PREPARACIÓN 作り方

1. いちごはヘタを切り落とし、4等分に切る。ボウルに入れ、ラズ
   ベリー、ミントの葉、レモン果汁を加えて混ぜる。
2. 器に盛り、好みではちみつをかける。

そら豆のこと

4月になると待ちに待ったそら豆の収穫です。鳥に狙われてしまうので、網を被せたりして大事に育てます。

ぷっくりと育ったそら豆は茹でてオリーブオイルを垂らすだけでも美味しく、思わず笑みがこぼれます。

また、若いそら豆は皮がやわらかく、香りも高いので、さやが小さいうちに採り、やわらかいさやごと食べたり、炒めたり、スープにして楽しむこともあります。

さやごとそら豆の生ハム炒め

INGREDIENTES 材料（4人分）

そら豆（さやつき）---- 小15本
玉ねぎ -------------- 1/2個
生ハム----------------- 40g
オリーブオイル ------ 大さじ1
塩 ------------------- 適量

PREPARACIÓN 作り方

1. そら豆はさやのヘタを切り落とし、筋を取る。玉ねぎはみじん切りにする。生ハムは食べやすい大きさに切る。
2. 塩少々を入れた熱湯でそら豆をさやごと茹でる。筋がかたいようなら半分に開き割ってから茹でる。
3. フライパンにオリーブオイルを中火で温め、玉ねぎを炒める。しんなりとしたら水気をきったそら豆と生ハムを加えて炒め、塩で味を調える。

PRIMER PLATO 一皿目

Habas con bacón
そら豆のベーコン炒め

INGREDIENTES　材料（4人分）

そら豆 ------------------------------------ 140g（正味）
にんにく --------------------------------------1片
ベーコン ------------------------------------ 2～3枚
オリーブオイル ------------------------------- 小さじ2
塩、こしょう --------------------------------- 各適量

PREPARACIÓN　作り方

1. そら豆は塩少々を入れた熱湯で2分ほど茹でる。水気をきり、薄皮をむく。にんにくは薄切りにする。

2. ベーコンは2cm幅に切る。

3. フライパンを温め、オリーブオイル、ベーコン、にんにくを入れ、弱火で炒める。

4. ベーコンがこんがりとしてきたら、そら豆を加えて炒め、塩、こしょうで味を調える。

CONSEJOS

スペインでは、そら豆は薄皮ごと調理することが多いのですが、日本では大きく、皮がかたいものが多いので、このレシピが向いています。バスク南部のビトリアではベーコンの代わりに生ハムを使います。タイムで香りを加えてもよいでしょう。

SEGUNDO PLATO 二皿目

Pollo en pepitoria
鶏手羽元の松の実と卵のソース

INGREDIENTES　材料（4人分）

鶏手羽元 -------------------------------------8本
にんにく --------------------------------------1片
松の実 --------------------------------------- 20g
茹で卵 ---------------------------------------1個
赤唐辛子 -------------------------------------1本
白ワイン ------------------------------------ 1カップ
オリーブオイル ------------------------------- 小さじ2
塩、こしょう --------------------------------- 各適量

POSTRE デザート

Galletas saladas con mermelada de fresas
ストロベリージャムとクラッカー

PREPARACIÓN 作り方

1. 鶏手羽元は塩、こしょうをふる。

2. 乳鉢またはすり鉢ににんにくを入れてすりこぎで潰し、茹で卵の黄身を加えて軽く潰して混ぜる。さらに白ワイン半量と水1/2カップを加えて混ぜる。白身は粗みじん切りにする。

3. フライパンにオリーブオイルを中火で温め、鶏手羽元の全体をこんがり焼く。脂が出たら、その都度ペーパータオルでふき取る。

4. 松の実、赤唐辛子、残りの白ワインを加えて蓋をし、弱火で10分ほど煮る。途中水分が足りなければ適宜足す。

5. 2.を加え、さらに10分ほどそのまま煮る。

CONSEJOS

ナッツと茹で卵の黄身のソースで煮込む"ペピトリア"は、イスラム教徒の食文化を色濃く残す料理で、スペイン全土で食べられています。古い料理ですが、近代になってからスペインの女王イサベル2世のお気に入りとして流行するなど、長く愛されてきた料理です。ここでは松の実を使っていますが、アーモンドを使うことが多く、その場合は細かく砕きます。白いご飯にもとても合う料理です。

Mermelada de fresas
ストロベリージャム

INGREDIENTES 材料（作りやすい分量）

いちご --500g
グラニュー糖 ------------------------------250g

PREPARACIÓN 作り方

1. いちごは洗って水気をしっかりときり、ヘタを取り除く。大きければ半分に切る。

2. ボウルにいちごを入れ、その上にグラニュー糖をかけてひと晩置く。

3. 水分が出たいちごをそのまま鍋に移して中火にかける。ときどき木べらで混ぜながら15〜20分、木べらですくってポタッと落ちる程度まで煮る。

4. 瓶詰めにする（──▸ **Page. 357**）。

保存期間：冷暗所で6か月保存可能。

PRIMER PLATO 一皿目

Ensalada de remolacha
ビーツのサラダ

INGREDIENTES 材料(4人分)

ビーツ --- 大1個(500g)
オリーブオイル -- 大さじ1
レモン果汁(または白ワインビネガー) -------------- 大さじ1
塩、こしょう --- 各適量

PREPARACIÓN 作り方

1. ビーツは洗い、皮つきのまま鍋に入れてたっぷりの水を注ぐ。中火にかけて沸騰したら、弱めの中火にして30〜40分茹でる。火を止め、そのまま粗熱を取る。粗熱が取れたら、皮をむいて乱切りにする。

2. ボウルにビーツを入れ、オリーブオイルとレモン果汁を加えて混ぜ、塩、こしょうで味を調える。

CONSEJOS

メルセス会の修道院を訪ねたとき、「今日は特別な日なのでたくさん召し上がれ!」と色々なお料理でもてなしてくださいました。鶏肉のシャンパンオーブン焼き、野菜の煮込み、野菜のご飯、そしてこのビーツのサラダ! 茹でたビーツで指を真っ赤にしながらペティナイフで削ぎ切りにし、お皿にのせてレモンをたっぷりと搾り、あとはオリーブオイルと塩だけ。コツを聞くと、「刺して茹で具合を確認するとせっかくの栄養が流れ出してしまうので、ちょっとだけ触ってみるの。あとは長年の勘」とのことでした。素材の味を生かすことを教えてくれた逸品料理です。

SEGUNDO PLATO 二皿目

Pollo al cava
鶏肉のシャンパンオーブン焼き

INGREDIENTES 材料(2人分)

骨つき鶏もも肉 --- 2本
にんにく --- 2片
シャンパン(またはスパークリングワイン) ------- 1と1/2カップ
塩、こしょう --- 各適量
レタス -- 適量

PREPARACIÓN 作り方

1. オーブンを180℃に温めておく。

2. 鶏肉は半分に切り、塩、こしょうをすり込む。にんにくは包丁の背で潰す。

3. 耐熱容器に鶏肉を並べ、にんにくをのせる。シャンパン半量を回しかけ、温めたオーブンで15分ほど焼く。

4. 途中取り出して裏返し、残りのシャンパンを回しかけ、中に火が通り、表面がこんがりするまで焼く。

5. 器に盛り、ちぎったレタスを添える。

CONSEJOS

修道院は人数が多いので、一度にたくさん作れるオーブン料理が重宝されます。この料理も鶏肉にシャンパンをかけてあとはオーブンまかせで美味しくできてしまうレシピです。鶏手羽や骨なしのもも肉を使うこともあります。

Flan de café
コーヒープリン

INGREDIENTES　材料(4人分)
卵黄 ------------------------------------- 2個分
コンデンスミルク -------------------------- 大さじ2
牛乳 ------------------------------------- 1カップ
インスタントコーヒー----------------------- 小さじ1と1/2

PREPARACIÓN　作り方

1. ボウルに卵黄とコンデンスミルクを入れてよく混ぜる。

2. 別のボウルに牛乳とインスタントコーヒーを入れて泡立て器で混ぜる。コーヒーが溶けたら、1.に加えてさらによく混ぜ、2回ほど漉してココットに流し入れる。

3. 鍋にココットがずれないようにフキンを敷き、その上にココットを並べる。ココットの高さ半分まで熱湯を注ぎ、キッチンクロスで覆った蓋を被せて弱火で20〜25分湯せんにかける。火を止め、蓋をしたままさらに10分ほど置き、かたまったら粗熱を取って冷蔵庫で冷やす。

CONSEJOS
クリームやバニラアイスとも相性がよい、とろりとした蒸しプリンです。

Sopa de primavera
春野菜のスープ

INGREDIENTES 材料(4人分)

ベーコン(ブロック)	100g
にんじん	小1本
セロリ	1/4本
ブロッコリー	1/3個
玉ねぎ	小1個
にんにく	1片
グリーンピース	30g(正味)
絹さや	50g
白ワイン	大さじ4
薄力粉	大さじ1
オリーブオイル	小さじ2
塩、こしょう	各適量

PREPARACIÓN 作り方

1. にんじんは乱切り、セロリは筋を取って食べやすい大きさに切る。ブロッコリーは小房に分け、玉ねぎとにんにくはみじん切り、絹さやは筋を取る。ベーコンは1cm角に切る。

2. 鍋にオリーブオイルを温め、ベーコン、玉ねぎ、にんにくを炒める。

3. にんにくの香りが出たら、薄力粉を加えて粉っぽさがなくなるまで炒める。さらに白ワインを加えて半量まで煮詰め、水3と1/2カップを注ぐ。沸騰したらにんじん、セロリを加えて蓋をし、弱火でやわらかくなるまで10〜15分煮る。

4. 蓋を取り、残りの野菜を加えてやわらかくなるまで煮る。塩、こしょうで味を調えて器に盛る。

Tarta de cebolla
玉ねぎのタルト

INGREDIENTES 材料(直径20cmのタルト型・1台分)

タルト生地(右ページ)	全量
玉ねぎ	400g
生クリーム	75g
卵	2個
薄力粉	適量
オリーブオイル	適量
塩、こしょう	各適量

PREPARACIÓN 作り方

1. オーブンを180℃に温めておく。型にオリーブオイルを塗り、薄力粉を薄くはたく。玉ねぎは薄切りにする。

2. 型にタルト生地を敷き詰めてフォークで底全体に穴を開け、オーブンシートを重ねる。その上に重石をし、温めたオーブンで10〜15分空焼きする。

3. フライパンにオリーブオイル小さじ2を中火で温め、玉ねぎをしんなりとするまで炒める。

4. ボウルに生クリーム、卵、塩、こしょうを入れて混ぜる。3.を加え、さらに混ぜる。

5. 焼いたタルト生地に4.を流し入れ、再度180℃のオーブンで25〜30分焼く。

CONSEJOS

タルトを焼くのは特別な日。春にはフィリングに新玉ねぎをたっぷりと使い、その甘みを生かしたタルトを作ります。

Queso fresco con miel
フレッシュチーズとはちみつ

INGREDIENTES 材料（作りやすい分量）

好みのフレッシュチーズ（フロマージュ・ブラン、
リコッタチーズ、カッテージチーズ、フェタチーズなど）----- 適量
はちみつ -- 適量

PREPARACIÓN 作り方

1. 食べやすく切ったチーズを器にのせ、はちみつをかける。

CONSEJOS

スペインでは、さっぱりとした味わいの羊のフレッシュチーズ"ケソ・ブルゴス"が
一般的です。日本では、代わりに手に入りやすいフロマージュ・ブラン、リコッタ
チーズなどを使うと似た風味を楽しめます。

Pasta brisa
タルト生地

INGREDIENTES 材料（直径20cmのタルト型・1台分）

バター（無塩）------------------------------- 90g
薄力粉 -------------------------------------180g
塩 ---------------------------------- ひとつまみ
溶き卵------------------------------------- 1個分

PREPARACIÓN 作り方

1. 型にバターまたはオリーブオイル（ともに分量外）
を塗り、薄力粉（分量外）を薄くはたいて冷蔵庫で
冷やしておく。薄力粉はふるっておく。

2. 冷えたバターを2cm角に切り、ボウルに入れる。

3. 2.に薄力粉と塩を加え、手ですり混ぜる。バターが
見えなくなったら、溶き卵を加えてさらに混ぜる。

4. 丸めてラップで包み、冷蔵庫で1時間ほど生地
を休ませる。焼くタイミングに合わせ、オーブンを
180℃に温める。

5. 薄力粉（分量外）をふった台の上に生地を取り出
し、型より少し大きく麺棒でのばす。

6. 型に敷き詰め、余分な生地を包丁で切り落とす。
フォークで底全体に穴を開け、オーブンシートを重
ね、その上にひよこ豆などを重石にして敷き詰めて
温めたオーブンで10〜15分空焼きする。

Patatas y repollo
じゃがいもとキャベツのオリーブオイル和え

INGREDIENTES 材料(4人分)

新じゃがいも ----------------------------------- 2個
キャベツ ------------------------------------- 5枚
にんにく ------------------------------------- 2片
オリーブオイル ----------------------------- 大さじ1
塩、こしょう----------------------------------- 各適量

PREPARACIÓN 作り方

1. 新じゃがいもはしっかり洗い、たっぷりの水とともに鍋に入れて茹でる。茹で上がったら、皮がついたまま食べやすい大きさに崩す。

2. キャベツは好みの食感にさっと茹で(じゃがいもと一緒に茹でてもよい)、水気をきる。

3. ボウルに1.と2.を入れてさっと混ぜる。

4. にんにくは薄切りにする。フライパンにオリーブオイルを弱火で温め、にんにくを炒める。香りが出たら、3.に加えて混ぜ、塩、こしょうで味を調える。

CONSEJOS

じゃがいもを育てている修道院は多く、春には新じゃがいもの収穫が始まります。瑞々しくてやわらかい新じゃがは茹でてオリーブオイルをかけるだけでもごちそう。この料理は春キャベツと合わせ、にんにくで風味づけしたオイルが染み込んだところでいただきます。

Revuelto de gambas y ajos tiernos
海老とにんにくの芽のスクランブルエッグ

INGREDIENTES 材料(4人分)

卵 --- 4個
海老(殻つき) ----------------------------------- 8尾
にんにくの芽 ----------------------------- 12本
オリーブオイル ----------------------------- 大さじ1
塩、こしょう----------------------------------- 各適量

PREPARACIÓN 作り方

1. 海老は頭があれば切り落とし、殻と背ワタを取り除く。

2. にんにくの芽は3cm長さに切る。

3. ボウルに卵を割りほぐし、塩、こしょうを加えて混ぜる。

4. フライパンにオリーブオイルを中火で温め、海老とにんにくの芽を炒める。

5. フライパンに3.を流し入れ、木べらで大きく混ぜて半熟に火を通す。

CONSEJOS

にんにくの芽は春に収穫する野菜のひとつ。にんにくがまだでき上がっていない成長過程で新芽が伸び、やわらかい小ねぎのような状態のときが甘く、食べ頃です。種類は違いますが、日本のにんにくの芽でも美味しく作れます。

Magdalenas Franciscanas
フランシスコ会のマドレーヌ

INGREDIENTES　材料（直径7cmのマフィン型・6〜7個分）

バター（無塩）	50g
卵（Lサイズ）	2個
グラニュー糖	60g
薄力粉	75g
レーズン	50g

PREPARACIÓN　作り方

1. オーブンを180℃に温めておく。型にカップケースを敷いておく。

2. バターは湯せんで溶かす。

3. ボウルに卵を割りほぐし、グラニュー糖を加えてハンドミキサーで6〜7分混ぜる。泡立て器の場合は20分ほど混ぜる。

4. 3.に溶かしたバターを加えてさっと混ぜ、薄力粉をふるいながら加えて混ぜる。

5. レーズンを加えてさらに混ぜ、型に流し入れる。

6. 温めたオーブンで20分ほど焼く。

CONSEJOS

レシピは少しずつ違いますが、どこの修道院も比較的よく作るお菓子です。親しみやすいフランス語の"マドレーヌ"で表記しましたが、スペインでは同様にマグダラのマリアに由来した女性名"マグダレナ"と呼ばれています。形は異なりますが、修道院では、中世の頃から作られてきた歴史があります。

修道院のお菓子

中世の頃、大きなかまどを持っているのはお城と修道院だけでした。当時の一般市民には遠い存在だった砂糖も、高価だった卵や小麦粉、乳製品なども、修道院ではこと欠かなかったのです。大航海時代、黄金時代などの歴史背景もあり、修道院ではお菓子作りに適した環境が整っていました。貴族や良家の子女が修道院に入ることも多く、料理のできる召使も一緒に入ることから、修道女たちは専門的な知識や流行も取り入れることができました。さらに、国土回復運動によって改宗したイスラム教徒や、ユダヤ教徒たちが修道院に入ることもあり、そんな影響も受けながら、研究に余念のない修道女たちの手でお菓子はどんどん進化しました。おもに奉納や寄付、王侯貴族の行事などのためにお菓子は作られていましたが、その味には王家の人々さえ感嘆したといいます。修道院のレシピはその頃から、修道女から修道女たちへ口伝えと実践で伝授されながら、各修道院で秘伝のレシピとして長い間守られてきました。またヨーロッパのお菓子の原点となって世界へも広がり、遠い日本にもカステラなどが伝わりました。

現代では教会の維持が難しくなってきたこともあり、お菓子を外部にも販売するようになって、私たちもその味を気軽に楽しむことができるようになりました。スペインでは美味しいお菓子の代名詞として、今でもとても愛されています。

春
の
献
立

8

PRIMER PLATO 一皿目

Arroz con pollo
鶏肉のご飯

INGREDIENTES 材料（4人分）

米	2カップ
鶏もも肉	1枚
玉ねぎ	1個
トマトソース（──▸ *Page.136*）	1/4カップ
オリーブオイル	小さじ2
塩、こしょう	各適量

PREPARACIÓN 作り方

1. 鶏肉は余分な脂を取り除いて2cm角に切り、塩、こしょうをふる。

2. 玉ねぎはみじん切りにする。

3. 鍋にオリーブオイルを中火で温め、鶏肉を炒める。きつね色になったら玉ねぎを加えてさらに炒める。トマトソースを加えて全体を混ぜる。

4. 米を加えてさっと混ぜ、水2と1/4カップ、塩小さじ1/2を加えて混ぜる。蓋をして沸騰したら弱火で12～13分煮る。火を止めて、そのまま10分蒸らす。

CONSEJOS

大きな素焼きの土鍋で作るスペインの米料理で、米は日本とほぼ同じ品種です。さっぱりとしたトマトソース味なので、二皿目として作るときにはチキンスープストック（──▸ *Page.237*）で炊いてください。

SEGUNDO PLATO 二皿目

Guisantes a las hierbas
グリーンピースのハーブ風味卵落とし

INGREDIENTES 材料（4人分）

卵	4個
グリーンピース	150g（正味）
玉ねぎ	1個
にんにく	1片
タイムのみじん切り	小さじ1
イタリアンパセリのみじん切り	小さじ1
ローリエ	1枚
白ワイン	大さじ4
塩	小さじ1/2
オリーブオイル	適量

PREPARACIÓN 作り方

1. 玉ねぎはみじん切りにする。にんにくは包丁の背で潰す。

2. フライパンにオリーブオイルを中火で温め、玉ねぎを炒める。玉ねぎがしんなりとしてきたら、にんにくを加えて炒める。にんにくの香りが出たら、グリーンピースを加える。

3. 白ワインを加えてアルコール分を飛ばし、水1カップ、タイム、イタリアンパセリ、ローリエ、塩を加え、弱火で煮る。

4. グリーンピースがやわらかくなったら、卵を割り落とし、蓋をして半熟状になるまで蒸し煮にする。

CONSEJOS

採り立ての丸々と太った甘みたっぷりのグリーンピースが主役の料理です。ほんのり爽やかなハーブの香りをつけたグリーンピースに半熟の黄身を崩して混ぜながら、スプーンですくっていただきます。

Fresones con zumo de naranja
いちごのオレンジシロップ漬け

INGREDIENTES 材料（4人分）

いちご --- 20個
オレンジ果汁 --- 1個分
コアントロー --- 大さじ1/2
グラニュー糖 --- 大さじ1

PREPARACIÓN 作り方

1. いちごは洗って水気をきり、ヘタを落として4等分に切る。

2. ボウルにオレンジ果汁、コアントロー、グラニュー糖を入れて混ぜ、グラニュー糖を溶かす。いちごを加えてさっと混ぜ、1時間ほど漬ける。

3. シロップとともに器に盛る。

CONSEJOS

春の代表的な果物、いちごを育てている修道院も多くあります。いちごのシロップ漬けはポピュラーなデザートですが、オレンジを搾るほんのひと手間とコアントローの風味でまた違った味わいになります。グラニュー糖の量は、オレンジの甘さに合わせて調節してください。

Espaguetis con almejas
あさりのグリーンパスタ

INGREDIENTES　材料(4人分)

あさり -------------------------------- 300g
玉ねぎ ------------------------------- 1/2個
にんにく ------------------------------- 1片
赤唐辛子 ------------------------------- 1本
イタリアンパセリのみじん切り ----------- 大さじ2
スパゲッティーニ ----------------------- 350g
白ワイン ----------------------------- 1/2カップ
オリーブオイル ------------------------ 大さじ2
塩、こしょう --------------------------- 各適量

PREPARACIÓN　作り方

1. あさりは塩3%を入れた水で30分ほど砂抜きし、こするように洗う。

2. 玉ねぎはせん切り、にんにくは薄切りにする。赤唐辛子は半分に切り、種を取り除く。

3. スパゲッティーニは塩を入れた熱湯で表示通りに茹でる。

4. フライパンにオリーブオイルを中火で温め、玉ねぎとにんにくを炒める。赤唐辛子、イタリアンパセリ半量、あさりを加えて白ワインをふる。

5. あさりの口が開いたら水気をきったスパゲッティーニを加えて混ぜる。塩、こしょうで味を調え、残りのイタリアンパセリをふる。

Tortilla de zanahoria y brócoli
にんじんとブロッコリーのスペインオムレツ

INGREDIENTES　材料(直径20cmのフライパン・1個分)

卵 ---------------------------------- 6個
にんじん ------------------------------ 1本
ブロッコリー -------------------------- 1/2個
イタリアンパセリのみじん切り ----------- 小さじ2
牛乳 -------------------------------- 大さじ4
オリーブオイル ------------------------ 大さじ1
塩 --------------------------------- 小さじ1/2
こしょう ------------------------------- 少々

PREPARACIÓN　作り方

1. ブロッコリーは小房に分けて茹でる。水気をきり、さらに薄めに切る。にんじんは細切りにする。

2. ボウルに卵を割りほぐし、オリーブオイル以外のすべての材料を加えて混ぜる。

3. フライパンを熱し、十分に温まったら弱めの中火に落とし、オリーブオイルを入れる。2.を流し入れてさっと混ぜ、弱火にして2分ほど焼く。

4. 皿または蓋を使って裏返し、取り出す。焼けた底が上になるように、卵を皿から滑らせるようにしてフライパンに戻し入れ、弱火にしてさらに2分焼く。木べらで卵の縁を寄せるようにして形を整えながら、これを2回繰り返し、中が半熟になるように焼き上げる。

Galletas de mermelada

ジャムサンドクッキー

INGREDIENTES 材料（直径3.8cmの丸形・6個分）

バタークッキーの材料（──▶ *Page.037*）------------------ 全量

好みのジャム --- 適量

粉砂糖 --- 適宜

PREPARACIÓN 作り方

1. バタークッキーを作る。ただし厚さは3mmにし、12枚抜く。

2. 焼き上がったクッキーは2枚を1組にして、1枚にジャムを薄めに塗り、もう1枚を重ねる。

3. 好みで粉砂糖をふる。

CONSEJOS

クッキーは上に重ねるほうだけ、中央に穴を開けると、ジャムが見えて可愛らしい色合いになります。小さめの型や絞り口金の後ろなどを使うとよいでしょう。重ねたあとに粉砂糖をふったら、さらに上の空いている部分にジャムをのせます。

オムレツのこと

昔はどこの修道院も養鶏場を持ち、自給自足の生活をしていました。現在でも、採卵のために鶏を育てているところは多くあります。卵料理は夕食のメインになることが多く、肉、魚、卵料理のローテーションで作っている修道院が多いようです。夕食は昼食よりも比較的軽く食べる習慣があるのも、卵料理が多い理由のひとつです。

メインになる料理といえば、厚さを持たせて丸く焼くスペインオムレツ。そして半円や楕円の形に焼き上げるフランス風オムレツが、しばしば食卓にのぼります。

スペインオムレツは"トルティージャ"とも呼ばれるスペイン人のソウルフードで、とにかく頻繁に食べられています。また、バスクはスペインの中でも独自の文化を持った地方ですが、

料理にいちばんスペインらしさを感じるのがこの料理。修道院でももちろん欠かせません。じゃがいもがたくさん入ったずっしりとしたオムレツで、その反対にフランス風オムレツはオリーブオイルでさっぱりと作ることが多いのが特徴です。

そんなどちらのオムレツも、季節の野菜を具材にし、変化をつけられるのがおもしろいところ。そうすることによって、自然と旬の野菜が持つ豊富な栄養も摂れるようになるのです。

PRIMER PLATO 一皿目

Espárragos con vinagreta
ホワイトアスパラガスのビナグレットソース

INGREDIENTES 材料（4人分）
ホワイトアスパラガス（生） ----------------------------6本
にんにくのすりおろし ------------------------------ 少々
白ワインビネガー -------------------------------- 小さじ2
オリーブオイル -------------------------------- 大さじ1
塩 -- 小さじ4

PREPARACIÓN 作り方
1. ホワイトアスパラガスは根元のかたい部分を折り、皮や筋がある部分をむく。
2. 鍋に湯を沸かし、落とした茎と皮、塩少々（分量外）、白ワインビネガー少々（分量外）を入れてホワイトアスパラガスを6〜10分茹でて、ザルに上げて余熱で火を通す。
3. ボウルに残りの材料と塩を入れて混ぜる。
4. 器に水気をきったホワイトアスパラガスを盛り、3.をかける。

CONSEJOS
東隣りのナバラ州の名産でもある、ホワイトアスパラガス。ぷっくりと太った大きなものが手に入ったら、色が変わらぬように白ワインビネガーやレモン果汁を入れた熱湯で、食感を大切にしながら丁寧に茹でます。落とした茎と皮は香りがよいので、一緒に茹でるとよいでしょう。指で押したときに、中央から割れる程度が美味しい茹で具合の目安です。そしてシンプルに食べるのがいちばん。ミルキーで甘い春の訪れを口いっぱいに感じるときです。ソースは本来、乳鉢でにんにくを潰して作ります。

SEGUNDO PLATO 二皿目

Tortilla Española
スペインオムレツ

INGREDIENTES 材料（直径20cmのフライパン・1個分）
卵 --5個
じゃがいも ------------------------------------ 中3個
玉ねぎ -- 1/4個
塩 -- 小さじ1/2
揚げ油 ---適量

PREPARACIÓN 作り方

1. じゃがいもは薄いいちょう切りにする。玉ねぎは粗みじん切りにする。

2. フライパンにじゃがいもを入れて揚げ油をひたひたに注ぎ、中火にかける。グツグツとしてきたら弱火にして、焦げないように煮るようにして揚げる。

3. 玉ねぎを加え、さらにじゃがいもがやわらかくなるまで揚げ煮する。

4. ザルに上げ、じゃがいもを軽く潰しながら油をきる。

5. ボウルに卵を割りほぐし、熱いままの4.、塩を加えてよく混ぜる。

6. フライパンを熱し、十分に温まったら弱めの中火に落とす。5.を流し入れてさっと混ぜ、弱火にして2分ほど焼く。

7. 皿または蓋を使い、6.を裏返し取り出す。焼けた底が上になるように、卵を皿から滑らせるようにしてフライパンに戻し入れ、弱火にしてさらに2分焼く。木べらで卵の縁を寄せるようにして形を整えながら、これを2回繰り返し、中が半熟状になるように焼き上げる。

CONSEJOS

スペインオムレツは修道院でも頻繁に作る料理で、修道女たちが思わず笑みをこぼす大好物です。じゃがいもだけで作るのが元祖スペインオムレツですが、ここでは少量の玉ねぎを加えて甘みをプラス。じゃがいもは高温でカラッと揚げるのではなく、焦げないようにひたひたの油でゆっくりと煮て、やわらかく仕上げるのが最大のコツです。

POSTRE デザート

Tarta de frambuesas

ラズベリーのタルト

INGREDIENTES 材料（直径20cmのタルト型・1台分）

タルト生地（→ *Page. 045*）------------------------------ 全量
ラズベリー -- 500g
グラニュー糖 -- 80g
生クリーム -- 300g
粉砂糖 -- 適量

PREPARACIÓN 作り方

1. タルト生地を作る。ただしデザート用のタルト生地はプロセス3.で卵と一緒に粉砂糖30gを練り混ぜる。

2. 鍋にラズベリー150g、グラニュー糖、水1カップを入れ、弱めの中火にかけてとろみがつくまで混ぜながら煮る。火を止め、そのまましっかり冷ます。

3. 生クリームは泡立て器でツノが立つまで泡立て、1.の空焼きしたタルト生地に敷き詰め、2.で覆う。

4. 残りのラズベリーをのせ、粉砂糖をふる。冷蔵庫で数時間冷やす。

PRIMER PLATO 一皿目

Sopa de repollo
キャベツとパンのスープ

INGREDIENTES 材料（4人分）

キャベツ ------------------------------------4枚
にんにく ------------------------------------2片
バゲットスライス（1cm厚さのもの）-----------3枚
チキンスープストック（→ *Page. 237*）---------- 4カップ
オリーブオイル --------------------------- 大さじ1

PREPARACIÓN 作り方

1. キャベツは食べやすい大きさに切り、にんにくは薄切りにする。

2. 鍋にオリーブオイルを中火で温め、にんにくとバゲットを一緒に焼く。

3. 香りが出たらチキンスープストックを注ぎ、キャベツを加えてやわらかくなるまで煮る。

CONSEJOS

残ってかたくなったバゲットを使うスープです。キャベツのほか、旬の野菜でもアレンジできます。チキンスープストックはスープだけでなく、さまざまな料理の味つけのポイントにもなるので、修道院でもよく作り置きされています。普通は鶏肉1羽を使い、野菜を加えて煮込み、残った身は裂いたり、切ったりして料理に活用しますが、鶏肉店からガラや首の部分などをいただいて作ることも多いそうです。

SEGUNDO PLATO 二皿目

Tortilla de habas con jamón
そら豆と生ハムのオムレツ

INGREDIENTES 材料（1人分）

卵 --2個
そら豆 --------------------------------- 10粒
生ハム--------------------------------------2枚
オリーブオイル --------------------------- 小さじ2
塩 --適量
こしょう ------------------------------------ 少々

PREPARACIÓN 作り方

1. そら豆はさやから取り出す。塩少々を入れた熱湯で2分ほど茹でて水気をきり、薄皮をむく。

2. 生ハムは3cm幅に切る。

3. ボウルに卵を割りほぐし、1.、2.、塩、こしょうを加えて混ぜる。

4. フライパンにオリーブオイルを中火で温める。3.を流し入れ、軽く混ぜる。両端を中央に折り、裏返して焼く。

CONSEJOS

20cmほどの小さなフライパンを使い、1人分ずつ作ります。生ハムの塩気に合わせて、塩の量を加減してください。

Queso fresco con salsa de fresas
クリームチーズとベリーソース

INGREDIENTES 材料（4人分）

いちご -- 適量
コアントロー -- 適量
クリームチーズ -- 適量

PREPARACIÓN 作り方

1. いちごは洗って水気をふき、ヘタを切り落とす。

2. ミキサーまたはブレンダーにいちごとコアントローを入れて
   ソース状にし、器に盛ったクリームチーズにかける。

修道女の薬箱レシピ

何世紀もの間、修道院では植物とその薬用に関する研究
をし、知識と経験を伝えてきた歴史があります。特に中世
では、修道士や修道女たちは薬剤師かつ医師であり、大
きな修道院には薬草園と薬室が設けられている所もあり
ました。現在でも修道女の薬箱にはたくさんの知恵が詰
まっていて、予防や軽度の症状に活用されています。

ここでは、私たちにもすぐに作れそうな身近なものをご紹
介します。用量も提示してありますが、提示以上にたくさ
ん摂ることには注意が必要です。

修道女の薬箱レシピ N°01　にんじんハニーシロップ

INGREDIENTES 材料（作りやすい分量）

にんじん --- 3本
はちみつ --- 75g

PREPARACIÓN 作り方

1. にんじんはよく洗い、皮つきのまま細かくみじん切りにする。

2. 清潔な瓶に入れ、はちみつを加えて混ぜ、10分ほど置く。

保存期間：冷蔵庫で3〜4日間保存可能。

CONSEJOS

修道女の自然療法でよく作られる、咳に効くにんじんとはちみつのシロップです。
気候の変化で風邪をひきやすい春先、修道女たちが愛飲しています。上部に上
がってきた液体をスプーン1杯、咳が止まるまで1日に数回飲んで咳を治めます。

PRIMER PLATO 一皿目

Crema de almejas
あさりのポタージュ

INGREDIENTES 材料(4人分)

あさり ---500g
玉ねぎ ---1個
にんにく ---1片
白ワイン -----------------------------1/2カップ
生クリーム -----------------------------1/2カップ
薄力粉 ----------------------------------- 大さじ2
オリーブオイル ----------------------------------- 大さじ1
塩、こしょう---各適量

PREPARACIÓN 作り方

1. あさりは塩3%を入れた水で30分ほど砂抜きし、こするように洗う。

2. 鍋にあさりを入れ、水1カップを注いで口が開くまで中火にかける。煮汁は取っておき、身は殻から取り出す。

3. 玉ねぎとにんにくはみじん切りにする。

4. 鍋にオリーブオイルを中火で温め、玉ねぎとにんにくを炒める。

5. 玉ねぎがしんなりとしたら、薄力粉を加えてさっと炒め、白ワインを加えて混ぜる。

6. 煮汁に水を加えて3カップにし、5.に加える。沸騰したら火を止め、生クリームとあさりの身を加えてミキサーまたはブレンダーでピューレ状にする。

7. 鍋に戻し入れて温め、塩、こしょうで味を調える。

SEGUNDO PLATO 二皿目

Carne con verduras
豚肉の野菜ソース

INGREDIENTES 材料(4人分)

豚ロース肉(とんかつ用) -----------------------------4枚
玉ねぎ ---1/2個
長ねぎ ---1本
にんじん---1/2本
にんにく---1片
ローリエ ---1枚
白ワイン ---1/4カップ
オリーブオイル ----------------------------------- 小さじ4
薄力粉 ---適量
塩、こしょう---各適量

PREPARACIÓN 作り方

1. 豚肉は筋切りし、塩、こしょうをふり、薄力粉を薄くはたく。

2. 野菜はすべて粗めのみじん切りにする。

3. フライパンにオリーブオイル半量を中火で温め、豚肉を両面焼いて取り出す。

4. 残りのオリーブオイルを加え、2.を加えて炒める。

5. 野菜がしんなりとしたら、塩、こしょうで味を調え、豚肉を戻す。ローリエと白ワインを加えて蓋をし、弱火で10分ほど煮る。

Crema de chocolate
チョコレートクリーム

INGREDIENTES 材料（4人分）

クーベルチュール・チョコレート（ビター） -------------- 125g
バター（無塩） ------------------------------ 大さじ1
グラニュー糖 ------------------------------- 大さじ4
卵 --3個
コアントロー ------------------------------ 小さじ2

PREPARACIÓN 作り方

1. チョコレートとバターをボウルに入れて湯せんにかける。溶けたらグラニュー糖を加えて混ぜる。

2. 卵は卵黄と卵白に分ける。卵黄をひとつずつ1.に加えて混ぜる。

3. コアントローを加えて混ぜたら湯せんから外す。

4. 別のボウルに卵白を入れてかために泡立て、3.に加えて混ぜる。

5. ココットに等分にして入れ、冷蔵庫で冷やす。

チョコレートと修道士

初めてカカオをヨーロッパにもたらしたのはスペインのレコンキスタドールのフェルナンド・コルテスでした。16世紀、大変価値があり、通貨としても使われていたカカオをアメリカ大陸から持ち帰り、国王カルロス5世に紹介したのです。まだ苦くて辛く、冷たい飲み物でしかなかったカカオは、アラゴン州サラゴサにあるピエドラ修道院にその研究が託されました。

コルテスがアメリカ大陸に着いたとき、船が遭難して現地で暮らすことを余儀なくされていたピエドラ修道院の修道士ジェロニモが通訳を命ぜられるという出会いがなければ、今のチョコレートは存在しなかったかもしれません。

1534年、ピエドラ修道院の修道士たちは試行錯誤の研究ののちにカカオに砂糖やシナモン、バニラなどを加え、甘美で豪奢なチョコレートドリンクを作り上げました。修道院では断食のときと寒い冬のときに飲まれ、また王侯貴族の中にも浸透していきます。100年もの長い間、スペインの中だけで愛され、飲まれていましたが、フランスのルイ13世に嫁いだスペインのアンヌ・ドートリッシュ王妃は大のチョコレート好きで、お嫁入りにショコラティエも連れて行きました。こうしてフランスにもその美味しさが知られ、ほかの国にも修道士などによって徐々に広まりました。

Crema de remolacha

ビーツのクリームスープ

INGREDIENTES　材料（4人分）

ビーツ --大1個（500g）
玉ねぎ --1個
レモン果汁------------------------------------- 1個分
チキンスープストック（──▶ Page. 237）----------------- 3カップ
オリーブオイル ------------------------------- 大さじ1
塩 ---適量

PREPARACIÓN　作り方

1. ビーツは洗い、皮つきのまま鍋に入れてたっぷりの水を注ぐ。中火にかけて沸騰したら、弱めの中火で30〜40分茹でる。火を止め、そのまま粗熱を取る。粗熱が取れたら、皮をむいて乱切りにする。

2. 玉ねぎはみじん切りにする。

3. 鍋にオリーブオイルを中火で温め、玉ねぎをしんなりするまで炒める。

4. ビーツ、レモン果汁、チキンスープストックを加え、弱火にして15分ほど煮る。

5. ミキサーまたはブレンダーでピューレ状にする。

6. 鍋に戻し入れて温め、塩で味を調える。

Chuletas de cerdo al vino blanco
ポークソテー

INGREDIENTES　材料(4人分)
豚ロース肉(とんかつ用) ----------------------------4枚
白ワイン ------------------------------ 大さじ2
薄力粉 -------------------------------- 適量
オリーブオイル --------------------------- 少々
塩、こしょう---------------------------- 各適量
茹でブロッコリー -------------------------- 適量
レモン --------------------------------- 適量

PREPARACIÓN　作り方
1. 豚肉は余分な脂を取り除く。包丁の背や麺棒などで肉を叩き、薄力粉を薄くはたく。
2. フライパンにオリーブオイルを中火で温め、豚肉を両面こんがり焼く。塩、こしょうをふり、余分な脂をペーパータオルでふき取り、白ワインを加えて水分を飛ばす。
3. 器に盛り、ブロッコリーを添えてレモンを搾る。

CONSEJOS
肉がやわらかくなるように、叩いて繊維を壊します。

Tarta de plátano de las Clarisas
バナナプディング

INGREDIENTES　材料(約1ℓの耐熱容器・1個分)
バナナ----------------------------------2本
パン(かたくなったバゲットなど) -------------------- 40g
牛乳 --------------------------------- 1カップ
卵 ----------------------------------2個
グラニュー糖 ----------------------------- 大さじ1
シナモンパウダー ------------------------- 少々

PREPARACIÓN　作り方
1. オーブンを180℃に温めておく。
2. バナナは5mm幅に切る。パンは大きめのひと口大に切る。
3. 小鍋に牛乳を入れて温め、グラニュー糖とシナモンパウダーを加えて溶かす。火を止めてパンを浸して湿らせ、やわらかくする。
4. ボウルに卵を割りほぐし、3.を加えて混ぜる。さらにバナナを加えて混ぜ、耐熱容器に流し入れる。
5. 温めたオーブンで20分ほど焼く。そのままでも冷やして食べてもよい。スプーンですくって器によそう。

CONSEJOS
かたくなってしまったパンを使う、ちょっとボリュームがあるお菓子です。カラメルソースをかけても美味しくいただけます。

春
の
献
立
14

Verduras de primavera con chirlas
あさりの春野菜炒め

INGREDIENTES　材料（4人分）

あさり -- 200g
季節の野菜
（さやいんげん、モロッコいんげん、キャベツ、
ブロッコリー、にんじんなどを合わせて） ---------- 250〜300g
にんにく -- 1片
白ワイン --------------------------------- 大さじ1強
オリーブオイル --------------------------- 小さじ2

PREPARACIÓN　作り方

1. あさりは塩3％を入れた水で30分ほど砂抜きし、こするように洗う。

2. 野菜は火が通りやすい大きさに切る。にんにくは薄切りにする。

3. フライパンにオリーブオイルを中火で温め、野菜とにんにくを炒める。

4. 白ワインと水大さじ1強を加える。沸騰したら、あさりを加えてすぐに蓋をし、野菜がやわらかくなるまで煮る。水分が足りないようなら適宜足す。

CONSEJOS

残った野菜を合わせ、旬のあさりの旨みを染み込ませる料理です。あさりを色々な料理に活用する修道女の料理の知恵は、大いに見習いたいところです。

Lomo de cerdo con leche
豚肉のミルクソース

INGREDIENTES　材料（4人分）

豚肩ロース肉（ブロック） ---------------------- 500g
にんにく -- 2片
ローリエ -- 2枚
ハーブ（タイム、セージなど） ---------------------- 少々
牛乳 ------------------------------------- 2カップ
オリーブオイル --------------------------- 大さじ1
塩、こしょう --------------------------------- 各適量

PREPARACIÓN　作り方

1. 豚肉は塩、こしょうをすり込む。

2. フライパンを中火で温め、オリーブオイルとにんにくを丸ごと入れて炒める。香りが出たら、豚肉を加えて全面をこんがり焼く。

3. ローリエを加え、牛乳を注ぐ。沸騰したら蓋をし、弱火で30〜35分煮る。火を止め、蓋をしたまま5分ほど蒸らす。

4. 豚肉を好みの厚さに切り、器に盛ってちぎったハーブをふる。フライパンに残ったソースは煮詰めて豚肉にかける。

CONSEJOS

牛乳を絡めた豚肉がクリーミーな味わいです。切り身や薄切り肉を使えば、さらに手軽に作れます。

POSTRE デザート

Naranjas rellenas
オレンジカップ

INGREDIENTES　材料（4人分）

オレンジ --- 2個
いちご -- 10〜12個
グラニュー糖 ------------------------------- 大さじ1と1/2
卵白 -- 2個分
ミントの葉 --- 4枚

PREPARACIÓN　作り方

1. オレンジは半分に切り、果肉をくり抜く。取り出した果肉は種を取り除き、粗みじん切りにする。オレンジの皮は取っておく。

2. いちごは洗って水気をきり、ヘタを切り落として小さく切る。ボウルに入れ、1.とグラニュー糖大さじ1/2を加えて混ぜ、オレンジの皮に詰める。

3. 別のボウルに卵白、残りのグラニュー糖を入れてツノが立つ程度に泡立て、2.の上にこんもりとのせ、ミントの葉を飾る。

CONSEJOS

オレンジの皮を器に見立て、いちごとメレンゲを詰めて可愛く仕上げます。オレンジの座りが悪いときは底をほんの少し切り落とします。

Puré de patatas

マッシュポテト

INGREDIENTES 材料（4人分）

じゃがいも -------------------------------- 2〜3個
生クリーム ------------------------------- 1/4カップ
オリーブオイル --------------------------- 小さじ2
塩、こしょう ----------------------------- 各適量

PREPARACIÓN 作り方

1. じゃがいもは8等分に切る。鍋に入れ、水をひたひたに注いで茹でる。

2. じゃがいもが茹で上がったら、水気をきる。

3. ボウルに入れ、フォークなどで潰し、オリーブオイルを加えて混ぜる。さらに生クリームを混ぜ、塩、こしょうで味を調える。

CONSEJOS

マッシュポテトは一皿目にしたり、二皿目のつけ合わせにしたり、春はもちろん1年中活躍する料理です。牛乳や生卵、にんにくのすりおろし、ハーブなどを加える修道院もあり、レシピはさまざまです。

Filetes de cerdo empanados

ポークフライのトマトソース

INGREDIENTES 材料（4人分）

豚もも肉（切り身）-------------------------4枚
レモン果汁------------------------------- 大さじ1
溶き卵----------------------------------- 1個分
パン粉（細挽き）--------------------------- 適量
トマトソース（→ *Page. 136*）------------- 1カップ
揚げ油 ----------------------------------- 適量
塩、こしょう-----------------------------各適量
茹でグリーンアスパラガス ----------------- 適量

PREPARACIÓN 作り方

1. 豚肉は包丁の背や麺棒などで叩いてやわらかくする。レモン果汁、塩、こしょうをふり、15分ほど置く。

2. 豚肉に溶き卵をくぐらせ、パン粉をはたく。

3. フライパンに多めの揚げ油を中温に温め、2.を静かに入れ、両面をこんがり揚げ焼きする。

4. 油をきって器に盛り、温めたトマトソースをかけ、グリーンアスパラガスを添える。

Gelatina de fresas
いちごのゼリー

INGREDIENTES 材料（約120ml容量のプリン型・4個分）

いちご A -- 300g
いちご B -- 8個
ゼラチン（粉）--- 8g
グラニュー糖 --- 30g

PREPARACIÓN 作り方

1. ゼラチンは大さじ2の水に浸して戻す。

2. いちごはすべて洗い、ヘタを切り落とす。いちご A はボウルに入れてフォークなどで潰し、ザルまたは漉し器で果汁を漉す。

3. 鍋に水1/2カップとグラニュー糖を入れ、中火にかける。グラニュー糖が溶けたら、さらにふやかしたゼラチンを加えて溶かす。ゼラチンが完全に溶けたら、2.を加えて混ぜる。

4. 型に6等分に切ったいちご B を等分にして入れ、3.を流し入れる。

5. 冷蔵庫で冷やしかためる。

CONSEJOS

漉して残った種を入れてもよい。その場合は切ったいちごは加えません。

オリーブオイルのこと

地中海沿岸のオリーブを搾って作るオリーブオイルは古くから、スペイン料理のベースとなってきました。聖書では油といえばオリーブオイルのことを指し、料理のほかにも灯油、石鹸、薬用、美容品など、色々な用途に使われてきています。

修道女たちに健康への意識を伺うと、「オリーブオイルを使うこと」という答えが返ってくるのも、オリーブオイルの健康効果が伝承され、長い間に根づいた習慣と信頼があるからでしょう。

修道院での料理にも欠かせないオリーブオイルは、キッチンの常備品のひとつです。エキストラヴァージンとピュアの2つを使い分けているところもあります。

エキストラヴァージンはサラダなどの生ものに、そして味のポイントにするときに使い、ピュアは炒め物、揚げ物などに使います。また、揚げ物に使うとき、オリーブオイルの香りと風味を生かしながらもさっぱりと仕上げたいときなどには、ひまわり油を混ぜて使うこともあります。

春
の
献
立

16

Ensalada de hierbas

ハーブのサラダ

INGREDIENTES　材料(4人分)

ロメインレタス ------------------------------- 1/2個
ルッコラ ------------------------------------ 適量
バジル -------------------------------------- 適量
ディル -------------------------------------- 適量
ミント--------------------------------------少々
オレガノ ------------------------------------少々
レモン果汁 ------------------------- 1/4〜1/2個分
オリーブオイル --------------------------大さじ1〜2
塩 --- 適量

PREPARACIÓN　作り方

1. ロメインレタスとルッコラは食べやすい大きさに切る。ハーブは
   かたい枝から葉を摘む。

2. ボウルに1.を入れ、レモン果汁とオリーブオイルを加えて混ぜ、
   塩で味を調える。

Caldereta de cordero

ラム肉とじゃがいもの煮込み

INGREDIENTES　材料(4人分)

ラム肉(ロースやもも肉など)---------------------500g
じゃがいも ----------------------------------2個
パプリカ(赤) --------------------------------1個
ピーマン ------------------------------------1個
にんにく ------------------------------------1片
ローリエ ------------------------------------1枚
クミンパウダー --------------------------- 小さじ1/2
オリーブオイル --------------------------- 大さじ1
塩、こしょう---------------------------------各適量

PREPARACIÓN 作り方

1. ラム肉は食べやすい大きさに切り、塩、こしょうをふる。

2. じゃがいもはひと口大に切る。パプリカとピーマンはヘタを切り落とし、2cm角に切る。にんにくは包丁の背で潰す。

3. 鍋にオリーブオイルを中火で温める。ラム肉を入れ、全体をこんがりと焼く。

4. ひたひたの水を注いで中火にかけ、沸騰したら、アクを取る。

5. パプリカ、ピーマン、ローリエを加えて蓋をし、弱火で40分ほど煮る。

6. ラム肉がやわらかくなったら、じゃがいも、にんにく、クミンパウダーを加える。

7. じゃがいもに火が通ったら、塩で味を調える。

CONSEJOS

一般的にラム肉はよく食べられていて、シンプルに焼くほか、煮込みにすることも多くあります。本来、この料理は羊の内臓を味つけに使って濃厚に仕上げますが、このレシピでは使わずにさっぱりと作ります。ラム肉の代わりに、牛肉や豚肉、鶏肉でも作れます。

POSTRE デザート

Magdalenas de arándanos
ブルーベリーのマドレーヌ

INGREDIENTES 材料（直径7cmのマフィン型・8個分）

ブルーベリー	200g
薄力粉	250g
ベーキングパウダー	小さじ1
グラニュー糖	100g
卵	1個
生クリーム	150g
オリーブオイル	大さじ5

PREPARACIÓN 作り方

1. オーブンを180℃に温めておく。型にカップケースを敷いておく。

2. ボウルに薄力粉、ベーキングパウダー、グラニュー糖を入れて混ぜる。

3. 別のボウルに卵を割りほぐし、生クリーム、オリーブオイルを入れて泡立て器で混ぜる。

4. 3.に2.を少しずつ加えてゴムべらで混ぜる。

5. ブルーベリーを加えてさっくりと混ぜ、型に流し入れる。

6. 温めたオーブンで20分ほど焼く。

CONSEJOS

マドレーヌと呼ばれていますが、どちらかというとマフィンに近い聖クララ修道院のお菓子。生地をあまり混ぜ過ぎないのがポイントです。

PRIMER PLATO 一皿目

Crema de zanahoria y manzana
にんじんとりんごのポタージュ

INGREDIENTES　材料（4人分）

にんじん --- 小2本
玉ねぎ --- 1/4個
長ねぎ --- 1/2本
りんご --- 小1個
チキンスープストック（→ *Page. 237*）----------------- 3カップ
塩、こしょう ------------------------------------- 各適量
オリーブオイル ----------------------------------- 大さじ1

PREPARACIÓN　作り方

1. にんじん、玉ねぎ、長ねぎは粗みじん切りにする。りんごは皮をむいて芯と種を除き、大きめの粗みじん切りにする。

2. 鍋にオリーブオイルを中火で温め、1.を炒める。

3. りんごが透き通ってきたら、チキンスープストックを加える。沸騰したら蓋をし、弱火で15分ほど煮る。

4. ミキサーまたはブレンダーでピューレ状にする。

5. 鍋に戻し入れて温め、塩、こしょうで味を調える。

SEGUNDO PLATO 二皿目

Hígado con tomate
牛レバーのトマトソース

INGREDIENTES　材料（4人分）

牛レバー --- 4枚
玉ねぎ --- 1個
にんにく --- 1片
トマト水煮 --------------------------------------- 400g
オリーブオイル ----------------------------------- 大さじ2
塩、こしょう ------------------------------------- 各適量
牛乳 --- 適量

PREPARACIÓN　作り方

1. 牛レバーは血抜きをし、牛乳に20分ほど漬けて臭みを取る。ペーパータオルで水気をふき取る。

2. 玉ねぎはみじん切り、にんにくは薄切りにする。

3. 鍋にオリーブオイル半量を弱火で温め、2.を炒める。

4. 玉ねぎをしっかり炒めて甘みが出てきたら、トマト水煮を加え、崩しながら煮る。水分が飛んでもったりとしてきたら、塩、こしょうで味を調える。

5. フライパンに残りのオリーブオイルを中火で温め、レバーを火が通るまで両面焼き、4.に加えて絡める。

CONSEJOS

炒めた玉ねぎの甘さとトマトの甘酸っぱさでレバーの癖を和らげるスペインの家庭料理です。玉ねぎの甘みがしっかり出るまで炒めるのがポイント。鶏や豚のレバーでも応用できます。

Queso con mermelada
チーズとジャム

チーズのこと

ひと切れのチーズほど素敵な食後のデザートはありません。修道院でも、ハードやフレッシュタイプの好みのチーズを、果物のコンフィチュール、ジャム、はちみつなどと一緒に食べます。

スペインのチーズの歴史は古く、北はバスク地方の羊乳のイディアサバル、ナバラ地方のロンカル、カンタブリア地方やアストゥリアス地方のクリーミーチーズなど、スペイン全土でさまざまなタイプのチーズが作られています。

古くは修道院でも牛や羊を飼っていましたが、現在では少なくなりました。チーズは修道士たちによって作られることがほとんどで、男子修道院では今でもチーズを作り続けているところがわずかに残っています。

PRIMER PLATO 一皿目

Ensalada de cebolla y lechuga
新玉ねぎとレタスのサラダ

INGREDIENTES 材料（4人分）

新玉ねぎ ------------------------------------- 大1個
ロメインレタス ---------------------------- 4〜5枚
レモン果汁 --------------------------------- 大さじ2
オリーブオイル ---------------------------- 大さじ1
塩、こしょう ------------------------------- 各適量

PREPARACIÓN 作り方

1. 新玉ねぎは薄切りにする。ロメインレタスはひと口大にちぎり、水に浸してシャキッとさせて水気をきる。

2. ボウルに1.を入れて混ぜる。レモン果汁とオリーブオイルを加えて混ぜ、塩、こしょうで味を調える。

SEGUNDO PLATO 二皿目

Redondo a la hortaliza
牛肉の煮込み

INGREDIENTES 材料（4人分）

牛もも肉（ブロック）------------------------ 500g
玉ねぎ --------------------------------------- 2個
にんじん ------------------------------------- 2本
にんにく ------------------------------------- 2片
グリーンピース ------------------------- 40g（正味）
ローズマリー ----------------------------- 2〜3本
白ワイン ------------------------------- 1/4カップ
白ワインビネガー -------------------------- 大さじ2
オリーブオイル ---------------------------- 大さじ1
塩、こしょう ------------------------------- 各適量

PREPARACIÓN　作り方

1. 牛肉は大きめの角切りにし、塩、こしょうをすり込む。

2. 玉ねぎ、にんじん、にんにくは粗みじん切りにする。

3. 鍋にオリーブオイルを中火で温め、牛肉と2.を炒める。

4. 玉ねぎが透き通ったら、ローズマリー、白ワイン、白ワインビネ
   ガーを加える。沸騰したらアクを取って蓋をし、弱火で1時間
   ほど煮る。

5. 牛肉とローズマリーを取り出し、残りの煮汁をミキサーまたは
   ブレンダーでピューレ状にする。

6. 牛肉とピューレにした煮汁を鍋に戻し入れ、グリーンピースを
   加える。再度中火にかけて5分ほど煮て、塩、こしょうで味を
   調える。

CONSEJOS

まだまだ肌寒い春の日に作る、春野菜を使った煮込み料理です。ここでは牛肉
を使いましたが、鶏もも肉や豚肩ロース肉など、好みのお肉でも作れます。

POSTRE デザート

Cocadas

ココナッツボール

INGREDIENTES　材料（25個分）

卵 -- 1個
グラニュー糖 -- 80g
ココナッツファイン ----------------------------------- 100g
卵黄 -- 2個分

PREPARACIÓN　作り方

1. オーブンを180℃に温めておく。天板にオーブンシートを敷い
   ておく。

2. ボウルに卵を割りほぐし、グラニュー糖を加えてよく混ぜる。
   ココナッツファインと卵黄を加えてさらに混ぜる。

3. 25等分にして小さく丸める。天板に並べ、軽く上部を指で
   押す。

4. 温めたオーブンでこんがりするまで10分ほど焼く。

CONSEJOS

ココナッツの香り豊かな、小さな丸いクッキーです。

PRIMER PLATO 一皿目

Zanahorias glaseadas
にんじんのオレンジ風味グラッセ

INGREDIENTES 材料(4人分)

にんじん --2本
オレンジ果汁-------------------------------- 1/2個分
レモン果汁 ------------------------------- 小さじ1
はちみつ ----------------------------------- 小さじ1
ハーブ(タイム、ディルなど) ----------------------- 少々
塩、こしょう ---------------------------------- 各適量

PREPARACIÓN 作り方

1. にんじんは1cm厚さの輪切りにする。

2. 鍋ににんじんを入れ、被る程度の水を加えてやわらかくなるまで茹でる。

3. やわらかくなったら強火にして水分を煮詰め、オレンジ果汁、レモン果汁、はちみつを加えて強火で煮詰める。

4. 塩、こしょうで味を調え、粗みじん切りにしたハーブを加えて混ぜる。

CONSEJOS

ベビーキャロットや細いにんじんはそのまま切らずに煮込みます。旬の甘いにんじんなら、はちみつを入れずにオレンジを加えるだけでも充分。肉、魚料理のつけ合わせにも1年を通して使えます。

SEGUNDO PLATO 二皿目

Pan de carne
茹で卵入りミートローフ

INGREDIENTES 材料(18×8×高さ8cmのパウンド型・1台分)

牛挽き肉 ----------------------------------400g
卵 --1個
玉ねぎ --------------------------------------1個
にんにく -------------------------------------1片
茹で卵 --------------------------------------3個
[スパイス]
　ジンジャーパウダー --------------------- 小さじ1/4
　クミンパウダー --------------------------- 小さじ1/4
　コリアンダーパウダー --------------------------- 少々
　シナモンパウダー --------------------------------- 少々
オリーブオイル --------------------------- 小さじ2
塩、こしょう ----------------------------------各適量

PREPARACIÓN 作り方

1. オーブンを200℃に温め、型にオーブンシートを敷いておく。

2. 玉ねぎとにんにくはみじん切りにする。茹で卵は殻をむく。

3. フライパンにオリーブオイルを弱火で温め、玉ねぎとにんにくをしんなりとするまでゆっくり炒め、そのまま粗熱を取る。

4. ボウルで挽き肉、卵、スパイス、塩、こしょう、3.を練り混ぜる。

5. 型に4.の半量を敷き詰め、茹で卵を並べ、残りの4.で覆う。

6. 温めたオーブンで中に火が通るまで40〜45分焼く。

7. オーブンから取り出したら20分ほどそのまま置いて肉汁を閉じ込める。型から取り出して好みの厚さに切り分ける。

Mamia

マミヤ

マミヤのこと

バスク州のある北の地方では欠かせない、羊の生乳で作るデザート。スペイン語では"クアハーダ"、バスク語では"マミヤ"と呼ばれ、親しまれています。

チーズ作りに欠かせないレンネット※を使ってかためる、まるで牛乳プリンをさっぱりとさせたような味わいとフルフルッとした食感が特徴で、はちみつをかけていただきます。

修道院では市販の羊乳を使うほか、フレッシュな羊乳をいただいたときに作ります。春は羊の赤ちゃんが生まれる季節。マミヤも1年の中でも、とても美味しい季節です。

※母乳を消化させるために数種の哺乳動物の胃の中で作られる酵素混合物のこと。チーズの製造に用いられ、凝乳酵素とも呼ばれる。

PREPARACIÓN マミヤの作り方

羊乳1ℓを鍋に入れて温める。沸騰寸前で火を止めて30℃まで冷ます。レンネット0.1gを加えて混ぜ、器に分け入れる。粗熱が取れたら、冷蔵庫で冷やしかためる。

Porrusalda
ポルサルダ

INGREDIENTES 材料(4人分)

じゃがいも --2個
にんじん ---1本
長ねぎ ---3本
玉ねぎ ---1個
オリーブオイル ---------------------------------- 大さじ1
塩 ---適量

PREPARACIÓN 作り方

1. じゃがいもはひと口大、にんじんと長ねぎは1cmの輪切り、玉ねぎは粗みじん切りにする。

2. 鍋にオリーブオイルを中火で温め、長ねぎと玉ねぎを炒める。

3. しんなりとしてきたら、じゃがいもとにんじんを加え、さらに炒める。

4. 水3と1/2カップを加え、沸騰したら野菜がやわらかくなるまで弱火で煮込み、塩で味を調える。

CONSEJOS

"ポルサルダ"はバスク語で「ねぎのスープ」という意味。その名の通り、ねぎが主役の料理で、バスクの人たちがこよなく愛する野菜スープです。身近なじゃがいも、にんじん、玉ねぎなども加え、素朴ながら野菜の風味豊かなポルサルダは、季節を問わずに飲まれています。干し鱈を入れて作ることも多いのですが、古くは四旬節の間だけに干し鱈を入れて作っていたそう。

Albóndigas Cistercienses
チキンポテトコロッケ

INGREDIENTES 材料(4人分)

鶏挽き肉 --400g
じゃがいも --3個
卵 --1/2個
塩 -- 小さじ1/4
こしょう -- 少々
溶き卵 --1と1/2個分
パン粉(細挽き) -------------------------------------適量
揚げ油 ---適量
トマトソース(──» Page. 136) ------------------------- 適量

PREPARACIÓN 作り方

1. じゃがいもはよく洗い、皮つきのままたっぷりの水で茹でる。茹で上がったらボウルに入れ、皮をむいてフォークなどで潰す。

2. 1.に挽き肉、卵、塩、こしょうを加えて混ぜ、5×4cm程度の俵型に成形する。

3. パン粉をはたき、溶き卵にくぐらせ、さらにパン粉をはたき、中温に温めた揚げ油で揚げる。

4. 油をきって器に盛り、温めたトマトソースをかける。

CONSEJOS

スペインでは、コロッケといえばクリームコロッケのことで、残り物で作れる経済的な料理のひとつです。これはじゃがいもで作るめずらしいものですが、挽き肉の割合が多く、やわらかいので、まずはパン粉をはたきます。でき上がりにはトマトソースをかけますが、トマトケチャップで代用してもよいでしょう。

Arroz con leche
ライスプディング

INGREDIENTES 材料(4人分)

米	75g
牛乳	1ℓ
グラニュー糖	100g
シナモンスティック	1本
レモンの皮(ノーワックス)	1/4個分
塩	ひとつまみ
シナモンパウダー	少々

PREPARACIÓN 作り方

1. 米は水に1時間ほど浸しておく。

2. 鍋に牛乳、グラニュー糖、シナモンスティック、レモンの皮、塩を入れ、グラニュー糖が溶けるように混ぜながら沸騰寸前まで温める。

3. 水気をきった米を加え、弱火で焦げないようにときどき木べらでかき混ぜながら1時間ほど煮る。

4. とろみがついたら器に盛り、シナモンパウダーをふる。

CONSEJOS

古くから修道院でも作られている、スペインを代表するお菓子です。お米を果物やスパイスで風味づけし、ミルクで煮込みます。

カモミールレモンハニーティー

たくさんの効能があり、何世紀にもわたって薬の役目をしてきたカモミール。修道院では乾燥させた花を常備し、特に胃の調子が悪いときや風邪気味のときなどにお茶にして飲む習慣があります。ゲルニカ聖クララ修道院のマザーにお会いしたとき、風邪で喉を痛めていらしたのですが、「温かいカモミールティーを飲んだから随分よくなりました。レモンとはちみつも入れると、とても効果的ですよ」と、教えてくださいました。デリオの聖クララ修道院では、お腹の調子が悪いときにはさらにスターアニス(八角)も加えるそうです。

INGREDIENTES 材料(1人分)

ドライカモミール	大さじ1
レモン	適量
はちみつ	適量

PREPARACIÓN 作り方

1. ポットにドライカモミールを入れ、熱湯1カップを注いで3〜5分蒸らす。

2. カップに漉しながら注ぎ、レモンとはちみつを加えて飲む。

Espárragos salteados
グリーンアスパラガス炒め

INGREDIENTES 材料（4人分）

グリーンアスパラガス ------------------------------ 12本
にんにく --1片
オリーブオイル ------------------------------ 小さじ2
塩、こしょう------------------------------------ 各適量
レモン -- 適宜

PREPARACIÓN 作り方

1. グリーンアスパラガスは根元のかたい部分を折り、4〜5cm長さに切る。にんにくは薄切りにする。

2. フライパンにオリーブオイルを弱火で温め、にんにくとグリーンアスパラを入れてじっくり炒める。

3. 塩、こしょうで味を調えて器に盛り、好みでレモンを搾る。

CONSEJOS

レモンを搾るほかに、アーモンドやヘーゼルナッツ、松の実などを一緒に炒めたり、おろしたチーズをふったり、ビネガーをかけたりと、そのときにあるもので変化をつけてみましょう。

Huevos verdes
卵の挽き肉詰めスープ煮

INGREDIENTES 材料（直径20cmのフライパン・1個分）

豚挽き肉 -- 50g
茹で卵 --4個
玉ねぎ -- 1/2個
にんにく --1片
イタリアンパセリのみじん切り-------------------- 1本分
チキンスープストック（→ *Page.* 237）--------------1/2カップ
薄力粉 -- 適量
溶き卵-- 1個分
オリーブオイル ------------------------------ 小さじ4
塩、こしょう------------------------------------ 各適量

PREPARACIÓN 作り方

1. 茹で卵は縦半分に切り、白身と黄身に分ける。

2. 玉ねぎとにんにくはみじん切りにする。

3. フライパンにオリーブオイル半量を弱火で温め、玉ねぎとにんにくをゆっくり炒め、しんなりとしたら火を止めてそのまま粗熱を取る。

4. ボウルに挽き肉、3.、黄身半量、塩、こしょうを入れて混ぜる。

5. 白身に4.を詰め、薄力粉を薄くはたき、溶き卵にくぐらせる。

6. フライパンを温め、残りのオリーブオイルを入れて5.にこんがりと焼き目をつける。

7. チキンスープストックと残りの卵黄を潰しながら加えて混ぜ、さらにイタリアンパセリを加えて混ぜる。

Pastel de zanahorias
にんじんのケーキ

INGREDIENTES　材料（直径17cmの丸型・1台分）

a
- 薄力粉 -- 1と1/2カップ
- ベーキングパウダー --------------------------- 小さじ1
- シナモンパウダー ----------------------------- 小さじ2
- バニラパウダー（あれば） ---------------------- 少々

b
- 卵 --- 2個
- ブランデー ------------------------------------ 1/4カップ
- グラニュー糖 ---------------------------------- 2/3カップ
- 塩 -- ひとつまみ

c
- にんじんのすりおろし -------- 1と1/2カップ（約中2本分）
- オリーブオイル -------------------------------- 1/4カップ

PREPARACIÓN　作り方

1. オーブンを180℃に温めておく。型にバター（分量外）を塗り、薄力粉（分量外）を薄くはたいておく。
2. ボウルに a を入れて混ぜ、ふるう。
3. 別のボウルに b を入れて混ぜる。さらに c を加えて混ぜる。
4. 2.に3.を加えてざっくりと大きく混ぜる。
5. 型に流し入れ、温めたオーブンで40分ほど焼く。
6. 取り出したら、キッチンクロスをかけて1時間ほど置き、好みの厚さに切り分ける。

CONSEJOS

にんじんを使ったケーキの起源は諸説ありますが、中世のヨーロッパでは、まだ砂糖が高価だった頃に手頃で甘いにんじんをお菓子に使っていたといわれています。今でも身近なにんじんは修道院でもケーキにするところが多いです。

Ensalada de remolacha y repollo
ビーツとキャベツのサラダ

INGREDIENTES 材料(4人分)

ビーツ --- 1個(400g)
春キャベツ --4枚
レモン果汁----------------------------------- 大さじ2
オリーブオイル -------------------------------- 大さじ1
塩、こしょう------------------------------------- 各適量

PREPARACIÓN 作り方

1. ビーツは洗い、皮つきのまま鍋に入れてたっぷりの水を注ぐ。中火にかけて沸騰したら、弱めの中火で30分ほど茹でる。火を止め、そのまま粗熱を取り、皮をむいて乱切りにする。

2. キャベツはざく切りにしてボウルに入れ、塩少々を加えて軽くもむ。出てきた水気は絞る。

3. 2.にビーツを加えて混ぜる。レモン果汁とオリーブオイルを加えて混ぜ、塩、こしょうで味を調える。

CONSEJOS

春も中頃になると、ビーツの収穫が始まります。甘いビーツと今年1番に収穫した春キャベツを合わせたサラダ。アーモンドやくるみなどナッツを加えても。

Fabes con almejas
あさりと白いんげん豆のバスク風煮込み

INGREDIENTES 材料(4人分)

あさり ---200g
白いんげん豆(水煮) --------------------------------300g
玉ねぎ --1個
にんにく ---1片
赤唐辛子 --1本
薄力粉 -- 大さじ2
白ワイン ------------------------------------- 大さじ3
オリーブオイル -------------------------------- 大さじ1
イタリアンパセリのみじん切り ------------------- 1本分

PREPARACIÓN 作り方

1. あさりは塩3％を入れた水で30分ほど砂抜きし、こするように洗う。

2. 玉ねぎとにんにくはみじん切りにする。赤唐辛子は種を取り除き、輪切りにする。

3. 鍋にオリーブオイルを弱火で温め、2.を焦げないようにしんなりとして甘みが出るまでじっくり炒める。薄力粉を加え、粉臭さがなくなるまで炒める。あれば豆の煮汁または水1カップを少しずつ加えて混ぜる。

4. あさりと白ワインを加え、あさりの口が開いたら、白いんげん豆を加えてひと煮立ちさせ、イタリアンパセリを加えて混ぜる。

CONSEJOS

豆料理はバスクのおふくろの味。修道院でも豆料理はよく食卓にのぼります。
そして、あさりの旨みを豆に吸い込ませるこの料理は、バスクの伝統料理のひと
つです。白いんげん豆(—→ *Page.* 104)の水煮は市販品を使用してもよいですが、
その際は塩加減を少なめに加減してください。

POSTRE デザート

Mermelada de frambuesas con yogur
ラズベリージャムとヨーグルト

Mermelada de frambuesas
ラズベリージャム

INGREDIENTES　材料(作りやすい分量)

ラズベリー -------------------------------500g
グラニュー糖 ------------------------------250g

PREPARACIÓN　作り方

1. ラズベリーは洗い、水気をきる。

2. ボウルにラズベリーとグラニュー糖を入れ、5時間
ほど置く。

3. 水分が出てきたら、鍋に入れて中火にかけ、ときど
き混ぜながら20分ほど煮る。

4. 瓶詰めにする(—→ *Page.* 357)。

保存期間:冷暗所で6か月保存可能。

Menestra de verduras
メネストラ

INGREDIENTES 材料（4人分）

じゃがいも -- 1個
にんじん -- 1/2本
カリフラワー ------------------------------------- 50g
グリーンアスパラガス ----------------------------- 4本
グリーンピース ------------------------- 30g（正味）
玉ねぎ --- 1/2個
にんにく -- 2片
生ハム（ブロック、なければベーコンのブロック）-------- 80g
薄力粉 --- 大さじ1
オリーブオイル ----------------------------------- 大さじ2
塩、こしょう ------------------------------------- 各適量

PREPARACIÓN 作り方

1. じゃがいもとにんじんは1cm角に切る。カリフラワーは小房に分ける。グリーンアスパラガスは根元のかたい部分を折り、2cm長さに切る。

2. 鍋にじゃがいもを入れ、水を注いで火にかける。沸騰したら1.の残りの野菜、グリーンピースも加えて茹でる。ちょうどよいかたさになったらザルに上げ、茹で汁は1/2カップ取っておく。

3. 玉ねぎとにんにくはみじん切りにする。生ハムは1cm角に切る。

4. フライパンにオリーブオイルを中火で温め、3.を炒める。薄力粉を加え、ダマにならないように炒め、茹で汁を少しずつ加えて混ぜる。

5. 茹でた野菜を加えて全体を混ぜ、塩、こしょうで味を調える。

CONSEJOS

"メネストラ"はその季節の野菜をたっぷりと使う素朴な料理で、東隣りのナバラ州の郷土料理です。名前の由来はイタリアのスープ、ミネストローネにあるといわれています。生ハムの旨みを野菜の煮汁と合わせ、薄力粉でとろみをつけて野菜に絡めます。栄養価の高い旬の野菜をたくさん使えるのもうれしいですが、残った野菜で作れるという利点もあります。

SEGUNDO PLATO 二皿目

Pudín de atún

ツナのパンプディング

INGREDIENTES　材料（18×8×高さ8cmのパウンド型・1台分）

ツナ -- 150g
卵 -- 3個
食パン（6枚切り） -- 2枚
牛乳 -- 1カップ
ハーブ（オレガノ、ローズマリーなど） --------------------------- 適量
塩、こしょう --- 各適量

PREPARACIÓN　作り方

1. オーブンを150℃に温めておく。型にオーブンシートを敷いておく。

2. ボウルに食パンをちぎり入れ、牛乳を注いで浸す。

3. 2.、油をきったツナ、卵、ハーブ、塩、こしょうをフードプロセッサーまたはブレンダーでとろみがつくまで撹拌する。

4. 型に流し入れ、温めたオーブンで30ほど分焼く。オーブンから取り出し、スプーンですくって器によそう。

CONSEJOS

残った食パンや、バゲットなどがたくさんあるときに、缶詰のツナで作れる手軽なレシピです。

POSTRE デザート

Huevos nevados

カスタードメレンゲ

INGREDIENTES　材料（4人分）

卵 -- 2個
グラニュー糖 --- 大さじ3と1／2
牛乳 --- 2カップ
レモンの皮（ノーワックス） --------------------------------------- 1個分
コーンスターチ --- 大さじ2

PREPARACIÓN　作り方

1. オーブンを200℃に温めておく。天板にオーブンシートを敷く。

2. 卵は卵白と卵黄に分ける。ボウルに卵白を入れて泡立てる。白っぽくなってきたら、グラニュー糖大さじ1を少しずつ加え、ツノが立つまでさらに泡立てる。

3. 天板に2.を1／4量ずつ泡立て器で落とすようにしてのせ、温めたオーブンで5分ほど焼く。

4. 鍋に牛乳1と1/2カップとレモンの皮を入れ、弱火で3分ほど煮る。

5. ボウルに卵黄と残りのグラニュー糖を入れて混ぜ、レモンの皮を除いた4.を加えて混ぜる。

6. 鍋に戻し入れ、残りの牛乳で溶いたコーンスターチを加え、中火で混ぜながらとろみがつくまで煮る。

7. 器に移し、3.の焼いたメレンゲをのせる。

CONSEJOS

卵白はより泡立てやすいように、冷蔵庫で冷やしても。また、ボウルの水分、油脂はふき取りましょう。砂糖は少しずつ加え、空気を含むように泡立てます。

PRIMER PLATO 一皿目

Arroz con almejas
あさりのご飯

INGREDIENTES　材料（4人分）

米	2カップ
あさり	500g
にんにく	1片
イタリアンパセリのみじん切り	大さじ1
白ワイン	大さじ4
オリーブオイル	大さじ1
塩	小さじ1／3

PREPARACIÓN　作り方

1. あさりは塩3％を入れた水で30分ほど砂抜きし、こするように洗う。にんにくはみじん切りにする。

2. 鍋にあさりを入れ、水1カップを注ぎ、あさりの口が開くまで中火にかける。

3. あさりと煮汁を分け、煮汁に水と塩を加えて4カップにする。

4. 鍋にオリーブオイルを中火で温め、にんにくを香りが出るまで炒める。白ワインを加え、少量になるまで煮詰めたら、米を加えて炒める。

5. 別の鍋に3.のあさりの煮汁を入れて一度沸かし、4.に加えて混ぜる。中火で5分、蓋をして弱火で8〜9分煮る。

6. あさりを素早くのせて蓋をし、火を止めてそのまま10分蒸らし、イタリアンパセリをふる。

SEGUNDO PLATO 二皿目

Chicharro a la plancha
鯵のバスク風

INGREDIENTES　材料（4人分）

鯵	4尾（大きいものなら2尾）
にんにく	3片
赤唐辛子	2本
イタリアンパセリのみじん切り	大さじ1／2
オリーブオイル	大さじ3〜4
塩、こしょう	各適量
茹でさやいんげん	適量
レモン	適宜

PREPARACIÓN　作り方

1. 鯵はゼイゴを取り除き、三枚におろす。流水で洗ってペーパータオルで水気をふき、塩、こしょうをふる。

2. にんにくは薄切りにする。赤唐辛子は種を取り除いて輪切りにする。

3. フライパンにオリーブオイルを弱火で温め、鯵の両面をこんがり焼いて器に盛る。

4. 同じフライパンに足りないようならオリーブオイル適量（分量外）を足し、にんにくと赤唐辛子を弱火で炒め、香りが出たら3.にかける。

5. 器に盛り、イタリアンパセリをふり、さやいんげんを添える。好みでレモンを搾る。

Frixuelos

フリシュエロス

INGREDIENTES　材料（4人分）

薄力粉 --120g
卵 --- 2個
牛乳 -- 250ml
グラニュー糖 --------------------------------------- 大さじ2
塩 -- ひとつまみ
レモンの皮のすりおろし（ノーワックス）----------- 1/4個分
オリーブオイル（または無塩バター）------------------- 適量

PREPARACIÓN　作り方

1. ボウルに卵を溶きほぐし、オリーブオイル以外の材料を加えて泡立て器で混ぜる。ラップをして冷蔵庫で1時間以上休ませる。

2. フライパンを弱火でゆっくりと温め、オリーブオイルをペーパータオルで薄く塗る。

3. 小さなレードルで生地を流し入れ、フライパンを動かして丸く薄くのばし、弱火で両面をほんのり色づくまで焼く。残りの生地も同様に焼く。

CONSEJOS

北のアストゥリアス州では“フリシュエロス（Frixuelos）”、ガリシア州では“フィジョアス（Filloas）”という名前で親しまれているスペイン版クレープ。シナモンやアニスをふったり、粉砂糖やジャム、果物、チョコレートソースを添えたりします。

修道女の薬箱レシピ　Nº03

にんじんとオレンジ、しょうがのジュース

INGREDIENTES　材料（2人分）

にんじん --1本
オレンジ --- 2個
しょうが ---1片

PREPARACIÓN　作り方

1. にんじんはよく洗い、皮つきのまま小さく切る。オレンジは搾り、しょうがは皮つきのまますりおろす。

2. 1.と水1/2カップをミキサーに入れ、なめらかになるまで撹拌する。

CONSEJOS

風邪の引き始めに効果があります。体調が優れず、食欲がないときにもおすすめ。好みではちみつを加えると飲みやすいです。

Salteado de verduras
春野菜炒め

INGREDIENTES 材料(4人分)

玉ねぎ ------------------------------ 1/2個
ズッキーニ -------------------------- 1本
にんじん ---------------------------- 1本
グリーンアスパラガス ---------------- 4本
イタリアンパセリ -------------------- 1本
アーティチョーク(水煮または冷凍) -------- 150g
オリーブオイル ---------------------- 小さじ2
塩、こしょう ------------------------ 各適量

PREPARACIÓN 作り方

1. 玉ねぎはせん切り、ズッキーニは乱切り、にんじんはさいの目切りにする。グリーンアスパラガスはかたい部分を折り、5〜6等分に切る。アーティチョークは食べやすい大きさに切る。イタリアンパセリはみじん切りにする。

2. フライパンにオリーブオイルを中火で温め、1.を炒める。

3. 塩、こしょうで味を調える。

CONSEJOS

アーティチョークは炒め物や米料理、煮込みなどのさまざまな料理に使われる馴染み深い野菜です。生のアンティチョークが手に入ったら、ぜひこの料理にも使ってみてください。上部のかたい部分を切り落とし、周りのガクをむき、中にある白いやわらかい根元の部分を使います。変色して黒くならないようにレモン果汁をかけるか、水にレモン果汁を入れたものに浸すとよいでしょう。

Sardinas rebozadas
鰯のピカタ

INGREDIENTES 材料(4人分)

鰯 -------------------------------- 8尾
溶き卵 ---------------------------- 1個分
薄力粉 ---------------------------- 適量
塩、こしょう ---------------------- 各適量
オリーブオイル -------------------- 大さじ1
レモンスライス -------------------- 8枚

PREPARACIÓN 作り方

1. 鰯は頭と内臓を取り除いて手開きにし、流水でよく洗ってペーパータオルで水気をふく。塩、こしょうをふって薄力粉を薄くまぶし、溶き卵に通す。

2. フライパンを中火で温め、オリーブオイルを入れる。弱火にして、1.を両面こんがりと焼き、器に盛ってレモンスライスをのせる。

CONSEJOS

油がはねやすいので気をつけましょう。

POSTRE デザート

Nísperos con queso fresco
びわのフレッシュチーズ詰め

INGREDIENTES 材料（4人分）

びわ --4個
好みのフレッシュチーズ
（フロマージュ・ブラン、リコッタチーズ、
カッテージチーズ、フェタチーズなど）----------------- 適量
ナッツの粗みじん切り
（くるみ、アーモンド、ヘーゼルナッツ、松の実など）------- 適量
はちみつ --------------------------------------- 適宜

PREPARACIÓN 作り方

1. びわはヘタを切り落として皮をむく。半分に切って種と薄皮を
   スプーンで取り除く。

2. びわの上にフレッシュチーズをのせ、ナッツをふり、好みではち
   みつをかける。

CONSEJOS

びわの変色が気になるときは、皮をむいたらすぐに塩水またはレモン果汁を入
れた水に通してください。

Fideos con gambas
海老のパスタパエリア

INGREDIENTES 材料（4人分）

スパゲッティーニ ---350g
海老（殻つき）--8〜10尾
オリーブオイル ----------------------------------- 大さじ1
塩、こしょう--各適量

PREPARACIÓN 作り方

1. 海老は頭があれば切り落とし、殻と背ワタを取り除く。

2. スパゲッティーニは3cm程度に折る。

3. フライパンにオリーブオイルを中火で温め、スパゲッティーニを
   入れてこんがりするまで炒める。熱湯3カップを加え、5分ほど
   中火で煮る。

4. 海老を入れてさらにパスタが好みのかたさになるまで煮る。

5. まだ水分が残っているようなら強火で煮詰め、塩、こしょうで
   味を調える。

CONSEJOS

スペインのパスタの歴史は古く、イスラム教徒から伝承されたといわれています。
パエリア鍋でスープと一緒に煮込み、味をパスタに染み込ませるバレンシア地
方の料理"フィデウア"が最もポピュラーで、パスタのサイズもいくつか種類があり
ます。ここでは手に入りやすいスパゲッティーニを使います。魚介のスープストッ
クを使わない、塩味だけのフィデウアは修道院らしくてとてもシンプルですが、
美味しい一品です。

Tortilla de anchoas
カタクチイワシのオムレツ

INGREDIENTES　材料(直径26cmのフライパン・1個分)

カタクチイワシ --------------------------------250g
イタリアンパセリ ----------------------------------1本
にんにく --1片
卵 --6個
牛乳 -- 大さじ2
オリーブオイル ---------------------------- 小さじ2
塩、こしょう-------------------------------------各適量

PREPARACIÓN　作り方

1. カタクチイワシは塩水で鱗を取るように洗い、手開きにする。頭、内臓、骨を取り除き、流水で洗ってペーパータオルで水気をふく。

2. イタリアンパセリとにんにくはみじん切りにする。

3. ボウルに卵を割りほぐし、イタリアンパセリ、牛乳、塩、こしょうを加えて混ぜる。

4. フライパンにオリーブオイルを中火で温め、にんにくとカタクチイワシを焼く。

5. 3.を加えてイワシが崩れないように大きく混ぜ、1分ほど焼いたらフライパンよりひと回り大きい皿または蓋を被せてひっくり返し、卵を滑らせるようにフライパンに戻し、さらに1分焼く。

Amarguillos
アーモンドクッキー

INGREDIENTES　材料(約20個分)

アーモンドパウダー --------------------------160g
粉砂糖 -------------------------------------130g
卵白 --- 1個分
レモン果汁----------------------------------- 小さじ1

PREPARACIÓN　作り方

1. オーブンを180℃に温めておく。天板にオーブンシートを敷いておく。

2. ボウルにアーモンドパウダーと粉砂糖を入れてよく混ぜる。

3. 別のボウルに卵白を入れ、ツノがしっかり立つまで泡立てる。

4. 2.に3.、レモン果汁を加え、泡が消えないように大きく混ぜる。

5. 4.を絞り袋に入れ、天板の上に直径3cmの丸形に絞り出す。

6. 温めたオーブンで15分ほど焼く。

CONSEJOS

色々な種類のアーモンドクッキーがありますが、その中のひとつが"アマルギージョス"。とても古い歴史がある修道院のお菓子のひとつで、4〜5cmの丸い形をしています。名前は「苦い(スペイン語でアマルガ)」という言葉に由来するそう。おそらく昔は苦いアーモンドが入ってしまったことがしばしばあったのかもしれません。美味しいお菓子をたくさん作っているサルバティエラの聖クララ修道院でも、販売している人気の焼き菓子です。中央にアーモンドをひとつのせて焼くこともあります。

PRIMER PLATO 一皿目

Arroz con sepia y guisantes
イカとグリーンピースのご飯

INGREDIENTES 材料(4人分)

米 -- 2カップ
イカ(コウイカなど) -------------------------------------1杯
グリーンピース -------------------------------- 150g(正味)
トマト(完熟) --2個
玉ねぎ --1個
魚介スープストック(右) -------------------2と1/4カップ
パプリカパウダー --------------------------------- 小さじ2
オリーブオイル ------------------------------------ 小さじ2
塩 -- 小さじ1

PREPARACIÓN 作り方

1. イカは内臓、軟骨を取り除き、皮をむく。流水で洗って水気を
   ペーパータオルでふき、胴は2cm角、ゲソは2cm幅に切る。

2. トマトは皮をむき、玉ねぎとともにみじん切りにする。

3. 鍋にオリーブオイルを中火で温め、イカと玉ねぎを炒める。さら
   にトマトを加えて炒める。

4. トマトの水分がなくなったら、米とパプリカパウダーを加えて
   さっと炒め、グリーンピース、魚介スープストック、塩を加えて混
   ぜる。蓋をして沸騰したら、弱火にしてさらに12〜13分炊き、
   火を止めてそのまま10分蒸らす。

Caldo de pescado
魚介スープストック

メルルーサやアンコウなどのアラは申し分ない出汁が
取れますが、漁師の方からいただく不揃いな魚や小さ
い魚「雑魚」も、とても美味しい出汁が取れます。肝心
なのは魚の鮮度。日本では、金目鯛や鯛のアラが比
較的手に入りやすく、値段も手頃です。

野菜はにんじんなど余っている野菜があれば、皮ごと
使います。白ワインで魚臭さを除く場合は、野菜を入
れる前に煮立ててアルコール分を飛ばしてください。

INGREDIENTES 材料(作りやすい分量)

アラ(新鮮な白身魚の頭などを合わせて) - 700〜800g
玉ねぎ -- 1個
長ねぎ(緑の部分) -------------------------- 2本分
ローリエ ---3枚
イタリアンパセリ ------------------------------3本

PREPARACIÓN 作り方

1. アラは流水でよく洗い、血合いと汚れを落とす。玉
   ねぎと長ねぎは4等分に切る。

2. 深鍋にすべての材料を入れ、水をひたひた強に
   たっぷり注ぐ。強火にかけ、沸騰したら弱火にして
   アクを取り除いて30分ほど弱火で煮込み、ザル
   などで漉す。

Salmón al limón
鮭のレモン風味

INGREDIENTES 材料（4人分）

生鮭（切り身）---------------------------------4切れ
玉ねぎ --------------------------------------- 1/2個
イタリアンパセリのみじん切り-------------------- 小さじ2
レモン果汁----------------------------------- 1個分
白ワイン ---------------------------------1/4カップ
オリーブオイル --------------------------------- 大さじ1
塩、こしょう-------------------------------------各適量

PREPARACIÓN 作り方

1. 生鮭は塩、こしょうをふり、レモン果汁をかける。

2. 玉ねぎはすりおろす。

3. ボウルに2.、イタリアンパセリ、白ワイン、オリーブオイルを入れて
   混ぜる。

4. 角バットなどに鮭を並べ、3.を加えて2時間ほどマリネする。

5. ホイルを敷いた天板に水気をきった鮭を並べ、オーブントース
   ターで火が通るまで両面を焼く。

CONSEJOS

昔は北の地方の河川で鮭が獲れたそうですが、今はほとんどが養殖物や輸入
物で、値段も手頃です。修道院でも使うことが多い魚のひとつです。

Flan de leche condensada
コンデンスミルクのプリン

INGREDIENTES 材料（約120ml容量のプリン型・4個分）

卵 --2個
牛乳 --------------------------------------- 1カップ
コンデンスミルク ------------------------------ 大さじ4
グラニュー糖 ----------------------------------- 大さじ2

PREPARACIÓN 作り方

1. カラメルソースを作る。鍋にグラニュー糖と水大さじ2を入れて
   強火で煮詰める。きつね色になったら火を止め、水大さじ2を
   加えて再度火にかける。鍋を回しながら混ぜ、とろみがついた
   ら型に等分にして流し入れる。

2. ボウルに卵を割りほぐし、牛乳を加えて泡立て器で混ぜる。
   さらにコンデンスミルクも加えて混ぜ、1.の型に流し入れる。

3. 鍋に型が動かないようにフキンを敷き、2.を並べる。型の高さ
   半分まで熱湯を注ぎ、キッチンクロスで覆った蓋を被せて弱火
   で15分ほど湯せんにかける。蓋をしたままさらに10分ほど置
   き、かたまったら粗熱を取り、冷蔵庫で冷やす。

CONSEJOS

コンデンスミルクは牛乳に砂糖を加えて煮詰めたもので「練乳」と呼ばれ、親し
まれています。スペインではお菓子作りに使うことが多く、代表的なのがこのプリ
ンです。

Arroz con habas
そら豆のご飯

INGREDIENTES 材料（4人分）

米	300g
そら豆	120g（正味）
玉ねぎ	1/2個
オリーブオイル	大さじ1
塩	小さじ1/2

PREPARACIÓN 作り方

1. そら豆は丁寧に薄皮をむく。玉ねぎはみじん切りにする。

2. 鍋にオリーブオイルを弱火で温め、玉ねぎをしんなりと甘みが出るまで炒める。

3. 米とそら豆を加えて全体に油が回るように炒める。

4. 熱湯2カップを注ぎ、塩を加えて軽く混ぜる。沸騰したら蓋をして中火で5分、弱火にしてさらに10分炊き、火を止めてそのまま10分蒸らす。

Merluza con costra
白身魚のチーズパン粉焼き

INGREDIENTES 材料（4人分）

	白身魚（鱈、鮭、鯛などの切り身）	4切れ
a	溶かしバター	25g
	レモン果汁	1/2個分
b	粉チーズ	50g
	パン粉	50g
	レモンの皮のすりおろし（ノーワックス）	1個分
	イタリアンパセリのみじん切り	大さじ1
	塩、こしょう	各適量

PREPARACIÓN 作り方

1. オーブンを220℃に温めておく。a と b はそれぞれ混ぜておく。

2. 魚は軽く塩、こしょうをふる。

3. 耐熱容器またはアルミホイルを敷いた天板の上に2.を並べ、a を全体に回しかけ、b で覆う。

4. 温めたオーブンでパン粉がこんがりとするまで10〜15分焼く。

CONSEJOS

どこの修道院もパン粉は自家製。余ってかたくなったフランスパンをチーズおろし器またはフードプロセッサーなどで細かくしておき、ストックします。パン粉を保存する際には皮つきのにんにくをひとつ入れると、色が変わらず長もちするそう。

Goxua

ゴシュア

INGREDIENTES 材料（好みの大きさのガラス容器・4個分）

生クリーム ------------------------------------ 1/2カップ
グラニュー糖 ------------------------------------ 大さじ5
スポンジ生地（またはフィンガービスケット）------------ 適量
レモン風味のカスタードクリーム（⟶ *Page. 035*）------------ 適量

PREPARACIÓN 作り方

1. ボウルに生クリームとグラニュー糖大さじ3を加え、泡立て器でツノがピンと立つまで泡立てる。

2. スポンジ生地は1〜2cm厚さに切る。

3. ガラス容器にスポンジを敷き詰め、1.をのせてレモン風味のカスタードクリームをのせる。

4. カラメルソースを作る。鍋に残りのグラニュー糖と水大さじ2を入れて強火で煮詰める。きつね色になったら火を止め、水大さじ2を入れて再度火にかける。鍋を回しながら混ぜ、とろみがついたら3.にかける。

CONSEJOS

"ゴシュア"は比較的新しいバスクのお菓子ですが、食いしん坊の修道女たちも作っています。スポンジ生地をラム酒やブランデーで湿らせるところを省略して、シンプルにしているのが修道院らしい作り方です。

バスクの郷土菓子 その1

バスクのお菓子というと、フランス・バスク生まれの"ガトーバスク"を思い浮かべる方もいるでしょうか。アーモンドパウダーを入れ、サクッと仕上げたクッキー生地にカスタードクリームを挟んだケーキで、さくらんぼのジャムを挟むものも有名です。中世の頃にはきび粉、ラード、はちみつなどで作られていたケーキが徐々に進化していったものといわれ、スペイン側でも親しまれています。（りんごのバスクケーキ（⟶ *Page. 221*））

バスクにはそれぞれ自慢のお菓子があります。ギプスコア県のお菓子屋さんでよく見かける"レジェーノス・デ・ベルガラ（Relleno de Bergara）"は、17世紀に国王フェリペ4世がベルガラの町を訪れたときにクララ会の修道女たちが献上したのが起源。小さなスポンジケーキの間にカスタードクリームを挟み、全体を砂糖衣で包んだもので、王家お墨つきのお菓子となりました。また、このお菓子で余ってしまった卵白を使い、砕いたアーモンドを加えたクッキー"トストン・デ・ベルガラ（Tostón de Bergara）"も生まれました。

このページでご紹介した"ゴシュア"はバスク語で「甘い、美味しい」という意味。70年代にバスク州都のビトリアにあるケーキ屋さんで生まれ、素焼きの器にスポンジ、クリーム2種を層にして上にカラメルソースをかけたお菓子です。今ではバスクの代表的なお菓子のひとつになり、家庭でも愛されています。

Ensaladilla de pollo
チキンサラダ

INGREDIENTES 材料(4人分)

鶏むね肉 ----------------------------------- 1枚
レタス ------------------------------------- 5枚
トマト ------------------------------------- 1個
りんご ----------------------------------- 1/2個
修道院のマヨネーズ(右ページ) ----------------- 大さじ3
塩、こしょう ------------------------------- 各適量

PREPARACIÓN 作り方

1. 鶏肉は鍋に入れ、多めの水と塩少々を加える。中火にかけて
   沸騰したら、10〜15分茹でる。そのまま粗熱を取り、細かく裂く。

2. レタスは食べやすい大きさにちぎり、水に浸してシャキッとさせ
   て水気をきる。トマトとりんごはヘタや芯などを取り除き、1cm
   角に切る。

3. ボウルに1.と2.を入れ、マヨネーズを加えて混ぜ、塩、こしょう
   で味を調える。

CONSEJOS

鶏肉の茹で汁は取っておき、チキンスープストックとして使うとよいでしょう。

Pescado a la meunière
白身魚のムニエル ほうれん草添え

INGREDIENTES 材料(4人分)

白身魚(鱈、鮭、鯛などの切り身) --------------- 4切れ
イタリアンパセリのみじん切り --------------- 少々
レモンスライス ----------------------------- 4枚
バター ----------------------------------- 大さじ1
薄力粉 ------------------------------------- 適量
塩、こしょう ------------------------------- 各適量
［茹でほうれん草］
　ほうれん草 ------------------------------- 1/2束
　レモン果汁 ------------------------------- 適量
　オリーブオイル、塩、こしょう --------------- 各適量

PREPARACIÓN 作り方

1. 茹でほうれん草を作る。鍋に湯を沸かし、ほうれん草をさっと
   茹でて水気を絞って刻む。ボウルに入れてレモン果汁とオリー
   ブオイルを加えて混ぜ、塩、こしょうで味を調える。

2. 魚は塩、こしょうをふり、薄力粉を薄くはたく。

3. フライパンにバターを入れて中火で温める。バターが溶けた
   ら、魚の両面を薄力粉がカリッとするまで焼いて器に盛る。

4. イタリアンパセリをふり、レモンスライスをのせ、1.を添える。

CONSEJOS

オリーブオイルで焼くこともありますが、いずれも魚の水分をペーパータオルでふ
き、塩、こしょうをふったらすぐに薄力粉をごく薄くはたくのがポイントです。ハー
ブはタイムやディル、タラゴンやフェンネルなどを使うと、味の変化を楽しめます。

Compota de frutos rojos
ベリーのコンポート

INGREDIENTES　材料(4人分)

ベリー
(ラズベリー、ブルーベリー、いちごなどを合わせて)-----400g
グラニュー糖 ----------------------------------- 80g
レモン果汁----------------------------------- 大さじ1

PREPARACIÓN　作り方

1. ベリーは、あればヘタを取り除く。

2. 鍋にグラニュー糖、レモン果汁、水2カップを入れて火にかける。グラニュー糖が溶けたら、1.を加えて沸騰したら弱火で10分ほど煮る。

CONSEJOS

色鮮やかな季節の可愛らしいベリーたちをコンポートにします。そのまま食べても、チーズやヨーグルトと合わせても。また色々なお菓子にも使えます。

修道院のマヨネーズ

修道院では鶏を飼っているところが多く、産み立ての卵で作るマヨネーズは格別の美味しさです。

卵と油、それに白ビネガーかレモン果汁さえあれば、ハンドブレンダーでささっとできてしまうので作り置きはせず、使う度に手作りします。軽めにしたいときはヨーグルトを加えても。

INGREDIENTES　材料(作りやすい分量)

卵 -------------------------------------- 1個
サラダ油---------------------------------3/4カップ
白ワインビネガー(またはレモン果汁) ------ 適量
塩 ------------------------------------- 適量

PREPARACIÓN　作り方

1. ブレンダー用のカップに卵を割り入れる。サラダ油を加えたら、ブレンダーを入れ、先が底に当たるように立て、動かさずにとろみがつくまで撹拌する。

2. とろみがついたらブレンダーの先を少し上げてさらに撹拌し、かためにとろみがついたら、白ワインビネガーを少しずつ加えて混ぜ、好みの酸味ととろみに調節し、塩で味を調える。

保存期間:生卵を使っているので早めに使い切りましょう。

Sopa de almejas con jamón
あさりとベーコンのトマトスープ

INGREDIENTES　材料(4人分)

あさり --300g
ベーコン(ブロック)--------------------------- 50g
トマト(完熟、または水煮150g)---------------1個
玉ねぎ --------------------------------------- 1/2個
タイムの葉 ------------------------------- 2〜3本分
バゲット(1cm厚さのもの)---------------------3枚
オリーブオイル ----------------------------- 小さじ2
こしょう ------------------------------------- 少々

PREPARACIÓN　作り方

1. あさりは塩3%を入れた水で30分ほど砂抜きし、こするように洗う。

2. ベーコンは5mm角に切る。玉ねぎは薄切り、トマトは皮をむいて粗みじん切りにする。

3. 鍋にオリーブオイルを中火で温め、ベーコンと玉ねぎを炒める。

4. バゲットは6〜8等分の角切りにして加え、さらに炒める。

5. トマトと水4カップを加え、沸騰したら弱火で5分ほど煮る。

6. あさりを加えて口が開いたらこしょうで味を調え、タイムの葉を散らす。

CONSEJOS

タイムは清涼感ある香りで、料理の持ち味を高めてくれます。強い抗菌作用もあり、風邪予防や胃の調子を整える働きもあります。

Albóndigas de pescado
白身魚の団子

INGREDIENTES　材料(4人分)

白身魚(生鱈など)----------------------------300g
イタリアンパセリのみじん切り --------------- 大さじ1
卵 ---1個
パン粉(細挽き)-------------------------- 1/2カップ
牛乳 --- 大さじ1
薄力粉 --------------------------------------- 適量
揚げ油 --------------------------------------- 適量
塩、こしょう --------------------------------- 各適量

PREPARACIÓN　作り方

1. 白身魚は骨と皮を取り除き、みじん切りにする。

2. ボウルにパン粉と牛乳を入れてふやかす。

3. 1、、イタリアンパセリ、卵、塩、こしょうを加え、しっかり練る。16等分にして丸め、薄力粉を薄くはたく。

4. フライパンに揚げ油を中温に温め、3.を静かに入れて3〜4分こんがり揚げる。

CONSEJOS

スペインでは白身魚はメルルーサやメロ、鱈などの切り身の冷凍が出回り、使いやすく経済的で活用することが多いです。日本ではしっとりと仕上がる生鱈で作るとよいでしょう。ハーブはディルやフェンネルなどもおすすめです。

Naranjas con almendras y miel

オレンジのアーモンド、はちみつがけ

INGREDIENTES 材料（4人分）

オレンジ --- 適量
アーモンド -- 適量
はちみつ -- 適量

PREPARACIÓN 作り方

1. オレンジは皮をむき、輪切りにする。
2. アーモンドは細かく刻む。
3. 器にオレンジとアーモンドを盛り、はちみつをかける。

CONSEJOS

日曜日や特別な日にはホイップクリームを添えたり、アーモンドは松の実やくるみなどに代えて変化をつけます。

バスクでよく使われるあさり

バスクはビスケー湾に面し、広い大陸棚と大西洋の冷たい海流が育む、美味しい魚介に恵まれています。貝類も種類が多く、特にあさりは家庭料理に欠かせない食材のひとつです。ここでは、そんなあさりを使って作る便利なソースをご紹介します。

グリル、ムニエル、フライ、揚げ物、ピカタなどの魚料理や、豚肉のソテー、茹で卵に添えるほか、あさりの身も一緒にご飯やパスタと和えたりしても合います。

あさりのソース

INGRÉDIENTS
材料（作りやすい分量）

あさり ----------------- 250g
長ねぎ ----------------- 2本
玉ねぎ ----------------- 1／2個
にんにく ---------------- 1片
バター ----------------- 20g
薄力粉 ----------------- 大さじ4

PREPARACIÓN 作り方

1. あさりは塩3%を入れた水で30分ほど砂抜きし、こするように洗う。
2. 鍋に水1カップを入れて火にかける。沸騰したらあさりを入れ、あさりの口が開いたら取り出す。煮汁をソースに使うが、身も使ってもよい。
3. 長ねぎ、玉ねぎ、にんにくはみじん切りにする。
4. フライパンにバターを入れて中火で温める。バターが溶けたら3.を加えて炒め、しんなりとしたら薄力粉を加えて粉気がなくなるまで炒める。あさりの煮汁を少しずつ加えながら混ぜ、なめらかなソースにする。

PRIMER PLATO 一皿目

Ensalada de apio y nueces
セロリとくるみのサラダ

INGREDIENTES　材料（4人分）

セロリ --1本
くるみ ----------------------------------- 12個
レモン果汁----------------------------------1/2個分
オリーブオイル --------------------------- 大さじ1
塩、こしょう-----------------------------------各適量

PREPARACIÓN　作り方

1. セロリは筋を取り、2〜3cm幅に切る。

2. ボウルにセロリとくるみを入れる。レモン果汁、オリーブオイル
　を加えて混ぜ、塩、こしょうで味を調える。

CONSEJOS

セロリはやわらかい部分はサラダに、かたい部分はスープや煮込みに入れることが多いです。サラダにはりんごやピキージョ（赤ピーマン）を入れることも。ディルやタラゴンなどのハーブを加えても爽やかです。

SEGUNDO PLATO 二皿目

Pescado en salsa verde
バスク風白身魚のグリーンソース

INGREDIENTES　材料（4人分）

あさり ----------------------------------- 200g
白身魚（生鱈、スズキ、鯛などの切り身）------------- 4切れ
にんにく ---1片
イタリアンパセリのみじん切り --------------------- 大さじ2
白ワイン -----------------------------------1/4カップ
薄力粉 --適量
オリーブオイル --------------------------- 大さじ2
塩 ---適量

PREPARACIÓN　作り方

1. あさりは塩3％を入れた水で30分ほど砂抜きし、こするように
　洗う。

2. 白身魚は塩をふり、薄力粉を薄くはたく。

3. にんにくはみじん切りにする。

4. フライパンにオリーブオイルを弱火で温め、にんにくを炒める。
　香りが出たら白身魚を入れ、両面をこんがり焼く。

5. 白ワインを加えて沸騰したら、あさりとイタリアンパセリを加え
　る。すぐに蓋をしてあさりの口が開くまで蒸し焼きにする。

CONSEJOS

メルルーサのフィレで作るバスクの伝統料理。メルルーサはスペインでは魚の女王と呼ばれ、大きなものは身もたっぷりの贅沢な白身魚。白ワインとあさりを加えたら、油と乳化するようにフライパンを前後に静かに揺すりましょう。イタリアンパセリの香りとあさりの旨みで美味しいソースに仕上がります。

Leche frita
揚げミルク

INGREDIENTES 材料（16×13×高さ2.5cmの角バット・1個分）

薄力粉	20g
コーンスターチ	20g
グラニュー糖	大さじ3
牛乳	2と1/2カップ
シナモンスティック	1本
レモンの皮（ノーワックス）	1/2個分
溶き卵	1個分
揚げ油	適量
シナモンパウダー	適宜

PREPARACIÓN 作り方

1. ボウルに薄力粉、コーンスターチ、グラニュー糖を入れて混ぜる。牛乳1/2カップを少しずつ加えながら泡立て器でよく混ぜる。

2. 鍋に残りの牛乳、シナモンスティック、レモンの皮を加えて弱火にかけ、沸騰しないように2分ほど煮る。

3. 2.を1.にザルなどで漉しながら加える。鍋に戻し入れ、混ぜながらかためのクリーム状になるまで弱火で煮る。

4. 角バットに移し、粗熱が取れたらラップを被せ、押しながら表面を平らにする。冷蔵庫で冷やしかためる。

5. 4.を12等分に切り、薄力粉（分量外）を薄くはたいて溶き卵に通し、中温に温めた揚げ油でこんがり揚げる。

6. 油をよくきり、グラニュー糖（分量外）と好みでシナモンパウダーをふる。

CONSEJOS

周りはカリッと揚げ、中はとろりとした食感が楽しい揚げミルクは"レチェ・フリータ"と呼ばれるバスクの伝統菓子のひとつ。ベシャメルソースに砂糖で甘みを加える作り方もあり、それぞれの修道院でレシピもさまざまです。

Patatas en salsa verde

じゃがいものグリーンソース

INGREDIENTES 材料（4人分）

じゃがいも --3個
グリーンピース ----------------------------- 50g（正味）
玉ねぎ -- 小1個
にんにく --1片
イタリアンパセリのみじん切り--------------------- 大さじ1
白ワイン ------------------------------------- 大さじ3
オリーブオイル ----------------------------------- 大さじ1
塩、こしょう------------------------------------各適量

PREPARACIÓN 作り方

1. じゃがいもは5mm厚さの輪切りにする。玉ねぎはみじん切り、にんにくは薄切りにする。

2. フライパンにオリーブオイルを弱火で温め、玉ねぎとにんにくを炒める。

3. 玉ねぎがしんなりとしたら、イタリアンパセリを加えてさらに炒める。

4. じゃがいもを加えて混ぜ、油が全体に回ったら白ワインを加えて煮詰める。

5. 水をひたひたに注ぎ、沸騰したらグリーンピースを加えてじゃがいもに火が通るまで煮て、塩、こしょうで味を調える。

CONSEJOS

バスク料理のグリーンソースは、イタリアンパセリの緑が爽やかで春らしい一品です。新じゃがいもを使ってもよいでしょう。水の代わりに野菜スープストック（—» *Page.* 106）を使うと、さらに美味しくなります。

Besugo al horno
鯛のバスク風オーブン焼き

INGREDIENTES　材料(4人分)

鯛 ------------------------------------ 大1尾(500〜600g)
にんにく --3片
赤唐辛子 ---2本
白ワインビネガー ------------------------------ 小さじ1
オリーブオイル --------------------------------大さじ3〜4
塩、こしょう---------------------------------------各適量

PREPARACIÓN　作り方

1. 鯛はウロコと内臓を取り除き、腹開きにして骨を取り除く。さっと洗って水気をペーパータオルでふく。塩、こしょうをふり、魚焼きグリル、もしくは200℃に温めたオーブンで15分ほど焼く。オーブンの場合は、一度裏返す。

2. にんにくは薄切り、赤唐辛子は種を取り除いて輪切りにする。

3. フライパンにオリーブオイルを弱火で温め、2.を香りが出るまで炒める。

4. 焼き上がった鯛を皿に盛る。3.をかけ、白ワインビネガーをふる。

CONSEJOS

焼いた鯛に、にんにくと赤唐辛子の風味がついたオイルをかけるバスク料理です。ここでは本場のように鯛を頭から半分に切って開き、骨を取り除きますが、三枚おろしにするか切り身を使うとさらに簡単になります。赤唐辛子は辛みではなく、風味づけなので種は取り除きましょう。

Copa de fresa
いちごのパフェ

INGREDIENTES　材料(4人分)

いちご -- 14個
グラニュー糖 -------------------------------------- 大さじ1
レモン風味のカスタードクリーム（—» Page.035）--------- 2/3量
［メレンゲ］
　　卵白 --- 2個分
　　グラニュー糖----------------------------------- 大さじ1/2

PREPARACIÓN　作り方

1. いちご10個は洗い、水気をきる。ヘタを取り除き、ボウルに入れる。フォークの背で潰し、グラニュー糖を加えて混ぜる。

2. レモン風味のカスタードクリームを作る(—» Page.035)。

3. ボウルにメレンゲの卵白を入れて泡立てる。白っぽくなったらグラニュー糖を少しずつ加えてツノが立つまで泡立てる。

4. グラスに1.、2.、3.を順で重ね、最後に残して置いたいちごを飾る。

CONSEJOS

決して華やかではありませんが、旬のいちごを使って日曜日や特別な日に少しだけ手を加えて作るデザートです。カスタードは乾燥しないようにきっちりとラップをして冷蔵庫で冷やします。潰したいちごに好みでリキュールを混ぜても美味しいです。

Macarrones con habas
春野菜のショートパスタ

INGREDIENTES 材料(4人分)

ペンネ ------------------------------------300g
グリーンピース ------------------------ 50g(正味)
グリーンアスパラガス ------------------------4本
オリーブオイル ------------------------ 大さじ1
塩、こしょう ------------------------------各適量
粉チーズ --------------------------------適量

PREPARACIÓN 作り方

1. ペンネは塩を入れた熱湯で表示通りに茹でる。茹で上がる5分前にグリーンピース、3分前にかたい部分を折ったグリーンアスパラガスを加え、一緒に茹でる。

2. 湯をきってボウルに入れ、オリーブオイルを加えて混ぜ、塩、こしょうで味を調える。

3. 器に盛り、粉チーズをふる。

CONSEJOS

そら豆、じゃがいも、さやいんげん、スナップエンドウなど、好みの春野菜でアレンジしてください。ペンネの茹で上がりは袋に表示されている時間を参考にし、野菜を入れるタイミングを合わせます。

Doradas Orduña
鯛のマヨネーズ添え

INGREDIENTES 材料(4人分)

鯛(切り身) ----------------------------------4切れ
a ┌ 玉ねぎのざく切り ------------------------1/4個分
　│ イタリアンパセリ ------------------------ 1本
　│ ローリエ ------------------------ 2枚
　└ 牛乳 ------------------------大さじ3〜4
[にんにくマヨネーズ]
　マヨネーズ(または修道院のマヨネーズ─» Page.091)
　------------------------------大さじ4〜5
　にんにくのすりおろし------------------------ 少々
レモンスライス ------------------------------4枚
イタリアンパセリのみじん切り ------------------- 少々

PREPARACIÓN 作り方

1. 鯛は塩水でさっと洗い、ペーパータオルで水気をふく。

2. 鍋に鯛、たっぷりの水とaを入れて中火にかける。沸騰したら弱火にし、身が白くなって中まで火が通るまで煮る。

3. 水気をきって器に盛り、レモンスライスをのせ、イタリアンパセリをふり、合わせたにんにくマヨネーズを添える。

CONSEJOS

焼くよりも茹でるほうが臭いが出やすい魚料理は、玉ねぎや牛乳を使って臭みを取ります。"ドラーダ(Dorada)"とは黒鯛のこと。春に美味しくなる魚のひとつです。イタリアンパセリの代わりにフェンネルやタラゴンも合います。

Yogur con mermelada y galletas

びわジャムとヨーグルト、ビスケットのトライフル

INGREDIENTES 材料(4人分)

びわジャム ------------------------------ 大さじ4
プレーンヨーグルト(無糖) ------------------200g
ビスケット ------------------------------ 10枚

PREPARACIÓN 作り方

1. ビスケットは細かく砕く。
2. 小さなココットまたはグラスなどに1.を入れ、プレーンヨーグルト、ジャムを重ねるように入れる。

CONSEJOS

春も中頃になると、修道院の庭の大きなびわの木に実がなり始めます。ほとんどはそのまま食べますが、甘さの足りない酸っぱいものはジャムにして楽しみます。

Mermelada de níspero

びわジャム

INGREDIENTES 材料(作りやすい分量)

びわ ------------------------- 500g(正味)
グラニュー糖 ------------------------------250g
レモン果汁-------------------------------1/2個分

PREPARACIÓN 作り方

1. びわはヘタを切り落として皮をむく。半分に切ってスプーンで種と薄皮を取り除き、さらに4等分に切る。
2. ボウルに入れ、1.の果肉半量の重さのグラニュー糖とレモン果汁を加えて混ぜる。
3. 水気がびわの高さまで出たら鍋に入れる。木べらで潰しながら混ぜ、弱火で25〜30分煮る。
4. 瓶詰めにする(——» **Page.357**)。

保存期間:冷暗所で6か月保存可能。

CONSEJOS

皮、種を除いた正味量を量り、グラニュー糖の量を決めます。ここでは半量としていますが、果実の甘みによっては35〜40%量に減らしてもよいでしょう。粒が残る程度に煮るのが美味しく仕上げるコツです。

MENÚ PARA CUARESMA

春は、キリスト教において最も重要な祝典、復活祭があります。その日に向けて修道院は
より一層の厳粛な日々に入っていきます。

復活の日は「復活祭」、英語で"イースター (Easter)"として知られていますが、スペインでは"パ
スクア (Pascua)"といいます。十字架にかけられたキリストが再び弟子たちの前に現れた日で、
大変重要な日とされます。復活祭は祝日。春分後の最初の満月の次の日曜日で、だいたい
3月下旬から4月中旬に当たり、その年によって日にちが違います。

復活祭の前には、"クアレスマ (Cuaresma)"、「四旬節」があります。日曜日を含まないイースター
の日から数えて40日前から始まります。キリストが食べ物も飲み物もなく、悪魔の誘惑を受け
ながらも荒野で過ごした過酷な40日間です。キリストが辿った日々に合わせ、修道女たちは
受難の日々と、そして神と向き合うのための期間を過ごします。

その四旬節の、最後の1週間は「聖週間」といいます。キリストがエルサレムに入城した日
「棕櫚の主日」からイースター前日の聖土曜日までの1週間で、四旬節の中でも特別な日々です。
こうして、受難、十字架上での死、復活、昇天と、キリストの歩みに向き合い、1年の中でも
特に長い祈りにすべてを集中させるときなのです。

そのため、四旬節の間の食事はより簡素に済ませ、金曜日には肉を禁止する習慣が今でも残っ
ているようです。会派、地方、修道院によっても食事の内容は異なりますが、共通するのは
修道女たちにとって、食事への意識が薄れる時期ということかもしれません。

Miércoles de Ceniza

灰の水曜日

四旬節は「灰の水曜日」から始まります。キリスト教では死、悔い改めの象徴。贖罪の日とされていて、復活祭を目指しての準備期間になります。

古くは、日曜日を除く四旬節の期間は断食が義務でした。現在では、灰の水曜日と聖週間の聖金曜日の2日間だけが断食の日とされています。

食事をいっさい摂らないという完全な断食ではなく、ある程度の栄養が摂れるように1日1食だけ簡素な食事をします。

灰の水曜日には、多くの修道院が豆料理を作るようです。普段から多く食べていて、とても馴染みのある食材なので、修道院ではそれが自然の流れなのかもしれません。

高齢者や病気の修道女は例外ですが、肉や野菜などの具材を入れずに豆だけを煮込んだ料理で、すぐに戻せて早く煮えるレンズ豆を使うことが多いようですが、白もしくは赤いんげん豆、ひよこ豆などを使うところもあるようです。

ちなみにこの灰の水曜日の前にキリスト教圏の国々で行われる「謝肉祭」は、修道院ではいっさい行われません。謝肉祭とは、古くは信者たちも四旬節に肉を断つ習慣があったので、その直前の3日ないし、1週間に肉やごちそうをたくさん食べておこうというお祭りです。

Lentejas para ayuno
灰の水曜日のレンズ豆の煮込み

INGREDIENTES 材料(4人分)

レンズ豆(皮つき、乾燥) ----------------------------- 300g
オリーブオイル --------------------------------- 適量
塩、こしょう------------------------------------- 各適量

PREPARACIÓN 作り方

1. レンズ豆はさっと洗い、水気をきる。
2. 鍋に入れ、水5カップを注ぐ。強火にかけて沸騰したら蓋をし、弱火で1時間ほど煮る。
3. 水が足りなさそうなら適宜足し、さらに10分ほど煮込み、塩、こしょうで味を調える。
4. 器によそい、オリーブオイルを垂らす。

CONSEJOS

レンズ豆は水で戻す必要がなく、小さいので短時間で調理できます。さらに、鉄分、タンパク質、ミネラルなどの栄養に富んでいることからスペインではよく食べられています。この料理は、修道院では単に栄養を摂るための至ってシンプルな煮込みですが、普段はにんにく、玉ねぎ、トマトをベースに、にんじんやじゃがいも、ピーマンなどの野菜を加え、チョリソー、骨つきハムなどで味をつけ、ローリエ、パプリカパウダーで風味づけします。

Judías blancas de ayuno

断食の日の白いんげん豆の煮込み

INGREDIENTES　材料（4人分）

白いんげん豆（乾燥） ----------------------------------250g
玉ねぎ --1個
にんにく --1片
ローリエ --1枚
オリーブオイル -------------------------------- 大さじ1と1/2
塩、こしょう---各適量

PREPARACIÓN　作り方

1. 白いんげん豆はさっと洗い、たっぷりの水に7時間ほど浸す。

2. 鍋に水ごと入れ、強火にかける。沸騰したら水1カップを加える。再度沸騰したらオリーブオイル大さじ1/2を加え、再度沸騰したら蓋をして弱火で豆がやわらかくなるまで煮込む。

3. 玉ねぎとにんにくはみじん切りにする。

4. フライパンに残りのオリーブオイルを中火で温め、玉ねぎとにんにくを炒める。玉ねぎがしんなりとしたら、ローリエとともに2.の鍋に加え、白いんげん豆がやわらかくなるまで煮て、塩、こしょうで味を調える。

CONSEJOS

白いんげん豆はそれだけで十分に栄養が摂れ、お腹を満たしてくれるので、断食の日に食べる修道院が多くあります。水煮にして瓶詰め保存している豆を使うところもあります。

豆のこと

どこの修道院も「いちばんよく食べるものは？」と伺うと、「お豆」という返事が返ってきます。季節を問わず、豆は煮込み料理としてよく食べられている食材です。バスクだけではなく、スペイン全体で見ても家庭料理の真髄となっているのは豆料理です。特に肉を食べない会派の修道院では、豆は大切なタンパク源。脂肪分も少なく、鉄分、ビタミン、ミネラルなど、栄養価に富んでいます。そして安価であり、乾燥豆は1年中保存できていつでも使える、理にかなった食材です。

バスクでは、さやに入ったままの生のいんげん豆やえんどう豆をそのまま料理に使うこともあります。旬の時期には、修道院でも庭で採れた新鮮な豆を使うことがありますが、1年を通して料理に多く登場するのは乾燥豆です。赤、白、黒などのいんげん豆、レンズ豆、ひよこ豆が主流で、古くから保存食として欠かすことなく常備されています。

残り野菜、少し余った肉やチョリソー、魚介など、色々な食材とも相性がよいのが、豆料理のメリットです。

Bacalao de cuaresma
四旬節の魚料理

INGREDIENTES 材料（4人分）

生鱈（切り身） ----------------------------------4切れ
じゃがいも --------------------------------------2個
にんにく --1片
イタリアンパセリのみじん切り---------------------- 小さじ2
オリーブオイル ---------------------------------- 小さじ2
塩 -- 少々

PREPARACIÓN 作り方

1. 生鱈は塩をふり、15分ほど置く。出てきた水気はペーパータオルでふき取る。

2. じゃがいもはひと口大に切る。にんにくは薄切りにする。

3. フライパンにオリーブオイルを中火で温める。じゃがいもを並べ、にんにく、イタリアンパセリ半量をふり、その上に1.をのせて残りのイタリアンパセリをふる。

4. 水1/4カップを注ぎ、沸騰したら蓋をし、弱火で水分がほとんどなくなるまで煮る。

CONSEJOS

一般的に四旬節に食べる料理として知られていて、本来は干し鱈を使いますが、ここでは使いやすい生鱈の切り身で代用しています。ほうれん草を加えたり、パプリカパウダーで風味づけしたり、また切った茹で卵をのせることも多いです。

干し鱈のこと

10〜12世紀、バスクは鯨漁が盛んでヨーロッパの国々にとっても重要な存在でした。石鹸、蝋燭、そしてランプに使われていた鯨油、スカートやコルセットの芯として不可欠だった鯨ひげ、鯨肉などが、ほかの国と取り引きされていたのです。果敢なバスクの漁師たちは、遠くカナダのニューファンドランド島の近海まで鯨を追って行きました。その際に、周辺で多く獲れる鱈を、長旅の食料調達のために塩漬けにして乾燥させるという保存方法を開発しました。それが干し鱈としてヨーロッパの国々に広がり、当時魚介を保存する技術がなかった多くの国の助けとなりました。

今でも、干し鱈はその美味しさでスペイン人に愛されていますが、修道院でも大切な保存食のひとつとして重宝されています。バスクの修道女たちはシンプルに焼いたり、"ポルサルダ（ ——» Page. 072 ）"などのスープや、煮込み、オムレツに入れたり、揚げ物にしたりと、さまざまなバスクの伝統料理を作るようです。

干し鱈は部位別に売られ、塩分を抜くために数回水を替えながら、1日以上水に浸します。日本では手に入れることが難しいので、甘塩鱈を使うか、生鱈に塩をふり、水分を抜いて身を締めて代用するとよいでしょう。

Arroz de cuaresma
四旬節の米料理

INGREDIENTES　材料(4人分)

米 --- 100g
赤いんげん豆(水煮) ------------------------ 100g
トマト -- 3個
じゃがいも ------------------------------------- 2個
玉ねぎ --------------------------------------- 1/2個
ローリエ -- 1枚
野菜スープストック(→ *Page. 106*)(または水) ---------- 2カップ
茹で卵 -- 2個
イタリアンパセリのみじん切り -------------------- 小さじ2
塩 --------------------------------------- 小さじ1/2
こしょう --------------------------------------- 少々

PREPARACIÓN　作り方

1. トマトは皮をむき、みじん切りにする。じゃがいもは1cmの角切り、玉ねぎはみじん切りにする。

2. 鍋に1.の野菜、米、赤いんげん豆、ローリエ、野菜スープストック、塩、こしょうを入れ、強火にかける。

3. 沸騰したら蓋をし、中火で3分、弱火でさらに12〜3分炊き、火を止めて蓋をしたまま10分蒸らす。器に盛り、みじん切りにした茹で卵とイタリアンパセリをふる。

CONSEJOS
四旬節には米やパスタを使った料理もよく食べられます。具材には野菜や魚介、干し鱈などを使います。

Caldo de verduras
野菜スープストック

INGREDIENTES　材料(作りやすい分量)

玉ねぎ ---------------------------------- 大1個
長ねぎ ------------------------------------- 2本
にんじん ----------------------------------- 2本
トマト ------------------------------------- 2個
セロリ -------------------------------------- 1本
あればブロッコリー、カリフラワー、キャベツなどの芯
--- 適量
ハーブ(イタリアンパセリ、タイムなど) ------- 適量
ローリエ ------------------------------------ 2枚
オリーブオイル ---------------------------- 小さじ2

PREPARACIÓN　作り方

1. 野菜は皮つきのままですべて粗みじんに切る。

2. 鍋にオリーブオイルを弱火で温め、玉ねぎと長ねぎを炒める。玉ねぎがしんなりとしたら、残りの野菜を加えてさらに5分ほど炒める。

3. ハーブ、ローリエ、水2ℓを加え、沸騰したら弱火にして30分ほど煮込み、ザルで漉す。

CONSEJOS
色が出ても気にならないようなら、玉ねぎの皮も入れます。長ねぎは香りのある緑の部分も使いますが、セロリの葉は香りが強いので入れません。あればキャベツの芯など、甘みが出るものも加えても。

Potaje de cuaresma
四旬節の煮込み

INGREDIENTES　材料（4人分）

ひよこ豆（乾燥） ----------------------------------- 200g
ほうれん草 --- 200g
玉ねぎ --- 1個
にんにく --- 1片
イタリアンパセリのみじん切り -------------------- 小さじ1
茹で卵 --- 1個
パプリカパウダー ------------------------------- 小さじ2
オリーブオイル --------------------------------- 大さじ1
塩、こしょう ------------------------------------- 各適量

PREPARACIÓN　作り方

1. ひよこ豆はさっと洗い、7時間ほどたっぷりの水で戻す。

2. 鍋に水ごと入れ、強火にかける。沸騰したら蓋をし、弱火にして30分ほど煮込む。火を止めてそのまま10分ほど蒸らす。

3. ほうれん草はざく切り、玉ねぎはみじん切りにする。

4. 別の鍋にオリーブオイルを中火で温め、にんにくを丸ごと炒める。にんにくの全体がこんがりとしたら、一度取り出す。

5. 同じ鍋で玉ねぎを炒め、しんなりとしたらほうれん草を加えてさっと炒める。パプリカパウダーを加えて混ぜたら、すぐに**2.**を煮汁ごと加える。

6. 鍋が沸騰したら、水気をきったひよこ豆ひと握りほどをすり鉢に取る。**4.**のにんにく、イタリアンパセリを加えて潰し、鍋に戻し入れて蓋をし、弱火で20分ほど煮る。

7. 塩、こしょうで味を調えて器によそい、粗みじん切りにした茹で卵をふる。

CONSEJOS

スペインでは乳鉢を使いますが、すり鉢で代用して茹でたひよこ豆を潰します。スープにとろみがつき、にんにくの風味もしっかりと出ます。

Semana Santa

聖週間

復活の日のちょうど1週間前の日曜日は「棕櫚の主日」と呼ばれています。キリストがエルサレムに入城した日で、民衆たちが棕櫚の枝を用意し、道に敷いて迎えたことに由来しています。

この日から復活前日までの1週間は「聖週間」と呼ばれています。スペインの多くの都市では、キリストやマリア像を担いだ長い行列行進などの大々的な行事が行われますが、修道院では静けさの中で深い祈りが続けられています。

聖木曜日から3日間は「聖なる3日間」。キリストが使徒たちと最後の晩餐を行なった日で、おそらく修道女たちはパンを口にするとき、いつもとはまた違った思いを募らせるのではないでしょうか。

その日から教会の蝋燭を絶やさず灯しておくため、それぞれの修道女が順番に火を灯しに行きます。睡眠時間も少なく、祈りは一層深くなります。

Sopa de ajo
にんにくのスープ

INGREDIENTES　材料（4人分）

にんにく --- 3片
パン（バゲットなどかたくなったフランスパン）--------- 100g
野菜スープストック（—➤ Page. 106）（または水）--------- 6カップ
パプリカパウダー ------------------------------- 小さじ2
オリーブオイル --------------------------------- 大さじ2
塩、こしょう------------------------------------- 各適量

PREPARACIÓN　作り方

1. にんにくはみじん切りにする。パンはひと口大に切る。

2. 鍋にオリーブオイルを中火で温め、にんにくとパンを炒める。

3. パプリカパウダーをふって混ぜ、すぐに野菜スープストックを注ぐ。沸騰したら15分ほど煮込み、塩、こしょうで味を調える。

CONSEJOS

聖なる3日間には、多くの家庭でこのスープを作ります。修道院でも、簡素ながらも体を温め、元気づけてくれるこのスープは重宝されます。身近にある少ない材料で簡単に作れる上に、とろりとやわらかくなったパンは食べやすく、お腹も満たしてくれます。通常はチキンスープストックやブイヨンなどを使います。

Viernes Santo

聖金曜日

四旬節の最後の1週間、聖週間。その金曜日である「聖金曜日」は、キリストが十字架にかけられた日で、修道女たちは苦しみを黙想し、祈りを続けます。

修道院では断食の日であり、1日に1食、スープであったり、茹でたじゃがいもや豆だけを食べることが多いようです。もちろん完全に断食する、もしくは飲み物だけという修道女もいるかもしれません。それぞれの修道女がそれぞれの思いで向き合う、大切な日です。

聖土曜日には夜通しの祈りがあり、いよいよキリストの復活を祝う日も間近です。

Patatas viudas
聖金曜日のじゃがいも

INGREDIENTES
材料(4人分)

じゃがいも ----- 2〜4個
塩 ------------- 適量

PREPARACIÓN 作り方
1. じゃがいもはひと口大に切る。
2. 鍋に入れ、水をひたひたに注いで茹でる。
3. 水気をきって器に盛り、塩をふる。

CONSEJOS
デリオの聖クララ修道院では、聖金曜日には1日に1度だけ、この茹でたじゃがいものみを食べるそうです。

復活祭の食事

MENÚ PARA PASCUA

キリストの復活を祝うこの大切な日を、修道院ではそれぞれにお祝いします。

善き羊飼いの修道院では、特別な魚料理ときれいに飾ったポテトサラダ、そしてケーキなどの
いつもより手をかけたお菓子を作って祝います。また聖クララ修道院では、特別な肉料理、牛の
ヒレ肉や羊のオーブン焼きなど、ほんの少し贅沢な料理を作ることもあるそうです。

この復活の日曜日から、神からの聖霊が降りてきた「聖霊降臨」の日までの50日間を「復活節」
といい、修道院には活気があふれます。

1年で最も大きな行事が終わり、季節は春から夏へと向かいます。

Ensaladilla
エンサラディージャ

INGREDIENTES　材料（4人分）

海老（殻つき） ----------------------------------- 6〜8尾
茹で卵 --3個
じゃがいも ---------------------------------------2個
にんじん ------------------------------------- 1/2本
グリーンピース ------------------------- 50g（正味）
赤パプリカのロースト（——► Page.148） ------------ 適量
グリーンオリーブ（種抜き）------------------ 10個
マヨネーズ（または修道院のマヨネーズ ——► Page.091） ------ 適量
塩、こしょう------------------------------------ 各適量

PREPARACIÓN　作り方

1. 赤パプリカのローストを作る。焼いたパプリカはヘタと種を取り除き、1〜2cm角に切る。

2. じゃがいもとにんじんは1cmの角切りにする。鍋に湯を沸かしてグリーンピースとともに入れ、それぞれ好みのやわらかさに茹でる。

3. 海老は背ワタを取り除く。鍋に湯を沸かし、2分ほど茹でて水気をきる。頭を取り、殻をむく。

4. 茹で卵は1個分の黄身を茶漉しで裏漉しする。残りの卵はすべて粗みじん切りにする。

5. ボウルに水気をきった野菜、粗みじん切りにした茹で卵を入れる。マヨネーズを加えて混ぜ、塩、こしょうで味を調える。

6. 器に盛り、海老、1.、グリーンオリーブを飾り、裏漉しした黄身をふる。

Pescado a la vasca
白身魚と野菜のバスク風

INGREDIENTES　材料（4人分）

白身魚（生鱈、銀鱈、あんこうなどの切り身） ----------4切れ
あさり -------------------------------------- 12個
茹で卵 ---2個
グリーンピース ------------------------- 40g（正味）
茹でホワイトアスパラガス（——► Page.052） ----------------8本
にんにくのみじん切り------------------------- 2片分
イタリアンパセリのみじん切り --------------------- 大さじ2
白ワイン ------------------------------------1/2カップ
薄力粉 -- 小さじ2
オリーブオイル ------------------------------- 大さじ2
塩、こしょう------------------------------------ 各適量

PREPARACIÓN　作り方

1. 白身魚は塩、しょうをふる。あさりは塩3％を入れた水で30分ほど砂抜きし、こするように洗う。ホワイトアスパラガスは長ければ、半分に切る。

2. フライパンにオリーブオイルを弱火で温め、にんにくを炒める。香りが出たら薄力粉を加えて混ぜ、粉気がなくなったら白ワインを加えて煮詰める。

3. 水1/2カップを少しずつ加え、とろりとなるまで混ぜる。

4. 白身魚とグリーンピースを加え、沸騰したらイタリアンパセリ半量を加え、5分ほど煮る。

5. あさりとホワイトアスパラガスを加え、蓋をしてあさりの口が開くまで煮る。

6. 器に盛り、くし形切りにした茹で卵をのせ、残りのイタリアンパセリを散らす。

CONSEJOS

バスクの代表的な魚料理です。普段はもっとシンプルに作りますが、お祝いの日のために少し贅沢に茹で卵やグリーンピースを彩りよく飾ります。

Torrijas

トリーハス

INGREDIENTES　材料（4人分）

パン（バゲット、フランスパンなど。1cm厚さのもの）------- 8枚
卵 -- 2個
a ┌ 牛乳 -- 1カップ
　├ グラニュー糖 ------------------------------- 大さじ2
　├ レモンの皮（1cm幅）------------------------- 2枚
　└ シナモンスティック ------------------------- 1本
オリーブオイル ------------------------------- 大さじ2
はちみつ --- 適量

PREPARACIÓN　作り方

1. 鍋に a を入れて中火にかけ、沸騰寸前で弱火にして3分ほど煮る。

2. パンを1.に3分ほど浸す。

3. バットに卵を割り入れよく溶き、2.を加えて絡める。

4. フライパンにオリーブオイルを中火で温め、パンの両面をこんがりと焼く。

5. 器に盛り、はちみつをかける。

CONSEJOS

復活祭に食べるお菓子として親しまれている、パンを使ったデザートです。その歴史は大変古く、中世にまでさかのぼります。フレンチトーストと似ているようで違うのは、牛乳に浸してから溶き卵をつけること。赤ワインや白ワインを染み込ませたり、シロップに漬け込んだりと、色々なアレンジが楽しまれています。

MENÚ DE VERANO

夏は行事、祝日が多く、修道院にとっては活気にあふれた季節です。6月には三位一体の主日
をはじめ、キリストの聖体、イエスのみ心など大きな祭日が続けて訪れます。さらに聖ヨハネ生誕日、
使徒聖ペドロと聖パウロを祝う祝日も続き、大忙しの月になります。8月には聖母マリアが天に召
されたことを祝う、聖母マリア被昇天の日がやってきます。とても大切な祝祭で、歓喜をもって
お祝いします。

雨の多いバスクにも、夏になると青空が広がる日が多くなります。比較的穏やかな気温の地方で
すが、快晴の日には日差しが強く降り注ぎます。修道院の庭では、太陽の恩恵を受けた野菜や
果物の収穫期。トマト、ピーマン、パプリカ、なす、ズッキーニ、きゅうりなどが、日々少しずつ
鮮やかな夏らしい元気な色になっていくのを見るのは、夏の楽しみのひとつです。

食卓には、野菜の美味しさをそのまま生かした、ガスパチョやサラダなどの爽やかな料理が多く
なります。また木々に実るあんず、黄桃、ネクタリン、プラム、いちじくなどの果物も、どれも瑞々
しく、水分と栄養をしっかりと抱いている季節の恵み。これらの果物でジュースを作り、いつでも
修道女たちが飲めるようにしておくのも夏の習慣です。修道女たちは旬の食物に元気をたくさん
もらいながら、忙しい日々を営んでいきます。

PRIMER PLATO 一皿目

Judías verdes hervidas
茹でモロッコいんげん

INGREDIENTES 材料（4人分）

モロッコいんげん ------------------------------ 20本
オリーブオイル ----------------------------- 大さじ1〜2
塩 -- 適量

PREPARACIÓN 作り方

1. モロッコいんげんはヘタを切り落とし、沸騰した湯に塩少々を加えてやわらくなるまで茹でる。流水に通して水気をきり、食べやすい長さに切る。

2. ボウルに茹でたモロッコいんげんを入れ、オリーブオイルを加えて和え、塩で味を調える。

CONSEJOS

大きくて平べったいモロッコいんげんは、スペインの人たちの大好物。コロンブスによって最初にもたらされたのがこのタイプで、細めのものはのちに改良されたものだそう。色は気にせずにクタクタにやわらかく茹でるのがスペイン流ですが、美しい色に茹で上げたいときはさっと流水に通してください。いずれも水気をしっかりきることがポイントです。オリーブオイルと塩だけの素朴な味つけですが、オリーブオイルはモロッコいんげんの豊富な β-カロテンの吸収を助けてくれます。

SEGUNDO PLATO 二皿目

Pollo en escabeche
鶏手羽元のエスカベチェ

INGREDIENTES 材料（4人分）

鶏手羽元（または手羽先） -------------------- 10〜12本
にんじん --1本
玉ねぎ ---1個
にんにく --1片
長ねぎ ---1本
白ワインビネガー ----------------------------3/4カップ
塩 -- 適量
黒粒こしょう---------------------------------- 小さじ1
ハーブ（タイム、レモングラス、レモンバーベナ、ローリエなど） -- 適量
オリーブオイル -------------------------------- 大さじ2

PREPARACIÓN 作り方

1. 鶏手羽元は塩をふる。

2. にんじんは5mm幅の輪切りにする。玉ねぎとにんにくはみじん切りにする。長ねぎは1cm幅の小口切りにする。

3. フライパンにオリーブオイル半量を温め、鶏手羽元の全体を中火でこんがり焼いて取り出す。

4. 残りのオリーブオイルを加え、玉ねぎとにんにくを炒める。玉ねぎがしんなりとしてきたら、にんじんと長ねぎを加えて3分ほど炒め、白ワインビネガーを加えて5分ほど煮る。

5. 3.を戻し入れ、黒粒こしょう、ハーブを加え、たまに混ぜながら30分ほど中火で煮る。

Helado
アイスクリーム

INGREDIENTES 材料（4人分）

卵 --3個
牛乳 --250g
生クリーム --250g
グラニュー糖 --------------------------------------120g

PREPARACIÓN 作り方

1. 卵黄と卵白は分ける。

2. 鍋に牛乳とグラニュー糖半量を入れて弱火で沸騰寸前まで温め、混ぜながらグラニュー糖を溶かす。

3. ボウルに卵黄を入れて溶き、2.を加えて素早く混ぜる。鍋に戻し入れ、弱火で同じ方向に木べらで混ぜながらとろみがつくまで混ぜたら、火を止めてそのまま冷ます。

4. ボウルに生クリームと残りのグラニュー糖を入れて泡立て器でもったりとするまで泡立てる。

5. 別のボウルで卵白をツノが立つまで泡立てる。

6. 4.に3.と5.を加えて混ぜる。

7. バットなどに移して冷凍庫で冷やしかためる。1時間ほどしたら取り出し、しっかりと混ぜ、再び冷凍庫で冷やしかためる。

CONSEJOS

冷たいアイスクリームは夏のうれしいデザート。修道院では日曜日や祝日の特別な日に作ります。この基本のレシピに、季節の果物、ハーブやスパイスを加えて変化をつけるとバリエーションも広がります。卵白を加えずに作ると、さらに濃厚な味になります。

エスカベチェのこと

「マリネ」はスペイン語の「漬ける」という言葉が語源といわれています。そのマリネのひとつ“エスカベチェ”は、肉、魚介、野菜を焼いたり、揚げたり、または生のまま塩、酢もしくはワインに漬け込む調理法です。

冷蔵庫がまだなかった時代に活用されてきた保存方法でもあり、特に暑い地域では大変重要な役割を果たしてきたことでしょう。スペインには中世初期にイスラム教徒から伝わり、生活の中に溶け込んでいきました。日本にもスペインのイエスズ会宣教師が江戸時代に渡来した際にエスカベチェを伝え、「南蛮漬け」として日本の食文化に残りました。

今では、保存というよりは独特の食感と味わいを楽しむ調理法になっています。特に夏はお酢の爽やかな味がうれしく、食欲増進にも役立ちます。酢はワインビネガー、りんご酢、シェリービネガーなどを使い、水、もしくはワインやスープ、柑橘系果汁などを加えることもあります。クローブやパプリカパウダー、こしょう、カレーパウダー、チリパウダー、クミンシード、ローリエなどのさまざまなスパイスやハーブで味の変化を楽しめます。分量の定義はなく、それぞれの食材で比率が変わります。具材は鶏肉、うずら、鯖などが馴染み深く、魚介に恵まれたバスクでは夏に漁れるビンナガマグロ、鰯などの魚、ムール貝などもエスカベチェにします。

PRIMER PLATO 一皿目

Salmorejo
冷たいトマトのスープ

INGREDIENTES　材料(4人分)

トマト(完熟)	3〜4個
にんにくのすりおろし(好みで)	少々
パン(食パンなどの白い部分)	100g
白ワインビネガー	大さじ1
オリーブオイル	大さじ4
塩	小さじ1/2

PREPARACIÓN　作り方

1. トマトはぶつ切りにする。パンは水1/2カップに浸す。

2. すべての材料をミキサーまたはブレンダーでピューレ状にする。

CONSEJOS

残ってかたくなったパンを活用し、旬のトマトをたっぷり使って作る冷たいスープ"サルモレッホ"です。ガスパチョと双璧をなす、代表的な南の地方の郷土料理ですが、バスクの修道院でもなくてはならない夏の定番料理。少ない材料で火を使わずにさっとできる上に、喉越しも爽やかでビタミンも豊富。暑い夏の日に元気をくれるスープです。あればこのスープの伝統的なトッピング、生ハムと茹で卵も試してみてください。

SEGUNDO PLATO 二皿目

Pollo al ajillo
鶏肉のアヒージョ

INGREDIENTES　材料(4人分)

鶏もも肉	大2枚
にんにく	3片
イタリアンパセリの葉のみじん切り	小さじ1
レモン果汁	1/4個分
白ワイン	大さじ4
薄力粉	適量
オリーブオイル	大さじ3
塩、こしょう	各適量

PREPARACIÓN　作り方

1. 鶏肉は食べやすい大きさに切り、塩、こしょうをふって薄力粉を薄くはたく。にんにくは薄切りにする。

2. フライパンにオリーブオイルを弱火で温め、にんにくを炒める。香りが出たら取り出し、同じ油で鶏肉の両面を焼く。

3. 両面に焼き色がついたら、脂をペーパータオルでふき取り、にんにくを戻し入れる。白ワインを加えて蓋をして弱火で10分ほど蒸し焼きにする。

4. レモン果汁を回しかけ、中火で煮詰めて器に移し、イタリアンパセリをふる。

CONSEJOS

たっぷりのにんにくを使う料理は"アヒージョ"と呼ばれ親しまれています。特にこの鶏肉のアヒージョは、家庭で頻繁に作られる伝統料理です。

Gelatina de miel
はちみつゼリー

INGREDIENTES　材料（約120ml容量のプリン型・4個分）

はちみつ --- 大さじ3
レモン果汁--- 大さじ2
ゼラチン（粉）--- 6g

PREPARACIÓN　作り方

1. ゼラチンは水大さじ2でふやかしておく。

2. 鍋に水1カップを入れて火にかける。はちみつを加えて溶か
   し、溶けたら火を止めて1.を加えて混ぜながら溶かす。

3. 2.に水1カップとレモン果汁を加えてしっかり混ぜ、型に流し
   入れて冷蔵庫で冷やしかためる。

CONSEJOS

タイムやミントなどのハーブやしょうがの搾り汁を少し加えたり、果物を入れたり
と色々アレンジできるゼリーです。型から外すときは、ぬるま湯で周りを少し温
め、表面を指で優しく押してゼリーの周りに空気を入れると簡単です。

冷たいスープ

冷たいスープの基本は残ったパン。元々はかたくなっ
たパンを水につけて、オリーブオイル、ワインビネガー
と一緒に混ぜて作っていたといわれ、そこに野菜など
が入り、徐々に進化していきました。南の地方の農家
の人たちは水筒に入れて労働の合間に飲み、喉を潤
して、リフレッシュしていたといいます。ビタミンも豊富
なので、暑い夏の栄養源としても大いに役立ったこと
でしょう。

今でも、たっぷり作ってジャグなどに入れ、冷蔵庫で
冷やしたものをグラスに注いで飲むこともあり、スープ
というよりジュースのような役割もしますが、一般的に
はスープとして一皿目の料理にされます。

近代になってから、フランスのナポレオン3世に嫁
いだスペイン貴族のウジェニー・ド・モンティジョが、
1850年頃に大好きなガスパチョをフランスで流行ら
せたといわれています。そののち、世界にも知れ渡る
ようになりました。トッピングも近代になってからのせ
るようになり、ガスパチョには同じ具材を細かく切った
もの、サルモレッホには生ハムと茹で卵が定番になり
ました。

PRIMER PLATO 一皿目

Ensalada de pepinos e hinojo
きゅうりとフェンネルのサラダ

INGREDIENTES　材料(4人分)

きゅうり --5本
フェンネルの鱗茎 --------------------------------1個
フェンネルの茎と葉 ----------------------------- 少々
レモン果汁----------------------------------1/2個分
オリーブオイル ----------------------------- 大さじ1
塩、こしょう--------------------------------各適量

PREPARACIÓN　作り方

1. きゅうりは薄切にする。フェンネルの鱗茎の根とかたい芯は取り除き、せん切りにする。茎は薄い輪切り、葉は2cm幅に切る。

2. ボウルに1.を入れ、レモン果汁とオリーブオイルを加えて混ぜ、塩、こしょうで味を調える。

CONSEJOS

フェンネルはメロンやオレンジとも相性がよく、美味しいサラダになります。

SEGUNDO PLATO 二皿目

Pollo a la vasca
鶏手羽元のバスク風

INGREDIENTES　材料(4人分)

鶏手羽元 ------------------------------------ 12本
トマト(完熟)----------------------大2個(または水煮300g)
ピーマン ------------------------------------2個
パプリカ(赤) ----------------------------------1個
玉ねぎ ---------------------------------------1個
にんにく ------------------------------------1片
タイムの葉 ---------------------------------- 適量
オリーブオイル ----------------------------- 大さじ1/2
塩、こしょう--------------------------------各適量

PREPARACIÓN　作り方

1. 鶏手羽元は、塩、こしょうをふる。

2. トマトは皮をむき、みじん切りにする。ピーマンとパプリカはヘタと種を取り除き、せん切りにする。玉ねぎとにんにくは薄切りにする。

3. フライパンにオリーブオイルを中火で温め、鶏手羽元の全体をこんがり焼いて取り出す。

4. フライパンに足りないようならオリーブオイルを適宜足し、玉ねぎとにんにくを焦がさないように弱火でゆっくり炒める。しんなりとしてきたら、ピーマンとパプリカを加えてさらに炒める。

5. 全体がしんなりとしたら、トマトを加えて煮詰める。水1カップを加えて蓋をし、弱火で15分ほど煮る。

6. 塩、こしょうで味を調え、ちぎったタイムの葉を加えてひと混ぜする。

Cerezas en almíbar
さくらんぼのシロップ漬け

INGREDIENTES 材料（作りやすい分量）

さくらんぼ（ブラックチェリー）------------------------500g

グラニュー糖 ------------------------------------350g

PREPARACIÓN 作り方

1. さくらんぼは種を取り除く。

2. 鍋に水1と1/2カップを入れ、グラニュー糖を加えて溶かす。

3. 2.に1.を加えて中火にかけ、5分ほど煮る。

4. 瓶詰めにする（⟶ *Page. 357*）。

保存期間:冷暗所で6か月保存可能。

CONSEJOS

さくらんぼといえば、フランスバスクのイッツァスは"さくらんぼの村"と呼ばれ、周辺で作られたさくらんぼのジャムを挟んだガトーバスクが知られています。スペインバスクでも、旬のさくらんぼの美味しさは語り尽くせないほど。種類は、深い赤色が美しいブラックチェリーです。しっかりとした果肉と甘みいっぱいの大粒のさくらんぼで、夏は修道院でもたくさん食べる果物のひとつです。

フェンネルのこと

フェンネルは、根から葉まで余すことなく食べられる野菜です。夏にはフサフサの葉が爽やかな香りを放ち、また土の中では根がふっくらと育って食べ頃となります。地中海が原産の野菜で、古くローマ時代から食べられてきました。善き羊飼いの修道院では、消化や胃の働きによく、さまざまな効能があるということで、フェンネルを庭で育て、料理に活用しています。

茎の上部のかたい部分は切り落とし、甘くサクッとした食感の根元近くをせん切りや細切りにしてそのままサラダにしたり、半分に切ってローストしたり、スープ、グラタン、煮込み料理に。また、葉はその甘い香りを生かし、魚料理をはじめとするさまざまな料理の風味づけとして活用します。

Zarangollo

ズッキーニの玉ねぎ炒め

INGREDIENTES 材料(4人分)

ズッキーニ ------------------------------------ 大1本
玉ねぎ ------------------------------------- 1/2個
にんにく --------------------------------------1片
オレガノの葉(またはイタリアンパセリの葉)----------- 適量
オリーブオイル ---------------------------------- 大さじ1
塩、こしょう -------------------------------- 各適量

PREPARACIÓN 作り方

1. ズッキーニは輪切り、玉ねぎとにんにくは薄切にする。

2. フライパンにオリーブオイルを中火で温め、1.の野菜を炒める。

3. 塩、こしょうで味を調え、オレガノの葉を加えて混ぜる。

CONSEJOS

ズッキーニはコロンブスがアメリカ大陸から持ち帰ったかぼちゃを品種改良したもので、スペイン語では"カラバシン(Calabacín)"と呼ばれ、かぼちゃ"カラバサ(Calabaza)"と、名前が似ていることでもかぼちゃの仲間だと分かります。育てやすく、修道院でも夏にはたくさん収穫されます。そんなズッキーニをたっぷり使ったのが地中海側にあるムルシア州の郷土料理"サランゴージョ"は簡単ですぐに作れるうれしい料理です。

Pechuga de pollo con pimientos de Gernika

鶏肉のスパイスソテー しし唐辛子添え

INGREDIENTES 材料(4人分)

鶏むね肉 ----------------------------------- 大2枚
しし唐辛子----------------------------------- 12個
   にんにくのすりおろし------------------------- 1片分
   白ワインビネガー ----------------------------- 大さじ1
a パプリカパウダー ----------------------------- 小さじ2
   クミンパウダー ----------------------------- 小さじ1/2
   塩、こしょう ----------------------------------各適量
オリーブオイル ---------------------------------- 小さじ2
塩、こしょう ------------------------------------各適量
レモンスライス ---------------------------------- 適宜

PREPARACIÓN 作り方

1. 鶏肉は余分な筋と脂を取り除き、大きめのそぎ切りにする。aとともに密閉袋に入れ、冷蔵庫でひと晩置く。

2. しし唐辛子は楊枝で2〜3か所穴を開ける。

3. フライパンにオリーブオイルを中火で温め、しし唐辛子を軽く炒めて器に盛る。

4. フライパンに足りないようならオリーブオイルを適宜足し、鶏肉の両面を弱めの中火で焼き色がつくまで焼く。

5. 塩、こしょうで味を調え、3.の器に盛り、好みでレモンスライスを添える。

Batido de sandía

すいかとオレンジのジュース

INGREDIENTES　材料（4人分）

すいか ------------------------------------- 400g（正味）
オレンジ果汁 ------------------------------------- 2個分
レモン果汁 ------------------------------------- 1/2個分

PREPARACIÓN　作り方

1. すいかはぶつ切りにして皮と種を取り除く。

2. すべての材料をミキサーまたはブレンダーでなめらかにし、好みで氷または水を加えてグラスに注ぎ、混ぜながら飲む。

フルーツジュースのこと

夏は庭の木々になるいちじく、黄桃、あんず、プルーン、ベリー類、そしてすいかやメロンなど、多くの果物に恵まれる季節です。

修道院では収穫した果物をジュースにすることがよくあります。太陽の恵みをたっぷり受けた夏の果物は味もよく、ビタミン補給とリフレッシュに大いに活躍するそうです。庭の木から落ちて少し崩れてしまった果物などを使うことも。甘さもたっぷりなので、食事のあとのデザートとしていただくことも多く、果物や組み合わせによって、牛乳を加えることもあるそうです。

CONSEJOS

夏、バスクの人たちが楽しみにしている食材のひとつ“ゲルニカピーマン”。ゲルニカで作られていて、しし唐辛子を少し長くしたような辛くないピーマンです。多めのオイルで揚げ、塩だけで食べるスタイルがいちばん多く、一皿目にすることもありますが、肉料理のつけ合わせにも最適です。必ずフォークや楊枝で穴を開けて中の空気を抜くことが、爆発を防ぐコツです。

PRIMER PLATO 一皿目

Verduras al vapor
野菜の重ね蒸し

INGREDIENTES　材料(4人分)

じゃがいも ------------------------------------ 小2個
ズッキーニ ------------------------------------ 1/2本
にんじん -------------------------------------- 1/2本
玉ねぎ -- 1/4個
オリーブオイル -------------------------------- 小さじ1
塩 -- 適量

PREPARACIÓN　作り方

1. じゃがいもとズッキーニは5mm幅の輪切りにする。にんじん
   は短冊切り、玉ねぎは薄切りにする。

2. フライパンにオリーブオイルを入れ、にんじん、玉ねぎ半量、じゃ
   がいも、玉ねぎ半量、ズッキーニの順で重ねる。水大さじ3、塩
   を加えて蓋をし、弱めの中火で15分ほど蒸し焼きにする。

CONSEJOS

フライパンで簡単に蒸し焼きにする野菜料理です。にんじんがいちばん下にな
るようにし、あとは火が通りやすい順に(レシピ通りに)重ねていきます。オリーブ
オイルと塩だけの味つけですが、旬の野菜の甘さが味わえる栄養的にも体に優
しいレシピです。

SEGUNDO PLATO 二皿目

Pollo al aroma de limón
レモン風味の鶏肉ソテー

INGREDIENTES　材料(4人分)

鶏むね肉 --4枚
にんにく --1片
レモン果汁--1/4カップ
オリーブオイル ------------------------------- 大さじ2
塩、こしょう-----------------------------------各適量

PREPARACIÓN　作り方

1. 鶏肉は余分な筋と脂を取り除き、塩、こしょうをすり込む。

2. にんにくはみじん切りにする。

3. フライパンにオリーブオイルを弱火で温め、にんにくを炒める。
   香りが出たら、レモン果汁と水1/4カップを加えて一度沸かし
   て火を止め、そのまま冷ます。

4. 密閉袋に鶏肉と3.を入れ、4時間以上冷蔵庫に置く。

5. オーブンを170℃に温め、オーブンシートを敷いた天板に水
   気をきった鶏肉をのせて20分ほど焼く。

6. 鶏肉を食べやすい大きさに切って器に盛る。

Crema de plátano
バナナクリーム

INGREDIENTES 材料（4人分）

バナナ -- 1と1/2本
オレンジ果汁 ------------------------------------- 1/2個分
卵白 -- 1個分
グラニュー糖 ------------------------------------- 大さじ2
シナモンパウダー --------------------------------- 適宜
ミントの葉 -- 適宜

PREPARACIÓN 作り方

1. バナナは皮をむき、オレンジ果汁、グラニュー糖大さじ1ととも
   にミキサーまたはブレンダーでピューレ状にする。

2. ボウルに卵白を入れ、泡立て器で泡立てる。白くなってきた
   ら、残りのグラニュー糖大さじ1を2回に分けて加えながら、
   しっかりとツノが立つまで泡立てる。

3. 1.に2.を加えて混ぜる。

4. ココットに流し入れて冷蔵庫で冷やし、好みでシナモンパウ
   ダーをふり、ミントの葉を添える。

CONSEJOS

メレンゲとバナナを合わせたフワッとした舌触りのデザートです。バナナは熟した
ものを使います。生の卵白を使うので早めに食べきるようにしましょう。

PRIMER PLATO 一皿目

Arroz con gambas y pimientos
海老とパプリカのご飯

INGREDIENTES　材料（4人分）

米	2カップ
海老（有頭）	8尾
パプリカ（赤）	1個
にんにく	1片
ローリエ	1枚
オリーブオイル	大さじ1と1/2
塩	小さじ2/3
こしょう	適量

PREPARACIÓN　作り方

1. 海老は頭を切り落とし、殻と背ワタを取り除く。
2. パプリカはヘタと種を取り除き、2cm角に切る。にんにくはみじん切りにする。
3. フライパンにオリーブオイル大さじ1を弱火で温め、海老の頭を木べらで潰しながら炒める。水3カップ、海老の殻、ローリエを加えて15分ほど煮る。
4. 鍋に残りのオリーブオイルを中火で温め、パプリカとにんにくを炒める。
5. 米、塩、こしょうを加えて炒めて3.をザルで漉しながら加える。蓋をして沸騰したら弱火で12〜13分炊き、火を止めて10分蒸らす。

CONSEJOS

海老のミソをだしにします。臭み消しに白ワイン少量を加えて沸騰したら水を加えても。

SEGUNDO PLATO 二皿目

Pisto con huevo
ピストの卵落とし

INGREDIENTES　材料（4人分）

卵	4個
トマト（完熟）	5個
玉ねぎ	1/2個
にんにく	1片
ズッキーニ	1本
米なす	1/2本
ピーマン	1個
パプリカ（赤）	1個
タイム	1本
ローリエ	2枚
オリーブオイル	大さじ1
塩	適量

PREPARACIÓN　作り方

1. トマトは皮をむき、粗みじん切りにする。玉ねぎとにんにくはみじん切りにする。残りの野菜は1〜2cm角に切る。
2. 鍋にオリーブオイルを弱火で温め、玉ねぎとにんにくをゆっくり炒める。甘みが出たらトマト以外の野菜を加え、さらに炒める。
3. トマトと塩を加えて混ぜ、タイムとローリエをのせる。蓋をし、弱火で20分ほど煮る。焦げないようにときどき混ぜ、水分が足りなければ水を適宜加える。
4. 卵を割り落として好みのかたさになるまで蓋をし、弱火で煮る。

Ensalada de frutas

フルーツサラダ

INGREDIENTES 材料（4人分）

オレンジ -- 1個
メロン --- 1/4個
バナナ--- 1本
黄桃 -- 1個
りんご --- 1個
パイナップルスライス（缶詰でも）---------------- 1枚
白ワイン（甘口）----------------------------- 1カップ
グラニュー糖（またははちみつ）--------------------- 適量

PREPARACIÓN 作り方

1. 果物は皮と種を取り除いて1cm程度の大きさに切り、ボウル
   に入れる。
2. 白ワインとグラニュー糖を混ぜる。グラニュー糖が溶けたら、
   1.に加えて混ぜ、好みで冷蔵庫で冷やす。

CONSEJOS

夏の午後にうれしいフルーツサラダは、この季節によく登場するデザートです。庭に落ちて傷がついてしまった果物も小さく切って使い、さまざまな種類を合わせて作ります。アルコールが強いようでしたら、量を減らしてその分水を加えてください。

聖体拝領のワイン

イエス・キリストが最後の晩餐を十二使徒と行った際に「パンは私の体、ワインは私の血」と告げ、「今後は私の記念として続けるように」と命じました。それに従いミサの際に聖職者、信徒は聖体である"ホスチア"（ウエハースのようなパン）とワインを司祭から拝領します。

そのワインは「血」ということから赤ワインと思われがちですが、白ワインを使うことが多いようです。スペインでは「ミサのワイン」と呼ばれ、ワインに醸造過程でアルコールを添加した酒精強化ワインを使うことが多く、甘いミステラワインやシェリー酒の甘口デザートワインなどが主流です。現在ではワイン作りをする修道院はごくわずかなので、ほとんどの修道院では教会のために生産しているワイナリーから購入するようです。

酒精強化ワインの甘口は、ワインよりは劣化は遅いので長もちではあるものの、酸化していないものをミサに使うように心がけます。余ってしまった場合、キリストの血であり、神聖ですから、決して無駄にしてはいけません。お菓子などのデザートや煮込み料理などに使い、感謝を込めていただきます。

PRIMER PLATO 一皿目

Crema fría de patatas
ビシソワーズ

INGREDIENTES　材料(4人分)

じゃがいも ------------------------------------- 3個
長ねぎ -- 2本
牛乳 ------------------------------------- 1カップ
バター ----------------------------------- 15g
野菜スープストック(⟶ *Page. 106*) ------------ 2と1/2カップ
塩、こしょう -------------------------------- 各適量

PREPARACIÓN　作り方

1. じゃがいもは薄切り、長ねぎは粗みじん切りにする。

2. 鍋にバターを入れて中火で温め、バターが溶けたら長ねぎを炒める。しんなりとしたら、じゃがいもも加えて炒める。

3. 野菜スープストックを加えて蓋をし、弱火で10分ほど煮る。

4. じゃがいもがやわらかくなったらミキサーまたはブレンダーでピューレ状にし、牛乳を加えて混ぜる。

5. 塩、こしょうで味を調え、冷蔵庫で冷やす。

CONSEJOS

修道女たちは「じゃがいものクリームスープ」と呼ぶ馴染みの深い野菜のスープのひとつです。オリーブオイルで作ることが多いですが、夏の日に冷やして飲むときはバターを加えてコクをプラスします。

SEGUNDO PLATO 二皿目

Tortilla de pimiento y calabacín
夏野菜のスペインオムレツ

INGREDIENTES　材料(直径20cmのフライパン・1個分)

卵 -- 6個
パプリカ(赤) -------------------------------- 1個
ズッキーニ ---------------------------------- 1/2本
玉ねぎ -------------------------------------- 1/2個
油 --- 大さじ3
塩 --------------------------------------- 小さじ1/2

PREPARACIÓN　作り方

1. パプリカはヘタと種を取り除き、ズッキーニとともにさいの目切りり、玉ねぎはみじん切りにする。

2. フライパンに油を中火で温め、1.の野菜と塩を入れて炒める。ザルに上げて木べらで野菜を押して油をよくきる。

3. ボウルに卵を割り、よく溶いて2.の野菜を加えて混ぜる。

4. 同じフライパンを中火で温め、足りないようなら油を適宜足して3.を流し入れて大きく混ぜる。そのまま2分ほど焼く。

5. 皿などを使って裏返し、弱火にしてさらに2分、これを2回繰り返して焼き上げる。

CONSEJOS

いくつかの野菜を卵に混ぜて焼き上げるスペインオムレツは田舎風オムレツ"トルティージャ・パイサナ(Tortilla paisana)"とも呼ばれています。

Tarta de albaricoques
あんずのケーキ

INGREDIENTES 材料（直径20cmの角型・1台分）

あんず --- 3個
卵 --- 2個
グラニュー糖 ------------------------------------- 60g
オリーブオイル --------------------------------- 大さじ5
牛乳 --- 大さじ3
a ┌ 薄力粉 ---------------------------------- 120g
  └ ベーキングパウダー ---------------------- 小さじ1
粉砂糖 --- 適量

PREPARACIÓN 作り方

1. オーブンを180℃に温めておく。型にオーブンシートを敷く。

2. あんずは半分に割り、皮と種を取り除く。

3. ボウルに卵を割り入れ、グラニュー糖を加えて白っぽくなるまで泡立てる。

4. オリーブオイル、牛乳を順に加え、よく混ぜる。

5. aを少しずつふるいながら4.に加え、さっくりと混ぜる。

6. 型に流し入れ、あんずの切り口を上にして均等にのせ、温めたオーブンで30分ほど焼く。焼けたらオーブンから取り出し、粗熱が取れたら粉砂糖をふる。

CONSEJOS

可愛らしい姿とはうらはらに酸っぱいあんずですが、夏向けの爽やかなケーキになります。あんずのジャム（──» **Page. 131**）でさらに甘さを補っても。

Judías verdes con jamón y puré de zanahoria
いんげんの生ハム炒め にんじんのピューレ添え

INGREDIENTES 材料(4人分)

モロッコいんげん ------------------------------------ 10本
にんにく -- 1片
生ハム -- 4枚
［にんじんのピューレ］
　　にんじん --- 2本
　　玉ねぎ --- 1/4個
　　オリーブオイル --------------------------------- 大さじ1
　　塩、こしょう ------------------------------------ 各適量
オリーブオイル ------------------------------------- 小さじ2
塩、こしょう --- 各適量

PREPARACIÓN 作り方

1. にんじんのピューレを作る。にんじんは薄いいちょう切り、玉ねぎはみじん切りにする。フライパンにオリーブオイルを中火で温め、切った野菜を炒める。玉ねぎがしんなりとしたら、水3/4カップを加え、15分ほど煮る。ミキサーまたはブレンダーでピューレ状にし、塩、こしょうで味を調える。

2. モロッコいんげんは筋を取って食べやすい長さに切り、塩少々を入れた熱湯で3分ほど茹でる。流水に通し、水気をきる。

3. にんにくは薄切りにする。生ハムは食べやすい大きさに切る。

4. フライパンにオリーブオイルを中火で温め、にんにくを炒める。香りが出たら生ハムを加えてさっと炒める。モロッコいんげんを加え、全体に油が回るように炒め、塩、こしょうで味を調える。

5. モロッコいんげんとにんじんのピューレを器に盛る。

CONSEJOS

どちらかひとつでも立派な料理なのですが、アストゥリアス州の聖ペラージョ修道院でいただいたこのコンビネーションが忘れられないほど美味しかったので再現しました。ピューレは混ぜるのではなく、ひと皿に両方をよそい、交互に食べる感じです。ピューレは生クリームや牛乳でのばせば、スープにもなります。

Tortilla francesa
プレーンオムレツ

INGREDIENTES 材料(1人分)

卵 --- 2個
牛乳 --- 大さじ1
塩 --- 小さじ1/4
オリーブオイル ------------------------------------- 小さじ2

PREPARACIÓN 作り方

1. ボウルに卵を割りほぐし、牛乳と塩を加え、フォークで白身が消えるまで混ぜる。

2. フライパンを強火で温め、しっかり温まったらオリーブオイルを入れて卵液を流し入れ、軽く混ぜる。半熟状になったら片面から折り曲げて転がして形を整える。

CONSEJOS

シンプルだからこそ、1人分ずつ丁寧に作るのがポイント。修道院では頻繁に食べるシンプルな卵料理のひとつです。あっさりとオリーブオイルで作るのがスペインらしいところです。

PRIMER PLATO : Judías verdes con jamón y Puré de zanahoria

SEGUNDO PLATO : Tortilla francesa

Queso con mermelada de albaricoque
あんずジャムとチーズ

Mermelada de albaricoque
あんずジャム

INGREDIENTES 材料（作りやすい分量）

あんず -------------------------- 500g（正味）
グラニュー糖 ------------------------250g
レモン果汁------------------------1/4個分

PREPARACIÓN 作り方

1. あんずは半分に割り、種を取り除く。

2. ボウルにあんず、グラニュー糖、レモン果汁を入れて涼しいところに2時間ほど置く。

3. 鍋に入れて中火にかけ、沸騰したら弱火にしてアクを取り、混ぜながら煮詰める。

4. 瓶詰めにする（⟶ *Page. 357*）。

保存期間：冷暗所で6か月保存可能。

CONSEJOS

修道院では収穫したあんずは殺菌とアク取りも兼ね、最初に5分ほど熱湯で茹でるそうです。

PRIMER PLATO 一皿目

Ensaladilla con anchoa
アンチョビポテトサラダ

INGREDIENTES 材料（4人分）

じゃがいも ------------------------------------ 2個
さやいんげん ---------------------------------- 3本
玉ねぎ ------------------------------------- 1/4個
アンチョビ ----------------------------------- 3〜4枚
マヨネーズ（または修道院のマヨネーズ→ *Page.091*）------ 適量

PREPARACIÓN 作り方

1. じゃがいもはひと口大に切って茹でる。さやいんげんは筋を取って塩少々（分量外）を入れた熱湯でさっと茹でる。玉ねぎは薄切りにする。

2. アンチョビは粗みじん切りにする。

3. ボウルに1.と2.を入れてマヨネーズを加えて混ぜる。好みで冷蔵庫で冷やす。

CONSEJOS

バスクは良質のアンチョビがあることでも名高く、修道院でも保存食として缶詰や瓶詰めなどを置いています。料理のだしのような役割で使うことも多く、ここではコクと塩味をポテトサラダのアクセントに加えます。アンチョビの塩分に応じて、必要ならば塩で味を調えてください。

SEGUNDO PLATO 二皿目

Huevos rellenos con salsa de tomate
茹で卵のツナ詰め トマトソース

INGREDIENTES 材料（4人分）

茹で卵 ------------------------------------- 4個
グリーンオリーブ（輪切り）---------------------- 適量
a ┌ ツナ ----------------------------------- 60g
  │ トマトソース（→ *Page.136*）-------------- 大さじ2
  │ マヨネーズ（または修道院のマヨネーズ→ *Page.091*）-- 大さじ4
  └ 塩、こしょう ------------------------------ 各適量

PREPARACIÓN 作り方

1. 茹で卵は半分に切り、黄身と白身に分ける。黄身1個分は取っておく。

2. ボウルに残りの黄身とaを入れて混ぜ、白身に詰める。

3. 器に盛り、残しておいた黄身をザルで漉してふり、グリーンオリーブをのせる。

CONSEJOS

前菜やタパスとして馴染みのある卵の詰め物で、軽く済ませることが多い夕食に食べることがあります。中の具材は、ツナの代わりに海老でもアレンジできます。

Batido de sandía, frambuesa y manzana

すいかとラズベリー、りんごのジュース

INGREDIENTES　材料（4人分）

すいか -- 400g（正味）
ラズベリー ---100g
りんご ---1個

PREPARACIÓN　作り方

1. すいかはぶつ切りにし、種と皮を取り除く。りんごは皮をむき、芯と種を取り除いて薄切りにする。

2. すべての材料をミキサーまたはハンドブレンダーでなめらかにし、好みで氷または水を加えてグラスに注ぎ、混ぜながら飲む。

CONSEJOS

すいかはそのままミキサーにかけてレモン果汁を少し垂らすだけでも充分に美味しくいただけますが、人数が多い修道院では、ほかの果物とミックスさせることが多いそう。そんなときに意外な果物の相性の発見があるそうです。

卵と修道院

サラウツの善き羊飼いの修道院では、鶏とアヒルを飼っています。もともとは鶏だけだったところ、庭の作物にカタツムリがたくさん発生してしまい、困ったときに相談したご近所さんがアヒルをくださったそう。アヒルはカタツムリを食べるので駆除の役目を果たすというのです。確かにそのおかげですっかり食害はなくなり、環境にも優しいことを知ることになったと言います。それだけではなく、アヒルは修道女たちの人気者になりました。可愛らしい雛が生まれたのです。フワフワの羽毛に包まれたその姿、修道女たちのあとをついて回るその愛らしさにすっかり魅了されてしまったそう。1羽ずつの名前の説明をしてくれるシスター・ピラールはあふれんばかりの笑顔です。

アヒルの飼育をきっかけに、鶏も放し飼いにするようにしたところ、卵の味がぐんとよくなったといいます。特にお菓子を作ると顕著に違いが分かるそうで、メレンゲの泡立ちがよくなり、ケーキの焼き上がりがふんわりと仕上がるようになったのが驚きだったそうです。

そんな話に感心していると、なんと修道院自慢の卵を1ダースもプレゼントしてくださいました。それも大きさも色もとりどりの可愛らしい卵！ なんとも不思議なきれいな青い色をした卵もありました。何えば、"アローカナ"というめずらしい品種の鶏の卵。さらに小さな卵は「パンクなヘアスタイルの鶏、なんて名前だったかしら」「指の数が多いのよ」と思い出せない様子の修道女たち。驚いたことにそれは烏骨鶏の卵でした。

Macarrones con chorizo

チョリソーのショートパスタ

INGREDIENTES 材料(4人分)

マカロニ --180g
チョリソー(またはソーセージ) -------------------- 4〜5本
玉ねぎ -- 1/2個
トマトソース(⟶ *Page.136*、またはトマト水煮) --------- 大さじ6
ピザ用チーズ---100g
オレガノの葉 --- 適量
オリーブオイル --------------------------------------- 大さじ1
塩、こしょう---各適量

PREPARACIÓN 作り方

1. マカロニは塩を入れた熱湯で表示通りに茹でる。

2. チョリソーは5mm幅の輪切りにする。玉ねぎはみじん切りにする。

3. フライパンにオリーブオイルを中火で温め、チョリソーと玉ねぎを炒める。トマトソースを加えて混ぜ、塩、こしょうで味を調える。

4. 湯をきったマカロニを加えて混ぜ、耐熱容器に移し、ピザ用チーズとオレガノの葉をふる。250℃に温めたオーブン、またはオーブントースターでチーズが溶けるまで10分ほど焼く。

CONSEJOS

スペインの定番家庭料理で、パスタ料理の中でも修道女たちの大好物です。ソーセージで代用するときは、にんにくとパプリカパウダー(あればスモークの甘口)を味つけに少し加えてください。トマト水煮を使う場合は、砂糖を少し加えます。

Zarangollo con patatas

ズッキーニとじゃがいもの卵炒め

INGREDIENTES 材料(4人分)

ズッキーニ --- 2本
じゃがいも ---1個
玉ねぎ ---1個
卵 --3個
オリーブオイル --------------------------------------- 大さじ1
塩、こしょう---各適量

PREPARACIÓN 作り方

1. ズッキーニとじゃがいもは1cm角に切る。玉ねぎはみじん切りにする。

2. フライパンにオリーブオイルを中火で温め、じゃがいもと玉ねぎを炒める。全体に油が回ったら蓋をし、弱火で焦げないようにときどきかき混ぜながら蒸し焼きにする。

3. ズッキーニも加えて混ぜ、さらに蒸し焼きにする。火が通ったら、塩、こしょうで味を調える。

4. 卵を溶きほぐし、3.に加えて大きく混ぜる。卵に火が通ったら、器に盛る。

CONSEJOS

ズッキーニとじゃがいもがやわらかくなるまで蓋をしてゆっくり蒸すのがポイントです。これだけでも充分美味しいのですが、さらに卵を加えると優しい味わいになり、ボリュームも出ます。

Bizcocho de yogur
ヨーグルトケーキ

INGREDIENTES　材料(直径15cmの丸型・1台分)

卵 --- 3個
グラニュー糖 ------------------------------------ 100g
薄力粉 -- 220g
ベーキングパウダー --------------------------- 小さじ1
レモンの皮(ノーワックス) --------------------- 1/2個
プレーンヨーグルト(無糖) --------------------- 120g
オリーブオイル ------------------------------------ 50g

PREPARACIÓN　作り方

1. オーブンを180℃に温めておく。型にオリーブオイルを薄く
   塗って薄力粉をはたく(ともに分量外)。薄力粉とベーキング
   パウダーは合わせてふるう。レモンの皮はすりおろす。

2. ボウルに卵を割りほぐし、グラニュー糖を加えてよく混ぜる。

3. プレーンヨーグルトとオリーブオイル、レモンの皮を加えてさら
   に混ぜる。

4. ふるった粉類を加え、切るように混ぜて型に流し入れる。

5. 温めたオーブンで30〜35分焼く。竹串を刺し、生地がつかな
   かったらオーブンから取り出し、キッチンクロスを被せて1時間
   ほど置いて冷ます。

CONSEJOS

このマザー・マリア・テレサのレシピには"コーヒーを飲むときのケーキ"という名前が
ついていました。なんて素敵なんでしょう。そしてジャムを添えて食べることもあるそう。

ローズマリーのこと

愛らしい小さな青い花がまるで露のように見えるから
か、はたまた海からの海霧のことなのか諸説あります
が、ラテン語の「海の露」がその名前の由来といわれて
います。ローズマリーはギリシャ、ローマ時代から神聖
なハーブとされ、結婚式でインセンス(薫香)として、ま
た家の浄化、魔除けとしても使われていたと伝えられ
ます。また、聖母マリアがヘロデの兵士から逃げ、エジ
プトに向かっているとき、花のなかったローズマリーの
茂みに聖母マリアが青いマントを広げると、小さな青
い花が咲いたという伝説や、ローズマリーの茂みが聖
家族を隠し、亡命を援護したという逸話もあります。そん
なローズマリーはキリストの背丈を超えることなく、十
字架に磔にされた年齢の33年に達すると枯れるので、
180cm以上は生長しないとも信じられていました。

中世の頃の修道院は、ローズマリーを薬用植物として
扱っていました。抗酸化作用、集中力や記憶を高める
効果などが知られ、また鎮痛、鎮静作用もあることか
ら、オニャティの聖アナ修道院ではローズマリーをアル
コールに漬けたチンキを作り、打ち身、リウマチ、神経
痛などの痛みを和らげるために外用することが今でも
あるそうです。古くは長い巡礼を終えたキリスト教の巡
礼者たちが、疲れて痛んだ足をローズマリーで癒した
といいます。それにならい、足湯に入れて足の疲れをと
るのもよいでしょう。すっきりした香りでリフレッシュ効
果も得られるので、夏におすすめです。

PRIMER PLATO 一皿目

Arroz a la cubana

トマトソースかけご飯

INGREDIENTES 材料（4人分）

温かいご飯 ----------------------------- 4膳分
トマトソース（下記）----------------------------- 1カップ

PREPARACIÓN 作り方

器に温かいご飯をよそい、トマトソースをかける。

CONSEJOS

スペインでは日常的に食べられている料理で、多めの油で作った半熟状の目玉焼きをのせたりすることも。一般的には白いご飯ですが、聖ペラージョ修道院でいただいた際は、チキンスープで炊いたご飯にトマトソースをかけていました。

トマトのこと

コロンブスがアメリカ大陸から持ち帰ったトマト。その歴史は長く、古くからほとんどの修道院でトマトを栽培してきました。種類も豊富で、赤いもの、緑のもの、黒いもの。形も平べったいものから、細いものまでさまざまな種類のトマトが、スペインでは食べられています。美味しさもさることながら、栄養に役立つ食材として夏の間に大活躍します。特にスペイン料理には欠かせないトマトなので、修道女たちは旨みが凝縮したトマトソースにして保存し、1年を通して大事に味わいます。

トマトソース

INGREDIENTES 材料
（作りやすい分量）

トマト（完熟）-----------8個
玉ねぎ ------------------1個
オリーブオイル ------- 大さじ1
グラニュー糖 -------- 小さじ1
塩 -------------- 小さじ2／3

CONSEJOS

夏に獲れた完熟トマトでたっぷり作り、次の春まで使えるよう備えるのが修道女たちの夏仕事です。

PREPARACIÓN 作り方

1. トマトは皮をむき、粗みじん切りにする。玉ねぎはみじん切りにする。

2. 鍋にオリーブオイルを弱火で温め、玉ねぎを甘みが出るまでゆっくり炒める。

3. トマトを加え、崩しながら半量になるまで煮詰める。

4. ミキサーまたはブレンダーでピューレ状にし、グラニュー糖と塩で味を調える。

5. 瓶詰めにする（⟶ *Page. 357*）。

保存期間：冷暗所で1年間保存可能。

Picadillo
豚肉のパプリカ風味とフライドポテト

INGREDIENTES 材料（4人分）

豚肩ロース肉（とんかつ用、厚切りのもの） ------------4枚

a
- にんにくのすりおろし ------------------------ 2片分
- パプリカパウダー ------------------------------ 大さじ1
- 塩 --- 小さじ1/2
- こしょう -- 少々

オリーブオイル ---------------------------------- 大さじ1

［フライドポテト］
- じゃがいも --------------------------------------2個
- 揚げ油 --適量
- 塩 ---適量

PREPARACIÓN 作り方

1. 豚肉は粗みじん切りにする。

2. ボウルに1.とaを入れ、手でよく混ぜる。

3. フライパンにオリーブオイルを中火で温め、2.を炒める。

4. フライドポテトを作る。じゃがいもは1cm幅に切る。水にさらし、水気をしっかりふく。鍋にじゃがいもを入れ、揚げ油をひたひたに注いで火にかける。ふつふつとしたら弱火にしてこんがりと揚げ、油をきって塩をふる。

5. 器に豚肉とフライドポテトを盛る。

CONSEJOS

チョリソーを豚腸から出して炒める料理"チョリソー・ピカディージョ"。ここでは豚肉を細かくしてチョリソーと同じ味つけをします。白いご飯に合うほか、揚げ卵とも相性抜群。そしてフライドポテトなど、じゃがいものつけ合わせがお約束です。

Helado de cerezas
さくらんぼのアイスクリーム

INGREDIENTES 材料（4人分）

さくらんぼ（ブラックチェリー） -------------------- 10〜12粒
アイスクリーム（ ⟶ *Page.* 117） --------------------- 2カップ

PREPARACIÓN 作り方

1. さくらんぼは種を取り除き、粗みじん切りにする。

2. アイスクリームは室温に置き、少し周りが溶けてきたら、ボウルに入れ、スプーンでやわらかくなるまで大きく混ぜる。

3. 2.にさくらんぼを加えてまんべんなく混ぜ、冷凍庫で冷やしかためる。

CONSEJOS

ブラックチェリーは種を取るとき果汁がこぼれ落ち、少し面倒かもしれません。専用の種取り器があれば便利ですが、取り除いたヘタのところに菜箸などを刺して種を押し出してもよいでしょう。

PRIMER PLATO 一皿目

Piperrada
ピペラーダ

INGREDIENTES　材料(4人分)

トマト(完熟) ------------------------------------- 2個
パプリカ(赤) ------------------------------------- 2個
ピーマン --- 2個
玉ねぎ --- 1個
にんにく --- 1片
グラニュー糖 --------------------------------- 小さじ1
オリーブオイル ------------------------------- 大さじ1
塩、こしょう--------------------------------- 各適量

PREPARACIÓN　作り方

1. トマトは皮をむき、みじん切りにする。パプリカとピーマンはヘタ
   と種を取り除き、5mm幅の細切りにする。玉ねぎはせん切り、
   にんにくは薄切りにする。

2. フライパンにオリーブオイルを中火で温め、玉ねぎを炒める。
   しんなりとしてきたらパプリカ、ピーマン、にんにくを加え、さら
   に炒める。

3. パプリカがしんなりとしてきたらトマトを加えて蓋をし、弱火で
   10分ほど煮て、グラニュー糖、塩、こしょうで味を調える。

CONSEJOS

バスクの伝統料理であり、北の地方で色々な料理のベースになっているピーマン
が主役の彩りよい炒め物です。前菜や、肉・魚介料理のつけ合わせはもちろ
ん、卵を落として食べるのもバスクの人たちの大好物です。名前はオクシタン語
の「ピーマン」に由来しているそう。

Costillas de cerdo al ajo cabañil

豚スペアリブのビネガー炒め

INGREDIENTES　材料(4人分)

豚スペアリブ -------------------------------8本
にんにく ----------------------------- 3〜4片
白ワインビネガー ----------------- 大さじ3
クミンパウダー ------------------------ 少々
オリーブオイル --------------------- 大さじ1
塩、こしょう-----------------------------各適量

PREPARACIÓN　作り方

1. 豚スペアリブは塩、こしょうをふる。

2. すり鉢ににんにくを入れて潰し、白ワインビネガー、クミンパウダー、オリーブオイル、水1カップを加えて混ぜる。

3. フライパンを熱し、豚スペアリブの全体を中火でこんがり焼く。気になるようなら出てきた脂はペーパータオルでふき取る。

4. 2.を加えて蓋をし、弱火で10分ほど煮る。

CONSEJOS

スペイン東部に位置するムルシア州の羊や兎肉で作る郷土料理です。クミンはバスクではあまり馴染みのないスパイスですが、夏の元気をもらえるこの料理には、ほんの少し加えてスパイシーにします。

Mousse de yogur

ヨーグルトムース

INGREDIENTES　材料(4人分)

プレーンヨーグルト(無糖) -------------------2と1/2カップ
グラニュー糖 ------------------------------------100g
生クリーム ------------------------------------ 2カップ
牛乳 --1/4カップ
ゼラチン(板) ----------------------------------- 10g

PREPARACIÓN　作り方

1. ゼラチンはひたひたの水に浸して戻す。

2. 鍋に牛乳を入れて温める。グラニュー糖90gと水気をきったゼラチンを加えて混ぜ、ゼラチンがしっかり溶けたら粗熱を取る。

3. ボウルにプレーンヨーグルトと2.を入れてよく混ぜる。

4. 別のボウルに生クリームと残りのグラニュー糖を入れ、泡立て器でとろりとするまで泡立てる。

5. 3.に4.を加えて混ぜ、冷蔵庫で冷やしかためる。

CONSEJOS

濃厚ながら優しい食感のムースです。生クリームは冷やしておき、ほんの少しレモン果汁を垂らすと泡立ちやすくなります。

PRIMER PLATO 一皿目

Crema de calabacín
ズッキーニのコールドクリームスープ

INGREDIENTES 材料（4人分）

ズッキーニ ------------------------------2本
玉ねぎ ------------------------------------1個
長ねぎ ------------------------------------1本
チキンスープストック（→ Page. 237）------------3と1/2カップ
バター --------------------------------- 大さじ1
塩、こしょう --------------------------------- 各適量

PREPARACIÓN 作り方

1. ズッキーニは皮をむき、さいの目切りにする。玉ねぎと長ねぎは粗みじん切りにする。

2. 鍋にバターを入れて弱火にかける。バターが溶けたら、玉ねぎをゆっくり炒める。透き通ったら、ズッキーニと長ねぎを加えてさらに炒める。

3. チキンスープストックを加えて蓋をし、弱火で15分ほど煮る。

4. ミキサーまたはブレンダーでピューレ状にし、塩、こしょうで味を調える。粗熱を取り、冷蔵庫で冷やす。

CONSEJOS

温かくても美味しいスープですが、夏にはキリッと冷やしていただきます。ズッキーニを育てている修道院では定番のスープで、作り方もさまざま。チーズや生クリームを加えたり、でき上がりに卵を混ぜるところもあります。またズッキーニは皮つきのまま使うと色合いがガラッと変わり、違った味わいを楽しめます。

SEGUNDO PLATO 二皿目

Lomo de cerdo en adobo
豚肉のマリネ焼き

INGREDIENTES 材料（4人分）

豚ロース肉（とんかつ用）------------------------------4枚
a ［ 玉ねぎのすりおろし ---------------------------1/2個分
にんにくのすりおろし---------------------------- 1片分
イタリアンパセリのみじん切り --------------------- 大さじ1
タイムの葉 --------------------------------- 2〜3本分
白ワイン --------------------------------- 1カップ
オリーブオイル --------------------------------- 小さじ2
塩 --------------------------------- 小さじ1
こしょう --------------------------------- 少々

PREPARACIÓN 作り方

1. 豚肉は筋切りし、塩、こしょうをふる。密閉袋にaとともに入れ、軽くもんで冷蔵庫でひと晩以上置く。

2. フライパンにオリーブオイルを中火で温め、水気をきった豚肉を両面こんがり焼く。焼き色がついたら器に盛る。

CONSEJOS

さっぱりとした味わいのソテーです。レタスや茹で野菜を添えても。

Leche merengada
メレンゲミルク

INGREDIENTES 材料（4人分）

牛乳 -- 2カップ
　┌ レモンの皮（ノーワックス）------------------- 1/4個分
a │ シナモンスティック --------------------------- 1本
　└ グラニュー糖 ------------------------------ 大さじ3
卵白 -- 2個分
粉砂糖 ------------------------------------ 大さじ2
シナモンパウダー ----------------------------- 適量

PREPARACIÓN 作り方

1. 鍋に牛乳とaを入れ、混ぜながら弱火で沸騰しないように5分ほど煮る。

2. バットに漉しながら移し、粗熱を取る。ラップを被せ、冷凍庫に入れて半分程度凍るまで30分ほど冷やす。

3. ボウルに卵白を入れ、泡立てる。途中粉砂糖を加えてツノが立つまで泡立てる。

4. 2.がある程度凍ったら、フォークで砕き、3.に少しずつ加えて泡立て器で混ぜる。

5. グラスに移し、シナモンパウダーをふる。

CONSEJOS

牛乳とメレンゲを合わせた、冷たいシャーベット状の夏の飲み物です。18世紀にはすでに記録があったといわれているほど、古くから飲まれています。泡を潰さないように少しずつメレンゲに牛乳シャーベットを混ぜていくのが、フワッとさせるコツ。バニラ風味にしたり、ココアパウダーをふったり、アレンジも楽しめます。

ミントティー

INGREDIENTES 材料（1人分）
スペアミントの葉（またはペパーミントの葉）-- 50g

PREPARACIÓN 作り方
沸騰した湯1カップにスペアミントの葉を入れ、15分ほど蒸らす。

CONSEJOS

さまざまな植物や野菜、果物を庭で育てる修道院では、ミントはとても大切なハーブのひとつ。ミントの香りは虫や菌を寄せつけない力を持っているので、ほかの野菜や植物のためにも庭に植えるようにしているそうです。特に夏は香りが強く、独特の爽やかさはそれだけでリフレッシュさせてくれますが、実際に気持ちを落ち着かせる作用があります。胃の不調にも効果があるとされ、重く疲れた胃を軽くしてくれます。また、強壮の作用もあり、夏の疲れを和らげたいときにも。1日1杯程度淹れて飲みます（母乳の抑制作用があるので、妊娠中や産後の摂取は控えてください）。

PRIMER PLATO 一皿目

Patatas picantonas
じゃがいものホットソース和え

INGREDIENTES 材料（4人分）

じゃがいも -- 2個
にんにく -- 1片
赤唐辛子 -- 1本
トマトソース（⟶ Page. 136） ----------------- 大さじ8
パプリカパウダー ------------------------------- 小さじ2
オリーブオイル ----------------------------------- 大さじ1
塩 --- 適量

PREPARACIÓN 作り方

1. じゃがいもはひと口大に切る。

2. 鍋に湯を沸かし、じゃがいもを茹でる。水気をきり、ボウルに入れる。

3. にんにくはみじん切りにして赤唐辛子は種を取り除き、小口切りにする。

4. フライパンにオリーブオイルを弱火で温め、にんにくと赤唐辛子を焦げないように炒める。香りが出たら、トマトソースとパプリカパウダーを加えて2分ほど炒め、じゃがいものボウルに加えて塩で味を調える。

CONSEJOS

スペインには辛いものを食べる習慣がなく、多くの修道女は苦手です。でも夏の暑い日には赤唐辛子の種をほんのちょっと加えてホットソースに。これはスペイン全土で人気のあるフライドポテトのピリ辛ソースがけ"パタタス・ブラバス"をアレンジしたレシピのようです。

SEGUNDO PLATO 二皿目

Solomillo de cerdo rebozado
豚ヒレ肉のピカタ

INGREDIENTES 材料（4人分）

豚ヒレ肉（ブロック） ------------------------- 300g
薄力粉 --- 大さじ1
溶き卵 --- 1個分
オリーブオイル ----------------------------------- 大さじ1
塩、こしょう ------------------------------------- 各適量
トマトのみじん切り ------------------------------- 適量

PREPARACIÓN 作り方

1. 豚肉は1cm厚さに切り、肉叩き、または瓶などでたたいてのばし、塩、こしょうをふる。薄力粉を薄くはたき、溶き卵に通す。

2. フライパンにオリーブオイルを中火で温め、豚肉の両面を弱火で焼く。

3. 焼き色がついて火が通ったら、器に盛り、トマトのみじん切りを添える。

CONSEJOS

修道院では、薄力粉と卵をつけて焼くピカタを作ることがとても多く、シンプルで簡単な料理です。トマトのみじん切りと一緒にいただくと爽やかです。

Helado de chocolate
チョコレートアイス

INGREDIENTES　材料（4人分）

卵黄 ------------------------------------- 3個分
牛乳 ------------------------------------- 1カップ
生クリーム --------------------------------- 1カップ
グラニュー糖 -------------------------------100g
ココアパウダー ----------------------------- 大さじ1

PREPARACIÓN　作り方

1. 鍋に牛乳、グラニュー糖半量、ココアパウダーを入れて弱火に
　 かけて混ぜ、グラニュー糖が溶けたら火を止める。

2. 卵黄はボウルに入れ、1.の温めた牛乳を少しずつ加えて混
　 ぜ、鍋に戻し入れる。再び弱火にかけ、とろみがついたら火を
　 止め、そのまま粗熱を取る。

3. ボウルに生クリームと残りのグラニュー糖を入れて混ぜる。

4. 3.に2.を加えて混ぜ、冷凍庫で2時間ほど冷やしかためる。

CONSEJOS
ココアパウダーで作れる簡単で濃厚なアイスクリームです。

バスクの郷土菓子　その2

州都ビルバオにはいくつかの郷土菓子があります。もともとは米粉で作られていたという説がある「米のケーキ」という意味のポルトガルのエッグタルトに似たパイにクリームを詰めた"パステル・デ・アロス（Pastel de arroz）"や、パイの間に天使の髪の毛（繊維の多いくろだねかぼちゃのジャム。見た目が金髪のようでそう呼ばれる）を挟み、メレンゲとアーモンドスライスをのせた"イエスズ会"という変わった名前のお菓子。また皇妃ウジェニーがパリの万国博覧会の際に、ロシア皇帝のための宴で提供したのが起源といわれているアーモンドパウダーが入ったスポンジケーキにヘーゼルナッツ入りのカスタードを挟む"ロシアケーキ"などがあります。また、サン・セバスチャンには老舗ケーキ屋さんが作って名物菓子となったパイにカスタードクリームを挟んでアーモンドスライスをふった"パンチネタ（→ Page. 367）"があります。

どれもバスクを代表するお菓子ですが、修道院で日曜日に作るお菓子は、古くから伝わる"ライスプディング（→ Page. 073）"や残ったパンを活用する"トリーハス（→ Page. 113）"など。そして特別な日にはクッキーやマドレーヌを焼いたり、スポンジケーキの元祖ビスコッチョやケーキを作ります。

Pimientos salteados
ピーマンの塩炒め

INGREDIENTES　材料（4人分）

ピーマン -- 5〜6個
にんにく -- 1片
オリーブオイル --------------------------------- 大さじ1/2
塩、こしょう -- 各適量

PREPARACIÓN　作り方

1. ピーマンはヘタと種を取り除き、せん切りにする。にんにくは
   薄切りにする。
2. フライパンにオリーブオイルを中火で温める。ピーマンとにん
   にくを炒め、塩、こしょうで味を調える。

CONSEJOS

ピーマンが大好きなバスクの修道女たちらしく、たっぷり旬のピーマンをにんにく
の香ばしさとともに味わう炒め物です。シンプルだからこそ、ピーマンの甘さがし
みじみと分かります。肉料理や魚介料理のつけ合わせにも。

Ternera con salsa de mostaza
牛肉のマスタードソース

INGREDIENTES　材料（4人分）

牛肩ロース肉（ステーキ用）-------------------------4枚
粒マスタード --------------------------------- 大さじ2と1/2
白ワイン --- 大さじ5
オリーブオイル --------------------------------- 小さじ2
塩、こしょう -- 各適量

PREPARACIÓN　作り方

1. 牛肉は筋切りし、塩、こしょうをふる。
2. フライパンにオリーブオイルを中火で熱する。牛肉を少しこん
   がりするまで2〜3分焼き、裏返して同様に焼いて器に盛る。
3. 弱火にして粒マスタードと白ワインを入れ、木べらで混ぜなが
   ら半量程度になるまで煮詰め、2.のステーキにかける。

CONSEJOS

夏の日にピリッと爽やかなひと皿。牛肉の焼き加減はお好みで。これは日本の薄
切り肉や切り落としでも応用できます。その場合は、フライパンの中で肉とソース
を和えてください。

Granizado de limón

レモンのシャーベット

INGREDIENTES　材料（4人分）

レモン（ノーワックス） ------------------------------- 1個
はちみつ ------------------------------- 大さじ1
塩 ------------------------------- ひとつまみ

PREPARACIÓN　作り方

1. レモンは皮をすりおろし、果汁を搾る。
2. 鍋にレモンの皮、はちみつ、塩、水1カップを入れて弱火で5分ほど煮る。
3. レモン果汁を加えて混ぜ、角バットに移して冷凍庫で冷やしかためる。
4. ある程度かたまったらフォークで細かく砕き、再度冷凍庫で冷やしかためる。

CONSEJOS

"グラニサード"と呼ばれる飲むシャーベット。グラスに入ったストローつきのこのシャーベットはスペインの夏の風物詩。旧約聖書の中にも果汁と氷とはちみつを混ぜる飲み物が出てくるそうで、このシャーベットのルーツかもしれません。

PRIMER PLATO 一皿目

Ensalada de arroz con atún
ツナと野菜のライスサラダ

INGREDIENTES 材料(4人分)

冷やご飯	2膳分
ツナ	70g
茹で卵	1個
にんじん	小1本
とうもろこし	1本
グリーンオリーブ(種抜き)	8個
ミントの葉	少々
白ワインビネガー	小さじ1
オリーブオイル	大さじ1
塩	適量

PREPARACIÓN 作り方

1. 茹で卵はざく切りにする。にんじんはせん切りにし、軽くもむ。とうもろこしは5分ほど茹でて包丁で実を削る。グリーンオリーブは4等分に切る。ツナはほぐす。

2. 1.と冷やご飯をボウルに入れて混ぜる。白ワインビネガーとオリーブオイルを加えて混ぜ、塩で味を調える。器に盛り、ミントの葉をふる。

CONSEJOS

修道院で夏に頻繁に作り、冷やして食べるライスサラダ。クララ会のシスター・マリア・ヘスースはさやいんげんやりんごなどを入れると美味しいと言っていました。そしてなんと言っても残り物の野菜を使って自由自在に作れるので、とても重宝する料理だと教えてくださいました。ご飯が残っているときに私たちも大いに活用したいですね。

SEGUNDO PLATO 二皿目

Tomates rellenos de carne picada
トマトの挽き肉詰め

INGREDIENTES 材料(4人分)

合い挽き肉	120g
トマト	4個
白ワイン	大さじ2
塩、こしょう	各適量

PREPARACIÓN 作り方

1. トマトは安定するように底を少し切り落とす。上部もヘタから1cmあたりで切り落とす。底が抜けないようにスプーンで中身をくり抜き、みじん切りにする。

2. フライパンに挽き肉を入れ、中火で炒める。油が必要であれば、適宜少し加える。肉にしっかり火が通ったら、白ワインを加えて煮詰め、トマトの中身を加えてさらに煮詰める。水分がなくなったら塩、こしょうで味を調える。

3. くり抜いたトマトの中に2.を詰める。

CONSEJOS

あればセージやタイム、オレガノ、ローズマリーなどのハーブを加え、みじん切りにしたにんにくや玉ねぎを挽き肉と一緒に炒めてアクセントにしてもよいでしょう。

Melocotones caseros
黄桃のシロップ漬け

INGREDIENTES　材料（作りやすい分量）
黄桃 -- 1kg
グラニュー糖 --- 大さじ5

PREPARACIÓN　作り方

1. 黄桃は半分に切り、種を取り除いて皮をむく。

2. 消毒したガラス瓶に1.を入れて水をひたひたに注ぎ、グラ
   ニュー糖を加える。

3. 蓋を軽く閉め、シロップの高さ程度まで沸かした湯で20分ほ
   ど加熱する。

4. 熱湯から取り出し、蓋をしっかり閉める。

保存期間：冷暗所で6か月保存可能。

CONSEJOS

熟して崩れた黄桃や傷みがあるものはジャムにしますが、シロップ漬けにはきれ
いなものを使います。大きいものは4〜6等分にして作ります。

夏
の
献
立

17

PRIMER PLATO 一皿目

Pimientos marinados
赤パプリカのローストのマリネ

INGREDIENTES 材料（4人分）

パプリカ（赤）-------------------------------------4個
　┌ レモン果汁 ------------------------------- 大さじ1
a ｜ イタリアンパセリのみじん切り --------------- 小さじ1
　└ 塩、こしょう --------------------------------各適量

PREPARACIÓN 作り方

1. オーブンを220℃に温める。

1. 赤パプリカのローストを作る。天板にアルミホイルを敷く。パプ
   リカを丸ごと並べ、温めておいたオーブンに入れる。全面が焼
   けるよう、たまにパプリカを回しながら皮がシワシワになるまで
   真っ黒に焦げないように25〜30分焼く。

2. アルミホイルでパプリカをそのまま包み、冷めるまで置く。中か
   ら出た汁も取っておく。

3. 焼いたパプリカのヘタと種を取り除く。細切りにし、ボウルに入
   れてaと2.の汁適量を加えて和える。

SEGUNDO PLATO 二皿目

Berenjenas rellenas de arroz
なすのご飯詰め

INGREDIENTES 材料（4人分）

冷やご飯 -------------------------------------- 2膳分
合い挽き肉 -------------------------------------- 50g
なす---4本
玉ねぎ --------------------------------------- 1/4個
トマトソース（⟶ *Page. 136*）------------------------- 大さじ2
塩、こしょう -----------------------------------各適量

PREPARACIÓN 作り方

1. なすはヘタを切り落として縦半分に切り、塩を入れた水に5分
   ほど浸す。水気をきり、なすの切り口に格子に切り込みを入れ
   る。オーブントースターでしんなりとするまで15〜20分焼き、
   粗熱を取る。

2. 粗熱が取れたら、なすの中身をスプーンでくり抜く。玉ねぎは
   みじん切りにする。

3. フライパンを温め、挽き肉、玉ねぎ、なすの中身、トマトソースを
   入れて中火で炒める。油が必要であれば、適宜少し加える。

4. ご飯を加えて混ぜ、塩、こしょうで味を調える。

5. 焼いたなすに4.を詰め、器に盛る。

Queso fresco con puré de melocotón
フレッシュチーズと黄桃のピューレ

PREPARACIÓN 作り方

冷やしたフレッシュチーズに黄桃のピューレ（⟶ Page. 157）をかける。

ピーマンと唐辛子のこと

アメリカ大陸からもたらされたピーマンと唐辛子は、土壌と気候に順応しながら改変された品種がスペインの各地域で栽培されて、バスクでも個性のある品種の数々が生まれました。

「ゲルニカピーマン」は、その中でも代表的なもの。まだ熟さない、緑色のやわらかいときに収穫します。見た目は日本のしし唐辛子に似たものです。バスクの気候に適応し、辛みが和らげられ、バスクの人たちの味覚にとても合っています。このピーマンはそのままオリーブオイルで焼き、塩をふって食べるのが最もポピュラーで、噛んだときの食感とほんのりと口の中に広がる香りが魅力です。

もうひとつは「イバラ唐辛子」。8cmくらいで細長く、先端部分が反っていることもあり、海老に例えられることのある唐辛子です。やわらかい果肉と辛みがほぼないマイルドな風味が特徴ですが、辛いものにあたるときも。そのまま焼いたり、揚げたりして塩をふって食べたり、ピクルスにしたものは豆料理のつけ合わせとして添えられます。ピンチョスにも頻繁に使われ、アンチョビ、オリーブと合わせたピンチョス"ヒルダ"が知られています。

PRIMER PLATO 一皿目

Puerros en vinagreta
長ねぎのマリネ

INGREDIENTES　材料（4人分）

長ねぎ ------------------------------------2本
茹で卵 ------------------------------------1個
a ┌ イタリアンパセリのみじん切り -------------- 小さじ2
　│ 白ワインビネガー --------------------- 大さじ1
　│ オリーブオイル --------------------- 大さじ1
　└ 塩 ---------------------------------適量

PREPARACIÓN　作り方

1. 長ねぎは4〜5cm長さに切る。塩少々（分量外）を入れた熱湯
でさっと茹で、水気をきる。

2. 茹で卵はみじん切りにする。

3. a をボウルに入れて混ぜる。

4. 器に長ねぎを盛り、3.のソースをかけてみじん切りにした茹で卵
をふる。

CONSEJOS

冬が旬の長ねぎですが、夏のものは細くてやわらかく、味もまろやかです。ビナグ
レットソースに茹で卵を加えて酸っぱ過ぎないマイルドなソースに。このソースは
さやいんげんやトマトなどにかけても合います。

SEGUNDO PLATO 二皿目

Calabacines rellenos con pollo
ズッキーニの鶏挽き肉詰め

INGREDIENTES　材料（4人分）

鶏挽き肉 ---------------------------------300g
卵 --------------------------------------1個
ズッキーニ ------------------------------ 大2本
玉ねぎ --------------------------------- 1/4個
にんにく ----------------------------------1片
トマトソース（ ⟶ *Page.136*） --------------- 大さじ4
ピザ用チーズ ------------------------------ 40g
オリーブオイル --------------------------- 小さじ2
塩、こしょう ---------------------------- 各適量

PREPARACIÓN　作り方

1. ズッキーニは縦半分に切る。スプーンで中身をくり抜き、身は
粗みじん切りにする。

2. 皮は塩少々を入れた熱湯で3分ほど茹で、水気をきる。

3. 玉ねぎとにんにくはみじん切りにする。

4. フライパンにオリーブオイルを中火で温め、玉ねぎとにんにくを
炒める。くり抜いたズッキーニの身を加えてさらに炒め、しんな
りとしてきたら挽き肉を加えて炒める。挽き肉に火が通ったら
卵を割りほぐして加えて大きく混ぜ、火を通す。

5. トマトソースを加えて混ぜ、塩、こしょうで味を調える。

6. 5.をズッキーニに詰め、ピザ用チーズをふり、オーブントース
ターでこんがりするまで焼く。

Zumo de pera,manzana y naranja
洋梨とりんご、オレンジのジュース

INGREDIENTES 材料（4人分）

洋梨 -- 1個
りんご -- 1個
オレンジ -- 1個
はちみつ ------------------------------------- 大さじ1／2

PREPARACIÓN 作り方

1. 洋梨とりんごは皮をむき、芯と種を取り除く。オレンジは皮を
   むいて薄皮から果肉を取り出す。
2. すべての材料をミキサーまたはブレンダーでなめらかにし、
   好みで氷または水を加えてグラスに注ぐ。

CONSEJOS

バスクの修道院の庭には洋梨やりんご、柑橘類、いちじく、かりん、桃類とさまざ
まな果物の木があり、四季折々の実りを楽しんでいます。旬のものはそのまま食
べるのがいちばんの贅沢でしょうが、落ちて傷ついた果物はジュースやジャムに
したりすることも、大切な果物を無駄にしない素敵な心がけです。

PRIMER PLATO 一皿目

Salpicón de gambas
海老のサラダ

INGREDIENTES 材料(4人分)

海老(殻つき)	4〜8尾
トマト	1個
ピーマン	1個
玉ねぎ	1/4個
白ワインビネガー	大さじ1
オリーブオイル	大さじ1
塩、こしょう	各適量

PREPARACIÓN 作り方

1. 海老は頭があれば切り落とし、背ワタを取り除く。

2. 鍋に湯を沸かし、海老を2分ほど茹で、水気をきる。殻をむいて大きければ半分に切る。

3. トマトはヘタを切り落とし、ピーマンはヘタと種を取り除き、1cm角に切る。玉ねぎも1cm角に切り、軽く水にさらし、水気をきる。

4. ボウルに2.と3.を入れ、白ワインビネガーとオリーブオイルを加えて混ぜ、塩、こしょうで味を調える。

CONSEJOS

「サルピコン」は細かく切った野菜と合わせて作る、魚介のマリネ風サラダ。野菜をたっぷり、酸味も効かせ、爽やかで夏にぴったりです。イカ、ムール貝、タコやアンコウなどの白身魚など、色々な魚介で応用できます。しっかりと混ぜて、冷蔵庫で冷やして食べてください。シェリー酒で作ったシェリービネガーを使うと上級の味になります。

SEGUNDO PLATO 二皿目

Calabacines rellenos de atún
ズッキーニのツナ詰め

INGREDIENTES 材料(4人分)

ツナ	70g
ズッキーニ	大2本
玉ねぎのみじん切り	1/4個分
にんにくのみじん切り	1片分
薄力粉	大さじ1
牛乳	1カップ
ピザ用チーズ	大さじ4
塩、こしょう	各適量
オリーブオイル	小さじ2

PREPARACIÓN 作り方

1. ズッキーニは縦半分に切る。スプーンで中身をくり抜き、身は粗みじん切りにする。くり抜いた皮はオーブントースターで10分ほど焼く。

2. フライパンにオリーブオイルを中火で温め、玉ねぎ、にんにく、くり抜いたズッキーニの身を炒める。

3. 全体に油が回り、しんなりとしてきたら薄力粉を加えて炒める。牛乳を加えてとろみがつくまで混ぜながら煮て、ツナを加えてさらに混ぜて、塩、こしょうで味を調える。

4. 3.を1.に詰め、ピザ用チーズをふり、オーブントースターでこんがりと焼く。

CONSEJOS

修道院の夏の定番料理。挽き肉、海老、ハムでも応用できます。

Flan
プリン

INGREDIENTES　材料（約120ml容量のプリン型・4個分）

卵 --3個
グラニュー糖 ------------------------------------ 大さじ8
牛乳 --1と1／2カップ
レモンの皮のすりおろし（ノーワックス） ---------------- 適宜

PREPARACIÓN　作り方

1. カラメルソースを作る。鍋にグラニュー糖大さじ3と水大さじ2を入れて強火で煮詰める。きつね色になったら火を止め、水大さじ2を加えて再度強火にかける。鍋を回しながら混ぜ、とろみがついたら型に流す。

2. ボウルに卵と残りのグラニュー糖を入れて混ぜ、牛乳、好みでレモンの皮のすりおろし少々を加えて混ぜ、1.に流し入れる。

3. 鍋に型がずれないようにフキンを敷き、その上に型を並べる。型の高さ半分まで熱湯を注ぎ、キッチンクロスで覆った蓋を被せて弱火で15分ほど湯せんにかける。火を止め、蓋をしたままさらに10分ほど置き、かたまったら粗熱を取って冷蔵庫で冷やす。

CONSEJOS

スペイン人は大のプリン好き。いつでもどこでも濃厚で美味しいプリンが食べられる国と言っても過言ではないでしょう。プリンの歴史は古く、ローマ時代までさかのぼるそう。スペインでも中世の頃には現在の原形が作られ、四旬節のときにも食べられていたとか。修道院でも古くから作られていたことが知られています。今でも季節を問わず、修道院でよく食べられているデザートのひとつです。

修道女の薬箱レシピ　N°05

ローリエオレンジティー

INGREDIENTES　材料（1人分）

ローリエ -----------------------------------2枚
オレンジの皮 -----------------------------1／2個分

PREPARACIÓN　作り方

沸騰した湯1カップにローリエとよく洗ったオレンジの皮を入れて15分ほど蒸らす。

CONSEJOS

料理に欠かせないハーブのひとつであるローリエ。修道院のキッチンには、たくさんの葉をつけた古いローリエの枝があります。乾燥した葉は煮込み料理やさまざまな料理の香りづけ、臭み消しに使いますが、それ以外にも消化を助け、腸内のガスを排除し、血圧を下げる効果があるといわれています。

PRIMER PLATO 一皿目

Salteado de berenjena
なす炒め

INGREDIENTES　材料(4人分)

なす--4本
玉ねぎ------------------------------------1個
オリーブオイル------------------------- 小さじ2
塩、こしょう------------------------------ 各適量

PREPARACIÓN　作り方

1. なすはヘタを切り落とし、乱切りにする。塩少々を入れた水に
   5分ほど浸し、水気をしっかりふく。玉ねぎは薄切りにする。
2. フライパンにオリーブオイルを中火で温め、玉ねぎを炒める。
   しんなりとしてきたらなすを加え、さらに炒める
3. 水大さじ2を加えてなすがしんなりするまで炒めたら、塩、
   こしょうで味を調える。

CONSEJOS

スペインのなすは大きな米なすが主流ですが、ここでは日本のなすを使った分
量です。シンプルだからこそ美味しさが際立つこの料理は、善き羊飼いの修道
院で、夏の間頻繁に作るとのこと。庭で採り立てのえぐみが少ないなすは、その
ままずぐに調理しますが、そうでないときは少し塩を入れた水に浸します。色が
きれいに仕上がるだけではなく、油の吸収も減らしてくれます。聖クララ修道院
では、切ったなすの切り口に塩少々をふり、20分ほど置いて苦味を取るそうで
す。その後水で洗い、料理するときはしっかりと水気をふき取ります。

SEGUNDO PLATO 二皿目

Salchichas al vino
ソーセージの白ワイン蒸し

INGREDIENTES　材料(4人分)

ソーセージ(生)------------------------------8本
白ワイン(辛口)------------------------- 140ml
白ワインビネガー ------------------------ 大さじ2
オリーブオイル------------------------- 小さじ1

PREPARACIÓN　作り方

1. ソーセージはフォークで2〜3か所穴を開ける。
2. フライパンを中火で温め、オリーブオイルを入れてソーセージ
   を転がしながら焼く。
3. 白ワインビネガーを加えて煮詰め、白ワインを加えてソーセー
   ジに火が通るまで弱火で焼く。

CONSEJOS

ビネガーでコクを出したソーセージに、ワインをふるだけのとても簡単なレシピ。
生のソーセージが手に入らなければ、加工品でも大丈夫です。同じように穴を
開け、ワインが染み込むようにし、ワインは半量に減らして作ってみてください。

Helado de melón

メロンのアイスクリーム

INGREDIENTES 材料（4〜5人分）

メロン ------------------------------------- 500g（正味）
生クリーム --------------------------------- 1カップ
グラニュー糖 ------------------------------- 小さじ1

PREPARACIÓN 作り方

1. メロンは皮をむいて種を取り除く。ブレンダーまたはミキサーでピューレ状にする。

2. ボウルに生クリームとグラニュー糖を入れて泡立て器でツノが立ち、先が下に垂れるまで泡立てる。

3. 2.に1.を加えて混ぜ、冷凍庫で冷やしかためる。

4. 1時間ほどしてある程度かたまったら、フォークでざっくりかき混ぜる。再度冷凍庫で1〜2時間冷やし、もう一度フォークでかき混ぜる。さらに2時間以上冷凍庫で冷やしかためる。

CONSEJOS

夏になると市場には大きなメロンが山と積まれ、それはそれは壮観です。スペインのメロンはラグビーボールのような形で、緑色の果肉はとても甘くて美味。修道院でも夏の間、たくさんメロンを食べます。みんなで切り分けてそのまま食べるのはもちろん、ちょっと手を加えたデザートにも。メロンの甘さに応じてグラニュー糖を調節してください。

Ensalada de pepino y pimiento
きゅうりとパプリカのサラダ

INGREDIENTES　材料（4人分）

きゅうり ---1本
パプリカ（赤）-----------------------------------1個
玉ねぎ --- 1/4個
ブラックオリーブ（種抜き）--------------------8個
白ワインビネガー --------------------------- 小さじ2
オリーブオイル ----------------------------- 小さじ2
塩、こしょう-----------------------------------各適量

PREPARACIÓN　作り方

1. きゅうりは薄い輪切りにする。パプリカはヘタと種を取り除き、玉ねぎとともに薄切りにする。

2. ボウルに1.とブラックオリーブを入れ、白ワインビネガーとオリーブオイルを加えて混ぜ、塩、こしょうで味を調える。

CONSEJOS

旬のきゅうりとふっくらツヤツヤのパプリカを使った、シャキッとした食感が瑞々しいサラダです。ディルやフェンネルなどのハーブを加えるとさらに香り高くなります。

Chorizo a la sidra
チョリソーのシードル風味

INGREDIENTES　材料（4人分）

チョリソー（あれば生）--------------------------8本
ローリエ --1枚
シードル ------------------------- 1～1と1/2カップ

PREPARACIÓN　作り方

1. チョリソーは2cm幅の輪切りにする。

2. 鍋にチョリソーとローリエを入れる。シードルを注いで中火にかけ、沸騰したら弱火にして15分ほど煮る。

CONSEJOS

チョリソーはパプリカパウダー、にんにく、黒こしょうが入った豚肉のソーセージ。スペインでは、この香ばしい香りを利用して料理に味を移すという調理法がよく使われますが、この料理は逆にチョリソーにお酒を染み込ませて美味しくする料理です。ほかにも赤ワイン、バスク特産の白ワイン"チャコリ"などともよく煮込みます。

Puré de melocotón
黄桃のピューレ

INGREDIENTES　材料(4人分)

黄桃 --- 4個(400g)
レモン果汁 ------------------------------------- 大さじ1
グラニュー糖 ----------------------------------- 大さじ2

PREPARACIÓN　作り方

1. 黄桃は半分に割り、種を取り除いて皮をむく。
2. 黄桃、レモン果汁、グラニュー糖をミキサーまたはブレンダー
　でピューレ状にする。

CONSEJOS

木から落ちて傷んだ黄桃はジャムにしたり、少量のときはピューレにして活用します。フレッシュチーズやヨーグルトと一緒に食べたり、ハムや肉料理に添えても美味しいです。

パプリカパウダーのこと

パプリカパウダーは、特定の品種の唐辛子であるパプリカを乾燥させて粉砕した香辛料です。スペイン料理に多く使われ、家庭ではなくてはならない調味料で、この本にも頻繁に登場します。

15世紀にアメリカ大陸から持ち帰られた、ピーマンなどの唐辛子類の最初の用途は調味料だったといわれ、それがパプリカパウダーの元祖かもしれません。16世紀にカセレス県のユステ修道院(現在歴史遺産となっています)で修道士たちがパプリカを栽培し、乾燥させ、粉砕技術を開発したのが現在のパプリカパウダーの始まりといわれています。その技術はカセレスの農家に受け継がれ、極上のパプリカパウダーが現在も生産されています。特にベラ産のもので原産地呼称の認定を受けている、オークでスモークされたパプリカパウダーは芳醇な香りと風味、色合いがスペインの人たちに愛されています。

甘口、セミスイート、辛口がありますが、おもに伝統料理、郷土料理には甘口が使われます。焦げやすく、焦げるととても苦くなってしまうので、炒め物などに加えるときは一度火を止めてから加えます。湿気で劣化しないように、冷蔵庫の野菜室で保存するとよいでしょう。

PRIMER PLATO 一皿目

Crema de espárragos blancos
ホワイトアスパラガスのクリームスープ

INGREDIENTES　材料（4人分）

ホワイトアスパラガス（生） --------------------- 9本（500g）
生クリーム -------------------------------------- 1/2カップ
薄力粉 --- 大さじ3
バター -- 25g
塩、こしょう -------------------------------------- 各適量

PREPARACIÓN　作り方

1. ホワイトアスパラガスは根元のかたい部分を折り、皮や筋がある部分をむく。

2. 鍋に3カップの湯を沸かし、落とした茎と皮を入れてホワイトアスパラガスを10分ほど茹でる。火を止めてそのまま置き、茎と皮は取り除く。

3. フライパンにバターを入れて中火にかける。バターが溶けたら、薄力粉を炒める。2.の茹で汁1カップを少しずつ加え、とろみがついたら、2.の鍋に戻す。

4. ミキサーまたはブレンダーで3.をピューレ状にする。

5. 鍋に戻し入れ、温めて生クリームを加えて塩、こしょうで味を調える。

CONSEJOS

旬が終わりに近づいたホワイトアスパラガスで、今年最後のほんのり甘いクリームスープを作ります。マイルドな味わいなので、生ハムや香ばしいベーコンなどが相性のよいトッピングです。

SEGUNDO PLATO 二皿目

Sándwich de sardinas en lata
オイルサーディンのサンドイッチ

INGREDIENTES　材料（4人分）

食パン（6枚切り） ----------------------------------8枚
オイルサーディン ----------------------------------- 16枚
溶き卵--- 1個分
トマトケチャップ --------------------------------- 大さじ4
レモン果汁------------------------------------- 小さじ4
こしょう --- 少々

PREPARACIÓN　作り方

1. 食パン1枚にサーディンを4尾のせ、漬けてあった油少々をふる。その上にもう1枚パンを重ね、溶き卵をスプーンですくい、スプーンの背でパンに染み込むように上面に塗る。

2. 1.をオーブントースターで3〜5分こんがり焼く。

3. トマトケチャップ、レモン果汁、こしょうを混ぜる。

4. パンがこんがり焼けたら、器に盛り、3.を添える。

CONSEJOS

オイルサーディンを使って簡単にできる、シンプルなサンドイッチ。パンにオイルサーディンの油を少しふるのと、パンに卵を塗るのがポイントです。こんがり焼いて、温かいうちに食べてください。

Tarta de melocotón
黄桃のクリームケーキ

INGREDIENTES 材料（20×16×高さ3cmの角バット・1個分）

黄桃のシロップ漬け（⟶ *Page. 147*）--------------------120g
生クリーム --------------------------------------200g
グラニュー糖 ------------------------------ 大さじ1
フィンガービスケット ------------------------------7本

PREPARACIÓN 作り方

1. 黄桃のシロップ漬けの水気をきり、1cm角に切る。

2. ボウルに生クリームとグラニュー糖を入れ、泡立て器でもったりするまで泡立てる。

3. バットにフィンガービスケットを並べる。その上に2.を均等にのせ、1.を散らす。ラップをかけ、冷蔵庫で2時間ほど冷やす。

CONSEJOS

黄桃と生クリーム、ビスケットを重ねて作るオーブン要らずのケーキ。黄桃は缶詰を使っても。このケーキは洋梨やりんご、パイナップルの缶詰でも応用できます。

修道女の薬箱レシピ N°06

タイムレモンティー

INGREDIENTES 材料（1人分）

タイムの葉 ------------------------------- 15g
レモン果汁 ------------------------------1/4個分
はちみつ ------------------------- 大さじ1/2

PREPARACIÓN 作り方

1. 沸騰した湯1と1/2カップのタイムを入れて10分ほど蒸す。

2. はちみつとレモン果汁を混ぜる。

CONSEJOS

喉がいがいがと痛むときや風邪気味かなと思ったとき、ランチやディナーのあとに1日2回1杯飲む。

PRIMER PLATO 一皿目

Gazpacho
ガスパチョ

INGREDIENTES 材料(4人分)

トマト(完熟) ----------------------------------- 大4個
きゅうり --1本
ピーマン --------------------------------------- 小2個
玉ねぎ -- 1/4個
フランスパン(白い部分)----------------------100g
オリーブオイル ------------------------------- 大さじ3
白ワインビネガー ---------------------------- 大さじ1
塩 --- 小さじ1/3

PREPARACIÓN 作り方

1. トマトはヘタを切り落とし、きゅうりは皮をむき、ピーマンは種を取り除き、玉ねぎとともに粗みじん切りにする。

2. ミキサーまたはブレンダーで1.をピューレ状にする。ちぎったフランスパンを加え、再び混ぜる。

3. オリーブオイルと白ワインビネガーを加えて混ぜ、塩で味を調え、冷蔵庫で冷やす。

CONSEJOS

残ってかたくなってしまったパンと夏野菜で作る冷たいスープです。もともとは南の地方の農家の人たちが水筒に入れてぶら下げ、仕事の合間に飲んでいたというビタミン供給ドリンク。19世紀にはフランスのナポレオン3世に嫁いだスペイン貴族のウジェニーのガスパチョ好きが有名で、絶世の美女と謳われたのもガスパチョのおかげなのかもしれません。耳なしの食パンでも美味しく作れます。にんにくは生で使うので、小指の先程の量にすると辛くなく安心です。

SEGUNDO PLATO 二皿目

Pizza
ピザ

INGREDIENTES 材料(1枚分)

強力粉 --------------------------------------200g
薄力粉 --------------------------------------- 50g
ドライイースト -------------------------------- 3g
塩 ------------------------------------- 小さじ1と1/2
オリーブオイル -------------------------------- 小さじ2
トマトソース(—→ *Page.* 136)--------------------適量
ピザ用チーズ----------------------------------適量

PREPARACIÓN 作り方

1. ボウルに強力粉、薄力粉、ドライイースト、塩を入れ、オリーブ オイルとぬるま湯125mlを少しずつ加えてフォークで混ぜる。

2. 生地がある程度まとまったら、台に強力粉（分量外）をふって さらに手で生地をこねる。

3. 丸めた生地をボウルに入れ、ラップをして倍量程度になるまで 室温（25℃）で発酵させる。

4. オーブンシートに生地をのせ、手で押してガス抜きをしてから 麺棒で直径25〜28cmの丸型にのばす。

5. 生地にキッチンクロスをかけて10分ほど休ませる。オーブンを 220℃に温める。

6. もう一度麺棒で成形し、フォークで穴を開けてトマトソースを たっぷりと塗り、ピザ用チーズを全体にふり、温めたオーブン で10分ほど焼く。

CONSEJOS

「日曜日やお祝いの日、時間があるときに生地からピザを作るの！」と元気なシス ター・マリア・シオンが教えてくださったレシピです。デリオの小さな聖クララ修道 院には3人の若いシスターたちがいて、日々料理に腕をふるっています。

Limonada
レモネード

INGREDIENTES 材料（4人分）

レモン果汁 -- 5個分
グラニュー糖 ------------------------------------ 大さじ5強

PREPARACIÓN 作り方

1. ボウルにレモン果汁とグラニュー糖を入れて混ぜる。

2. グラニュー糖が溶けたら、冷水を2〜3カップ加えてよく混ぜる。

3. 好みで氷を入れたグラスに注ぐ。

CONSEJOS

爽やかなレモネードは修道院でもよく作られる夏の飲み物のひとつ。ここでは ごく簡単なレシピをご紹介していますが、鍋にグラニュー糖と水を入れてとろり とさせたシロップにレモン果汁を加えたり、グラニュー糖の代わりにはちみつを 使ったりなど、修道女によって作り方はさまざまです。

PRIMER PLATO 一皿目

Arroz con verduras de verano
カレー風味の野菜ご飯

INGREDIENTES 材料(4人分)

冷やご飯	3膳分
パプリカ(赤)	1個
ズッキーニ	1本
さやいんげん	3本
玉ねぎ	1個
にんにく	1片
レモン果汁	大さじ2
カレーパウダー	大さじ1
オリーブオイル	大さじ2
塩、こしょう	各適量

PREPARACIÓN 作り方

1. パプリカはヘタと種を取り除き、1cm角に切る。ズッキーニは5mm幅の半月切り、さやいんげんは筋を取って1cm幅の斜め切りにする。玉ねぎはせん切り、にんにくはみじん切りにする。

2. フライパンにオリーブオイルを中火で温め、1.の野菜を炒める。野菜がしんなりとしてきたら、レモン果汁とカレーパウダーを加えて混ぜる。

3. 冷やご飯を加え、油がしっかり回るように混ぜながら炒め、塩、こしょうで味を調える。火を止めて蓋をし、10分蒸らす。

CONSEJOS

スペイン料理とはちょっと違うレシピです。バスク隣のカンタブリア州にあるメルセス会修道院のインド人の修道女が教えてくれました。実際はカルダモンとクミンを使ってらっしゃいましたが、ここでは手頃なカレーパウダーにしました。いただいたこのご飯、作り方は違えど、見た目はまるでパエリアのよう。口の中でスパイスが爽やかに香り、まさにインド風パエリア。でき上がりには卵も入っていました。

Gambas al ajillo
ガーリックシュリンプ

INGREDIENTES 材料（4人分）

海老（殻つき） ----------------------------------- 8〜12尾
にんにく --- 2片
赤唐辛子 --- 1本
イタリアンパセリのみじん切り ------------------- 大さじ1
オリーブオイル ----------------------------------- 大さじ1
塩 --- 適量

PREPARACIÓN 作り方

1. 海老は頭があれば切り落とし、殻と背ワタを取り除く。

2. にんにくはみじん切り、赤唐辛子は種を取り除いて小口切りにする。

3. フライパンにオリーブオイルを中火で温め、にんにくと赤唐辛子を炒める。香りが出たら、海老を加えてさらに炒める。火が通ったら、塩で味を調えてイタリアンパセリを加えてさっと混ぜる。

CONSEJOS

バスクは美味しい海老にも恵まれていて、修道院でも新鮮な海老を調理することがあります。そんなときは時間もかからず、いちばん美味しいこの食べ方に限ります。にんにくを多めにし、イタリアンパセリの風味で爽やかに仕上げます。

Crema dulce de almendras
アーモンドクリーム

INGREDIENTES 材料（4人分）

アーモンドパウダー ----------------------------- 50g
薄力粉 --- 大さじ1
グラニュー糖 ----------------------------------- 大さじ3
牛乳 --- 1カップ
卵 --- 2個
バター（無塩） --------------------------------- 10g

PREPARACIÓN 作り方

1. 鍋にバターを入れて中火にかけて溶かし、アーモンドパウダー、薄力粉、グラニュー糖を加えて混ぜる。

2. 粉類とグラニュー糖がバターとしっかり混ざったら、牛乳を少しずつ加えてダマにならないように混ぜる。

3. 火を止め、溶いた卵を少しずつ加えて混ぜる。

4. 鍋を弱火にかけて混ぜ、とろみがついたらココットに流し入れて粗熱を取り、冷蔵庫で冷やす。

CONSEJOS

アーモンドが優しく香る、スプーンですくって食べるクリームです。

Ensalada de salchichón

トマトとサラミのサラダ

INGREDIENTES　材料（4人分）

トマト --------------------------------------- 3個
ピーマン ------------------------------------- 2個
サラミ（スライス）------------------------- 12枚
白ワインビネガー ------------------- 大さじ1と1/2
オリーブオイル --------------------------- 大さじ1
塩 --- 適量

PREPARACIÓN　作り方

1. トマトはヘタを切り落とし、薄切りにする。ピーマンは薄く輪切りにし、種を取り除く。

2. 器に1.とサラミをのせ、白ワインビネガー、オリーブオイル、塩をふる。

CONSEJOS

サラミの塩気とトマトの甘さ、そこにビネガーの酸っぱさも加わる、複雑な味がおもしろいサラダです。サラミの量は、好みでボリューム加減を調節してください。

Pescado con vinagreta

白身魚の野菜ビナグレットソース

INGREDIENTES　材料（4人分）

白身魚（鱈、スズキ、鯛などの切り身）--------------- 4切れ
トマト --- 1個
玉ねぎ -- 1/4個
にんにく --- 1片
   ⎡ 白ワインビネガー ---------------------- 大さじ2
a ⎢ オリーブオイル ------------------------- 小さじ2
   ⎣ 塩、こしょう ------------------------------- 各適量
オリーブオイル --------------------------------- 小さじ2
ハーブ（フェンネル、エストラゴン、オレガノなど）-------- 適宜

PREPARACIÓN　作り方

1. トマトはヘタを切り落とし、玉ねぎとともにみじん切りにする。にんにくは包丁の背で潰す。

2. ボウルにトマトと玉ねぎを入れ、a を加えて和える。

3. フライパンににんにくとオリーブオイルを入れて中火で温める。香りが出たら、白身魚を並べて両面をこんがり焼く。

4. 器に盛り、2.のソースをかけ、好みで刻んだハーブをふる。

CONSEJOS

野菜のビナグレットソースは海老やタコ、イカ、ムール貝など色々な魚介に応用できます。野菜もアレンジして、ピーマン、パプリカ、きゅうりなどをみじん切りにして加えてみてください。夏の暑い日には冷蔵庫で冷やしていただきます。トマトの水分が多いときは魚介と野菜を別々に冷やし、食べるときにトマトの水分を取り除いてから和えるとよいでしょう。

Zumo de melocotón y pera
黄桃と洋梨のジュース

INGREDIENTES 材料（4人分）

黄桃 --- 3個
洋梨 --- 2個
レモン果汁-- 1/4個分

PREPARACIÓN 作り方

1. 黄桃と洋梨は皮と種を取り除き、ぶつ切りにする。
2. ミキサーまたはブレンダーで1.とレモン果汁をなめらかにし、好みで氷または水を加えてグラスに注ぐ。

CONSEJOS

8月になるとそろそろ洋梨の収穫が始まります。黄桃と合わせて、爽やかな酸味とほんのり甘みが美味しいジュースを作ります。

保存食のこと

季節ごとにたくさん採れた野菜や果物、ときには魚介を、酢漬け、オイル漬け、ジャムなどにしてパントリーに保存するのも修道女たちの得意とするところ。無駄を出さずに食材を活用でき、あとあとに時間を短縮して合理的に使える、あるいは非常食となる、古くから伝わる生活の知恵です。

果物は、傷がついてしまったものや、熟したものなどはジャムに、形がきれいなものはシロップ漬けにします。野菜は、茹でるなど調理してからそのまま茹で汁と瓶詰めにし、野菜によってはマリネや油漬けにします。

海に近い修道院では、鰯を大量にいただいたときは塩に漬けてアンチョビにすることもあります。こうして手作りするだけではなく、料理に使いやすい市販のツナやアンチョビ、オリーブ、ピキージョ赤ピーマンなどの缶詰や瓶詰めも、パントリーに常時補充をします。

また、最近では冷凍するほうが多い修道院もあります。聖クララ修道院では離れに専門店のような急速に冷凍する機器が導入されているそうです。食材だけではなく、料理を冷凍することもあるそう。これから冷凍は、修道院での保存食の得意分野となることでしょう。

Ensalada de lentejas
レンズ豆のサラダ

INGREDIENTES 材料（4人分）

レンズ豆（皮つき、乾燥）-------------------- 1カップ
トマト ------------------------------------ 1個
ピーマン ---------------------------------- 1個
きゅうり ---------------------------------- 1本
玉ねぎ --------------------------------- 1/4個
ケッパー（酢漬け）----------------------- 大さじ1
ローリエ ---------------------------------- 1枚
白ワインビネガー ----------------- 大さじ2〜2と1/2
オリーブオイル -------------------- 大さじ1と1/2
塩、こしょう ----------------------------- 各適量

PREPARACIÓN 作り方

1. レンズ豆はさっと洗って鍋に入れ、豆より2cm程度の高さまで水を注ぎ、ローリエを入れて15分ほど置く。中火にかけて沸騰したら、弱火にして蓋をし、15分ほど煮る。ザルに上げ、ローリエを取り除いて流水に通して水気をきる。

1. トマトはヘタを切り落とし、ピーマンはヘタと種を取り除いて残りの野菜とともにさいの目切りにする。

3. ボウルにレンズ豆、2.の野菜、ケッパーを入れる。白ワインビネガーとオリーブオイルを加えて混ぜ、塩、こしょうで味を調える。

CONSEJOS

野菜はレンズ豆と同じくらいの大きさに切ると食べやすく、スプーンですくって食べられます。夏に不足しがちな鉄分を補えるレンズ豆と夏野菜を合わせた、栄養いっぱいのサラダです。

Filete de pescado al vino blanco
白身魚の茹で卵がけ

INGREDIENTES 材料（4人分）

白身魚（鱈、銀ムツ、カレイなどの切り身）------------4切れ
茹で卵 --1個
白ワイン（辛口）-------------------------------1/4カップ
レモン果汁----------------------------------- 1個分
薄力粉 ------------------------------------ 大さじ2
オリーブオイル ------------------------------ 大さじ1
塩、こしょう-------------------------------- 各適量

PREPARACIÓN 作り方

1. 白身魚は塩をふり、白ワインをかけて30分ほど置く。水気を
   ペーパータオルでふき、薄力粉を薄くはたく。

2. フライパンにオリーブオイルを中火で温め、1.の白身魚の両面
   をこんがり焼く。

3. 残った漬け汁とレモン果汁を加え、煮汁が白っぽくなるまで
   フライパンを揺すって乳化させる。

4. 塩とこしょうで味を調えて器に盛り、みじん切りにした茹で卵
   をふる。

CONSEJOS

焦げないように薄力粉は薄くはたいてムニエルにします。煮汁は乳化させてとろ
りと仕上げます。素朴な味はご飯にもぴったりです。

Flan de coco
ココナッツプリン

INGREDIENTES 材料（約120ml容量のプリン型・4個分）

卵 ---3個
グラニュー糖 --------------------------------- 大さじ3
a ⌈ コンデンスミルク---------------------------1/4カップ
  │ 牛乳 -------------------------------------1/2カップ
  ⌊ ココナッツファイン ------------------------- 75g

PREPARACIÓN 作り方

1. カラメルソースを作る。鍋にグラニュー糖と水大さじ3を入れて
   強火で煮詰める。きつね色になったら火を止め、水大さじ2を
   入れて再び火にかける。鍋を回しながら混ぜ、とろみがついた
   ら型に等分にして流し入れる。

2. 卵は卵黄と卵白に分け、それぞれ別々のボウルに入れる。

3. 卵黄は軽く混ぜ、aを加えてさらに混ぜる。

4. 卵白はツノが立ち、先が下に垂れるまで泡立て、3.の卵黄の
   ボウルに加えて混ぜ、型に流し入れる。

5. 鍋に型が動かないようにフキンを敷き、4.を並べる。高さ半分
   まで熱湯を注ぎ、キッチンクロスで覆った蓋を被せて弱火で
   15分ほど湯せんにかける。火を止め、蓋をしたままさらに10
   分ほど置き、かたまったら粗熱を取り、冷蔵庫で冷やす。

CONSEJOS

ココナッツが香る、お鍋で作る蒸しプリンです。

Espaguetis con tomate natural e hierbas
トマトとハーブのパスタ

INGREDIENTES 材料（4人分）

スパゲッティーニ -------------------------------------320g
トマト（完熟）---200g
にんにく ---1片
ハーブ（イタリアンパセリ、オレガノ、バジルなど）-------- 適量
オリーブオイル ------------------------------------ 大さじ1
塩、こしょう--- 各適量

PREPARACIÓN 作り方

1. トマトはヘタを切り落として皮をむき、ぶつ切りにする。にんに
   くは薄切りにする。ハーブはみじん切りにする。

2. スパゲッティーニは塩（分量外）を入れた熱湯で表示通りに茹
   でる。

3. フライパンにオリーブオイルを弱火で温め、にんにくを炒める。
   香りが出たらトマトを入れて強火にして2分ほど炒め、湯をきっ
   たスパゲッティーニを加えて混ぜ、ハーブをふり、塩、こしょうで
   味を調える。

CONSEJOS

収穫したばかりの甘いトマトとにんにくだけのシンプルなパスタです。さっぱりと
食べたいときは、トマトはほとんど火を入れない程度にさっと炒めます。お好み
のハーブをたっぷり使うと、さらにトマトの美味しさが引き立ちます。

Atún al hinojo
鮪のフェンネル風味

INGREDIENTES 材料（4人分）

鮪（赤身）------------------------------------- 1柵（300g）
にんにく ---1片
白ワイン（辛口）------------------------------------ 大さじ1
白ワインビネガー ---------------------------------- 大さじ1
オリーブオイル ------------------------------ 大さじ1と2/3
塩、こしょう--- 各適量
フェンネルの葉 --------------------------------------- 適量

PREPARACIÓN　作り方

1. 鮪は塩、こしょうをすり込む。

2. 密閉袋に白ワイン、白ワインビネガー、オリーブオイル大さじ1、塩、こしょうを入れて混ぜる。鮪を加えて全体をマリネして、冷蔵庫で3時間以上置いて味を染み込ませる。

3. フライパンに残りのオリーブオイルを弱火で温め、薄切りにしたにんにくを炒める。香りが出たら、漬け汁の水気をきった鮪を加え、全面をこんがり焼く。

4. 食べやすく切って器に盛り、粗く刻んだフェンネルをふる。

CONSEJOS

夏には修道院でも旬の鮪を料理する機会が増えます。スライスした鮪にビネガーの酸味とフェンネルの葉が爽やかな一品です。油がはねやすいので気をつけましょう。

POSTRE デザート

Mousse helada de limón

レモンのムースアイスクリーム

INGREDIENTES　材料（4人分）

レモン（ノーワックス） ------------------------------2個
生クリーム ------------------------------1と1/2カップ
コンデンスミルク ------------------------------40ml
グラニュー糖 ------------------------------ 大さじ4

PREPARACIÓN　作り方

1. レモン1個は皮をすりおろし、残りのレモンとともに果汁大さじ6を搾る。

2. ボウルに冷えた生クリームとグラニュー糖を入れ、泡立て器でツノがピンと立つまでしっかり泡立てる。

3. コンデンスミルクを少しずつ加えて混ぜ、レモンの皮のすりおろしと果汁を加えて混ぜ、冷凍庫で冷やしかためる。

CONSEJOS

レモンの酸味とコンデンスミルクの甘さ、ふんわりとした食感の素朴なアイスクリームです。

PRIMER PLATO 一皿目

Ensalada de naranja

オレンジとミントのサラダ

INGREDIENTES 材料(4人分)

オレンジ ------2個
ロメインレタス(またはレタス)------3枚
ミントの葉------適量
白ワインビネガー------ 大さじ1
オリーブオイル------ 大さじ2
塩、こしょう------各適量

PREPARACIÓN 作り方

1. オレンジは皮をむき、薄皮から果肉を取り出す。ロメインレタスは冷水に浸してパリッとさせ、食べやすい大きさにちぎる。

2. ボウルに1.を入れ、白ワインビネガーとオリーブオイルを加えて和え、塩、こしょうで味を調える。

3. 器に盛り、ちぎったミントの葉適量をふる。

CONSEJOS

夏の暑い日にはお水にミントを1枚落とすだけでも爽やかです。そんなミントをアクセントにした、オレンジたっぷりのサラダ。ローストしたアーモンドやくるみを加えたり、オリーブをのせても。

SEGUNDO PLATO 二皿目

Marmitako

マルミタコ

INGREDIENTES 材料(4人分)

鮪(ビンナガマグロ、または好みの鮪、鰹)------ 2柵(500g)
じゃがいも------3個
トマト(完熟)------3個
ピーマン------1個
玉ねぎ------1個
長ねぎ------ 1/2本
にんにく------1片
魚介スープストック(→ Page.086)------2と1/2カップ
ローリエ------2枚
パプリカパウダー------ 小さじ2
オリーブオイル------ 大さじ2
塩、こしょう------各適量

PREPARACIÓN 作り方

1. 鮪はひと口大に切り、塩、こしょうをふる。

2. じゃがいもはひと口大に切る。トマトはヘタを切り落として皮をむき、残りの野菜とともにみじん切りにする。

3. 鍋にオリーブオイルを中火で温め、ピーマン、玉ねぎ、長ねぎ、にんにくを炒める。玉ねぎがしんなりとしたらトマトを加えてさっと炒める。

4. じゃがいも、魚介スープストック、ローリエ、パプリカパウダーを加えて沸騰したら蓋をし、弱火でじゃがいもがやわらかくなるまで煮て、1.の鮪を加える。火を止めて余熱で火を通し、塩で味を調える。

Tarta de queso
チーズケーキ

INGREDIENTES　（直径15cmの丸型・1台分）

クリームチーズ --170g
卵 --3個
牛乳 --1/4カップ
生クリーム --3/4カップ
グラニュー糖 -- 大さじ3
コーンスターチ -- 大さじ1

PREPARACIÓN　作り方

1. クリームチーズ、卵、牛乳は室温に戻す。オーブンを180℃に
温めておく。型にオーブンシートを敷く。

2. ボウルにクリームチーズを入れてやわらかくなるまでスプーン
で練る。溶いた卵を少しずつ加え、その都度混ぜる。全部加え
終えたら、グラニュー糖を加えてさらに混ぜる。

3. 生クリームを加え、泡立て器で混ぜる。

4. 牛乳にコーンスターチを入れてよく混ぜ、3.に加えて混ぜる。

5. 型に流し入れ、温めたオーブンで40分ほど焼く。粗熱を取り、
冷蔵庫で冷やす。

CONSEJOS

日本ではサン・セバスチャンのバルが起源のバスク風チーズケーキが流行してい
ますが、修道女たちはまだ知らないことでしょう。それとは別に、いつからかは分か
りませんが、それぞれの修道院でチーズケーキが作られています。このチーズケー
キにはあんずジャム（—→ **Page.131**）やプラムジャム（—→ **Page.191**）も合います。

マルミタコのこと

「"マルミタコ"のないバスクの夏などありえない」とい
われるほど、バスクで愛されているビンナガマグロのト
マトシチューです。もともとは、漁師さんたちが船の上
で土鍋に玉ねぎとじゃがいも、獲り立ての魚を入れて
煮込んだまかない料理。

「マルミタ」は鍋の名前に由来し、バスク語の接尾辞
がつき「鍋は」というような意味合い。まるでキッチ
ンに顔をのぞかせ、お母さんに「鍋の中身は？」と聞
いているような感覚の名前です。

ビンナガマグロは、夏になると市場に大きなブロック
が並びます。ビンナガマグロ自体は鰹ほどの大きさ
で、白みがかったピンク色の小型の鮪。大西洋を横
断する長い旅のあと、夏に大量に増える鰯、鯵などを
求めてカンタブリア海にやってくるのです。

修道院でも、夏はビンナガマグロを料理する機会が多
くなります。修道女によってもマルミタコの作り方は違
いますが、コツはまず、ビンナガマグロのアラでスープ
ストックを作っておくこと。そして、じゃがいもにはナイ
フでわずかに切り込みを入れて手で割ること。そうす
ることで表面に凹凸ができ、煮込んでいるときに崩れ
やすくなって、煮汁にとろみがついて濃厚になります。
そして、魚は最後に入れてやわらかい食感を大切に
仕上げることも大切です。

PRIMER PLATO　一皿目

Ensalada de garbanzos
ひよこ豆の冷たいサラダ

INGREDIENTES　材料(4人分)

ひよこ豆(水煮) ------------------------------------300g
ツナ --- 60g
トマト --1個
ピーマン --1個
パプリカ(赤) ------------------------------------- 1/2個
玉ねぎ --- 1/4個
レモン果汁------------------------------------ 1/2〜1個分
オリーブオイル ------------------------------------ 大さじ1
塩、こしょう------------------------------------- 各適量

PREPARACIÓN　作り方

1. トマトはヘタを切り落とし、ピーマンとパプリカはヘタと種を取り除き、玉ねぎとともに1cm角に切る。

2. ボウルに1、、水気をきったひよこ豆、ツナを入れる。レモン果汁、オリーブオイルを加えて混ぜ、塩、こしょうで味を調えて冷蔵庫で冷やす。

CONSEJOS

豆は夏にも欠かせない食材。旬の野菜をひよこ豆と同じくらいの大きさに切って、オリーブオイルとたっぷりのレモン果汁とよくよく混ぜるサラダです。冷蔵庫で冷たく冷やし、スプーンですくってたっぷりと食べます。

SEGUNDO PLATO　二皿目

Bonito en salsa de tomate
鮪のトマトソース

INGREDIENTES　材料(4人分)

鮪(ビンナガマグロなど) ----------------- 1〜2柵(400g)
トマトソース(⟶ Page.136) ---------------------1と1/2カップ
塩 --- 適量

PREPARACIÓN　作り方

1. 鮪は食べやすい大きさに切り、塩をふって10分ほど置く。

2. 鮪から出た水気をペーパータオルでふき取る。

3. フライパンにトマトソースを入れて中火で温める。鮪を加えて蓋をし、弱火で5分ほど火が通るまで煮る。

CONSEJOS

夏の間によく食べられる鮪、ビンナガマグロをトマトソースで煮込むバスク料理です。ここでは作り置きのトマトソースを使ってより簡単に作ります。玉ねぎとトマトを炒めるところから始め、最後に鮪を加えてもよいでしょう。鰹や鮭、カジキマグロでも美味しく作れます。魚臭さが気になるときはディルやタラゴン、フェンネル、タイムなどのハーブをふってください。

Higos con yogur
いちじくとヨーグルト

INGREDIENTES　材料(4人分)

いちじく	4個
プレーンヨーグルト(無糖)	2カップ
はちみつ	適量

PREPARACIÓN　作り方
プレーンヨーグルトをグラスなどの器に入れ、食べやすく切った
いちじくをのせてはちみつをかける。

CONSEJOS
夏も中盤になると、修道院の庭にも大きな葉の中からたくさんのいちじくの実が
顔を出します。夏の終わりには熟し、秋まで楽しませてくれます。日本のものとは
異なり、小粒で皮が薄くて果肉が詰まり、その甘さはまるで蜜のようです。

夏にぴったりなヨーグルトソース

デザートにはもちろん、夏の料理にも大活躍するヨーグ
ルト。

食欲が落ちるこの季節、修道女たちがよく作る爽や
かなヨーグルトソースがあります。プレーンヨーグルト
(無糖)にレモン果汁と塩を混ぜるだけのシンプル
なもの。イタリアンパセリやディルなど、お好みのハー
ブのみじん切りを混ぜてもよいでしょう。

サラダのほか、スパイスを効かせて焼いた肉や魚料
理に添えると、食欲が落ちてしまう夏でも、爽やかに
いただける料理に変身します。

PRIMER PLATO 一皿目

Pisto a la bilbaína
ズッキーニのビルバオ風煮込み

INGREDIENTES　材料（4人分）

ズッキーニ -------------------------------------2本
トマト ----------------------------------- 大3個
ピーマン ----------------------------------1個
玉ねぎ ----------------------------------- 1/4個
卵 --2個
オリーブオイル ----------------------- 大さじ1
塩、こしょう-------------------------------各適量

PREPARACIÓN　作り方

1. トマトはヘタを切り落として皮をむき、粗みじん切りにする。ピーマンはヘタと種を取り除き、残りの野菜とともに1cm角に切る。

2. フライパンにオリーブオイルを中火で温め、ピーマン、玉ねぎを炒める。玉ねぎが透き通ったらズッキーニを加えて炒め、しんなりとしてきたらトマトを加えて煮詰める。

3. 塩、こしょうで味を調え、溶き卵を加えて大きく混ぜ、卵に火が通ったら器に盛る。

CONSEJOS

ズッキーニがほかの野菜より多めに入っているビルバオ風のピスト（夏野菜の煮込み）です。ビルバオの伝統料理で、卵を混ぜ入れるのも特徴のひとつ。修道院では卵料理として夕食のメインになることもあります。トマトと玉ねぎの代わりにトマトソースを使うとより簡単に作れます。

SEGUNDO PLATO 二皿目

Emperador a la plancha
メカジキのソテー

INGREDIENTES　材料（4人分）

メカジキ（切り身） -------------------------4切れ
にんにく ------------------------------------2片
レモン果汁------------------------------- 1個分
イタリアンパセリのみじん切り --------------- 適量
オリーブオイル ------------------------- 小さじ2
塩、こしょう-------------------------------各適量

PREPARACIÓN　作り方

1. メカジキは塩をふり、10分ほど置く。出てきた水気はペーパータオルでふき取る。

2. にんにくは薄切りにする。

3. フライパンにオリーブオイルを中火で温め、メカジキを焼く。こんがりとしたらにんにくをのせて裏返し、同様にこんがり焼く。

4. 3.を器に盛り、レモン果汁、こしょう、イタリアンパセリをふる。

CONSEJOS

カジキも市場でよく見かける鮪系の魚のひとつです。その立派で大きな姿から"皇帝（Emperador）"と呼ばれています。クセのない淡白な味わいです。

Tarta de galletas con nata
ビスケットのケーキ

INGREDIENTES 材料（5〜6人分）

ビスケット ------------------------------------ 15枚
生クリーム ------------------------------------200g
コーヒー -------------------------------------1/2カップ
グラニュー糖 ---------------------------------- 大さじ1
ブランデー ----------------------------------- 小さじ1
チョコスプレー--------------------------------- 適宜

PREPARACIÓN 作り方

1. ボウルに生クリームとグラニュー糖を入れ、泡立て器でもったりするまで泡立てる。

2. 別のボウルにコーヒーとブランデーを入れて混ぜる。

3. 好みの大きさの容器を用意する。ビスケットを2.に軽く浸し湿らせ、1.の生クリームを大さじ1程度塗り、湿らせたビスケットを重ねる。これを繰り返す。

4. 全体を残りのクリームで覆い、好みでチョコスプレーをふる。冷蔵庫に2〜3時間置き、冷やしかためる。

CONSEJOS

ビスケットとクリームを重ねていくだけ。オーブン要らずのこのケーキは、火を使いたくない夏にうってつけのデザートです。修道院でも作っているところが多く、そのレシピはさまざまですが、実は初めてこのレシピに私が出合ったのは何十年も前の日本のテレビ番組。修道女たちも作っているこのケーキ、いったいどこから来たのでしょう。不思議なケーキです。ビスケットは丸形でも四角形でも作れますし、コーヒーなしでも大丈夫。

ピーマンのこと

バスクの人たちは大のピーマン好き。ピーマンやパプリカを炒めて作る“ピペラーダ（—→ Page.138）”を使った料理が「バスク風」（—→ Page.120 鶏肉のバスク風）と呼ばれる所以でもあります。

ピーマンを育てている修道院も多く、夏には欠かせない野菜のひとつです。ところが庭で作れない、修道女たちの大好きなピーマンがあります。それは“ピキージョ”という赤ピーマン。隣のナバラ地方のロドサの原産地呼称保護に認定された地域のみで栽培されます。10cm弱の三角形をした真っ赤な色の小さなピーマンで、薄い果肉はやわらかく、甘みがあり、独特の風味があります。

ピキージョは生でも売られていますが、一般的にはローストしたものの瓶詰めや缶詰を使います。このローストピキージョの中に干し鱈、ベシャメルソースなどを詰めたものは、バスクの代表的な料理。修道院でも得意とする料理のひとつです。

また“チョリセロ”と呼ばれる赤く細長いピーマンは、ビルバオ周辺のビスカヤ県で多く使われています。修道院や家庭では、チョリセロを台所にひもでぶら下げて乾燥させます。これを水で戻し、実をこそげ取り、紫玉ねぎ、にんにく、薄力粉、スープストックなどと調理する「ビスケーソース」はバスク料理の味のポイントです。

| PRIMER PLATO 一皿目 |

Ensalada campera

夏のポテトサラダ

INGREDIENTES 材料（4人分）

じゃがいも --2個
トマト --2個
ピーマン --1個
茹で卵 --1個
ツナ --- 70g
グリーンオリーブ（種抜き）-------------------------8個
白ワインビネガー ---------------------------- 大さじ1
オリーブオイル -------------------------------- 大さじ1
塩 --- 適量

PREPARACIÓN 作り方

1. じゃがいもはひと口大に切る。鍋に入れ、水を注いで火にかけて茹でる。

2. トマトはヘタを切り落とし、ざく切りにする。ピーマンはヘタと種を取り除き、粗みじん切りにする。茹で卵はくし形に切る。

3. ボウルに水気をきったじゃがいも、2、、ツナ、グリーンオリーブを入れて混ぜる。白ワインビネガーとオリーブオイルを加えて混ぜ、塩で味を調えて冷蔵庫で冷やす。

CONSEJOS

ビネガーの酸味を効かせてさっぱりと食べる、夏に欠かせない料理です。

Sardinas a la plancha
鰯の塩焼き

INGREDIENTES　材料（4人分）

鰯 -- 大4尾
レモン果汁 ----------------------------------- 1個分
イタリアンパセリのみじん切り ----------------------- 少々
オリーブオイル ------------------------------- 大さじ1
塩 --- 適量

PREPARACIÓN　作り方

1. 鰯は包丁でウロコをこそげ、塩をふる。

2. フライパンにオリーブオイルを弱火で温め、鰯を火が通るまで両面をこんがり焼く。

3. 器に盛り、レモン果汁とイタリアンパセリのみじん切りをふる。

CONSEJOS

カンタブリア海で育った鰯は脂がのり、香りもよく、その美味しさは世界でも最高級とされています。初夏から11月までが水揚げ時期で、特に水温が上昇して増えたプランクトンをたくさん食べる真夏の鰯は丸々と太り、美味しくなります。沿岸の修道院では鰯を料理する機会が多く、塩をかけてオーブンやフライパンで焼くのがいちばんの贅沢な調理方法です。

Batido de plátanos
バナナのシナモンミルク

INGREDIENTES　材料（4人分）

バナナ -- 4本
牛乳 -- 3カップ
シナモンパウダー --------------------------------- 少々

PREPARACIÓN　作り方

1. バナナは皮をむき、牛乳とともにミキサーまたはブレンダーでなめらかにする。

2. グラスに注ぎ、シナモンパウダーをふる。

CONSEJOS

シナモンを混ぜるだけでバナナジュースがぐっと風味豊かになります。氷を入れて一緒に砕いても、ひんやりとして美味しいです。

Pastel de vainas
モロッコいんげんとじゃがいものご飯

INGREDIENTES　材料（4人分）

温かいご飯 -------------------------------- 2膳分
モロッコいんげん --------------------------- 15本
じゃがいも ------------------------------ 中3個
トマトソース（⟶ *Page.136*）---------------- 適量
揚げ油 ----------------------------------- 適量
塩 -------------------------------------- 適量

PREPARACIÓN　作り方

1. モロッコいんげんは塩少々を入れた熱湯でやわらかくなるまで茹でる。水気をきり、斜め細切りにする。

2. じゃがいもは薄いいちょう切りにする。フライパンに入れて揚げ油をひたひたに注ぎ、弱めの中火にかけてゆっくり揚げ煮する。やわらかくなったら油をきり、塩をふる。

3. 器に温かいご飯を盛り、じゃがいも、モロッコいんげんを順にのせてトマトソースをかける。

CONSEJOS

ご飯の上にじゃがいもと旬のモロッコいんげんをたっぷりとのせ、トマトソースをかける、少し変わったスタイルの料理です。じゃがいもはひたひたの油で崩れるくらいまで揚げ煮するのが美味しくなるポイント。使う油はサラダオイルとオリーブオイルを半々くらいにするとしつこ過ぎません。

Sardina marinada
鰯のマリネ

INGREDIENTES　材料（4人分）

鰯の3枚おろし（刺身用）------------------- 4尾分
塩 ------------------------------------ 小さじ4
白ワインビネガー ------------------------- 大さじ5
オリーブオイル --------------------------- 大さじ4
イタリアンパセリのみじん切り---------------- 少々

PREPARACIÓN　作り方

1. 鰯は塩をふり、5分ほど置く。鰯から出た水気をペーパータオルでふき取る。

2. 角バットに白ワインビネガー、オリーブオイル、水大さじ4を入れて混ぜる。

3. 鰯を2.の角バットに入れてマリネし、冷蔵庫で3時間以上置く。

4. 器に盛り、イタリアンパセリをふる。

CONSEJOS

夏はなんといってもさっぱりとしたマリネにして食べたい鰯。鮮度のよいものを手開きして、塩をしっかりとしてからビネガーでマリネします。日本では刺身用を使うのが鮮度も安心ですし、楽ですね。

Manjar de las Clarisas
クララ会のミルククリーム

INGREDIENTES 材料（4人分）

米粉 -- 50g
グラニュー糖 --------------------------------- 60g
牛乳 ---------------------------------- 2と1/2カップ
シナモンスティック --------------------------- 1本

PREPARACIÓN 作り方

1. 鍋に米粉、グラニュー糖、牛乳を入れて泡立て器でよく混ぜる。
   混ざったら弱火にかける。
2. シナモンスティックを入れ、木べらで底が焦げないように同じ
   方向に混ぜながらとろみがつくまで煮る。

CONSEJOS

中世の頃からある、このレシピは甘い鶏肉料理として作られていました。この修
道院のレシピはシンプルですが、カタルーニャ州ではアーモンドミルクを使いま
す。アーモンドが香ばしいので、あればぜひ作ってみてください。"マンハール
（Mahjar）"という言葉からも、イスラム教徒から伝わったお菓子であること
が分かります。そして、のちにスペインからヨーロッパや南米に伝わっていきまし
た。実はフランスのブランマンジェの起源だともいわれています。

菩提樹の花

菩提樹は、ハート形をした緑色の葉をたくさんつける
落葉高木です。ヨーロッパでは街路樹として植樹され
ているほか、公園樹としてもよく見かけます。スペイン
ではバスクなどの北の地方に多く、初夏には大きな木
に小さなクリーム色の愛らしい花が、葉と葉の間から
ぶら下がるように咲き始めます。花の香りは甘く優雅
で、人々はその芳香で夏の到来を感じるのです。

菩提樹がある修道院では、花を摘み、院のところどこ
ろに置いてその香りを楽しむこともあるそうです。また
その香りを生かしてシロップを作ったり、乾燥させて
ハーブティーにしたりします。シロップは、発熱や咳、
鼻詰まりなどの夏風邪に効果を発揮するそう。作り方
は、ひと握りの開花直後の新鮮な花を水に浸してか
ら、グラニュー糖と煮詰めてシロップ状にします。ハー
ブティーは、日本では「リンデン」という呼び方のほう
が分かりやすいかもしれません。摘んだ花と葉を乾
燥させたお茶は、神経の緊張を和らげる効果がある
といわれ、就寝前のお茶として飲まれています。カモ
ミールの花と混ぜてお茶を作ることも。

PRIMER PLATO 一皿目

Berenjenas con tomate
なすとトマトのクミン風味

INGREDIENTES　材料(4人分)

なす------------------------------------4本
トマトソース(——▶ Page. 136) ------------------ 大さじ3
にんにくのみじん切り------------------- 2片分
クミンパウダー-------------------- 小さじ1/4
オリーブオイル------------------------ 大さじ1
塩 --------------------------------- 適量

PREPARACIÓN　作り方

1. なすはヘタを切り落として小さく切り、塩を入れた水に5分 ほど浸す。熱湯で5分ほど茹でて水気をきる。

2. フライパンにオリーブオイルを中火で温める。にんにくを香りが 出るまで炒め、トマトソースを加えてひと煮立ちさせる。

3. 1.のなすを加えて混ぜ、クミンパウダーをふる。

CONSEJOS

なすを揚げるひと手間を、茹でてからにんにくオイルと混ぜる簡単なレシピに 仕上げました。

SEGUNDO PLATO 二皿目

Sardinas fritas
鰯の唐揚げ

INGREDIENTES　材料(4人分)

鰯 -----------------------------------8尾
イタリアンパセリのみじん切り------------------- 小さじ1
薄力粉 ------------------------------- 適量
揚げ油 ------------------------------- 適量
塩 ----------------------------------- 適量
レモン --------------------------------1個

PREPARACIÓN　作り方

1. 鰯は包丁でウロコをこそげて頭を切り落とし、内臓を取り除く。 流水で洗ってペーパータオルで水気をしっかりとふき、薄力粉 を薄くまぶす。

2. 揚げ油を高温に温め、カラッとするまで2〜3分揚げて油を きる。

3. 器に盛って塩とイタリアンパセリをふり、搾りやすく切った レモンを添える。

CONSEJOS

腹の中にも薄力粉をまぶします。小さい鰯の場合は頭つきで、また大きいものは 3枚おろしにしてください。

Helado de plátano
バナナアイスクリーム

INGREDIENTES 材料（4人分）

バナナ（熟したもの）	2本
牛乳	1/2カップ
コンデンスミルク	大さじ2
レモン果汁	1/4個分
生クリーム	1/2カップ
卵白	1個分

PREPARACIÓN 作り方

1. 皮をむいたバナナ、牛乳、コンデンスミルク、レモン果汁を
   ミキサーまたはブレンダーでピューレ状にする。

2. ボウルに生クリームを入れ、ツノが立つまで泡立て器でしっかり
   泡立て、1.を加えて混ぜる。

3. 別のボウルに卵白を入れてかたく泡立て、2.に加えて混ぜ、
   冷凍庫で冷やしかためる。

CONSEJOS

バナナとコンデンスミルクで作る濃厚なアイスクリームです。

Sopa de vegetales de verano
夏野菜のパンスープ

INGREDIENTES 材料（4人分）

トマト ---1個
さやいんげん --------------------------------- 15本
かぼちゃ --- 50g
フランスパン（1cm厚さ）------------------------4枚
チキンスープストック（→ *Page.237*）------------3と1/2カップ
オリーブオイル --------------------------------- 大さじ1
塩、こしょう---------------------------------- 各適量

PREPARACIÓN 作り方

1. トマトはヘタを切り落として皮をむき、粗みじん切りにする。さやいんげんは筋を取り、1cm幅に切る。かぼちゃはワタと種を取り除き、1cm角に切る。

2. 鍋にオリーブオイルを温め、フランスパンの両面を中火で焼いて取り出す。

3. 油が足りないようなら適宜足し、トマトを入れて炒める。トマトがくたっとしたら、残りの野菜を加えてさらに炒める。チキンスープストックを加えて沸騰したら蓋をし、弱火で10分ほど煮る。

4. 塩、こしょうで味を調えて器によそい、焼いたフランスパンをのせる。

CONSEJOS

パンは残ってかたくなったものを使います。バゲットやバタール、カンパーニュなどでもよいです。トーストするよりも、油で表面をカリッと焼くと美味しさが違います。

Chicharro en escabeche
鯵のエスカベチェ

INGREDIENTES 材料（4人分）

鯵 -- 4尾
玉ねぎの薄切り------------------------------- 1/2個分
にんにくの薄切り --------------------------- 2片分
オリーブオイル --------------------------- 1/4カップ
白ワインビネガー ------------------------- 1/4カップ
パプリカパウダー --------------------------- 小さじ1
赤唐辛子 --------------------------------------1本
ローリエ -------------------------------------1枚
薄力粉 --- 適量
塩、こしょう---------------------------------- 各適量

PREPARACIÓN 作り方

1. 鯵は頭と内臓、ゼイゴを取り除いて流水で洗い、ペーパータオルで水気をふき取る。塩、こしょうをふり、薄力粉を薄くはたく。

2. フライパンにオリーブオイルを温め、鯵の両面を火が通るまで中火でこんがり焼いて角バットなどに移す。

3. 同じフライパンで玉ねぎとにんにくを炒める。玉ねぎが透き通ったら、白ワインビネガー、パプリカパウダー、赤唐辛子、ローリエを加え、ふつふつとしたら2.にかける。粗熱が取れたら、冷蔵庫で半日以上置く。

CONSEJOS

遠い昔、この料理から日本に南蛮漬けが伝わったのではないでしょうか。にんじんや、好みのハーブを加えてみても。鯖でもよく作られています。

Helado de higo y plátano

いちじくとバナナのアイスクリーム

INGREDIENTES 材料（4人分）

いちじく------------------------------------5個
バナナ------------------------------------3本
塩 ------------------------------------ ひとつまみ

PREPARACIÓN 作り方

1. いちじくとバナナは皮をむき、塩とともにミキサーまたはブレンダーで、バナナがねっとりするまでピューレ状にする。

2. ボウルや角バットに移し、冷凍庫で冷やしかためる。

3. かたまったら冷凍庫から取り出し、少し周りが溶けてきたら、もう一度混ぜ、表面をならして再度冷凍庫で冷やしかためる。

CONSEJOS

スペインのいちじくは日本の種類とは違い、甘さも際立っています。日本では、熟した甘いものを選ぶと、より本場の味に近づきます。いちじくとバナナは、ジュースにしても美味しい組み合わせ。密閉袋に入れて冷凍させ、取り出して手でもんでからブレンダーにかけるとさらに簡単。あんずや黄桃でも応用可能です。

修道女の薬箱レシピ　N°07

いちじくミルク

INGREDIENTES 材料（作りやすい分量）

いちじく------------------------------5個
牛乳 ------------------------------ 1と3/4カップ

PREPARACIÓN 作り方

1. いちじくは皮をむき、みじん切りにする。

2. 鍋に牛乳を入れて火にかける。沸騰寸前で1.のいちじくを加えてとろみがつくまで弱火でゆっくりと混ぜる。

CONSEJOS

咳、喉の痛みなどによいとされるいちじく。特に咳を止めたいときに、このいちじくミルクを1日に数回に分けて飲むとよいでしょう。はちみつを加えれば、より飲みやすくなります。ドライいちじくで作っても効果が期待できます。

PRIMER PLATO 一皿目

Ensalada de lechuga con anchoas

ロメインレタスとアンチョビのサラダ

INGREDIENTES　材料（4人分）

ロメインレタス ------------------------------- 1/2個
アンチョビ ----------------------------------- 4〜5枚
オリーブオイル ------------------------------ 小さじ1
こしょう -------------------------------------- 少々

PREPARACIÓN　作り方

1. ロメインレタスは冷水に浸してパリッとさせ、食べやすい大きさにちぎってボウルに入れる。

2. アンチョビは3〜4等分に切る。

3. 1.にアンチョビ、オリーブオイル、こしょうを加えて混ぜる。

CONSEJOS

とてもシンプルですが、シャキッとした歯応えのあるロメインレタスにアンチョビの塩気とコクが絡まり、美味しいです。

SEGUNDO PLATO 二皿目

Trucha a la navarra

ニジマスのナバラ風

INGREDIENTES　材料（4人分）

ニジマス ------------------------------------- 4尾
生ハム--------------------------------------- 6枚
にんにく ------------------------------------- 2片
白ワインビネガー --------------------------- 大さじ1
薄力粉 --------------------------------------- 適量
オリーブオイル ------------------------------ 大さじ2
塩 --- 適量
ハーブの葉（セージ、ディル、タイムなど） ------------- 適量

PREPARACIÓN　作り方

1. ニジマスは手に多めの塩を取り、軽くこすって表面のぬめりを取り、内臓を取り除く。流水で洗い、ペーパータオルで水気をふき取り、薄力粉を薄くはたく。

2. 生ハムは粗みじん切り、にんにくは薄切りにする。

3. フライパンにオリーブオイル半量を温め、ニジマスの両面を中火でこんがり焼いて器に移す。

4. 残りのオリーブオイルを入れて生ハムとにんにくを炒める。白ワインビネガーを加え、さっと煮たら3.にかけ、ハーブの葉をふる。

CONSEJOS

北の地方では、春に解禁になったニジマスも夏には終わりになります。修道女たちはこの食べ方がいちばん馴染み深いようです。通常、ニジマスは開いて中骨を取り除き、生ハムを詰め、元の姿に閉じて焼くのが伝統的ですが、骨の処理をしない作り方をご紹介しています。3枚おろしにしてもよいでしょう。

POSTRE デザート

Flan de Canela

シナモン風味のプリン

INGREDIENTES　材料（約120ml容量のプリン型・5個分）

卵 --- 3個
牛乳 --- 1と1/2カップ
レモンの皮（ノーワックス） ----------------------- 1/4個分
グラニュー糖 --- 大さじ8
シナモンスティック ---------------------------------- 1本

PREPARACIÓN　作り方

1. カラメルソースを作る。鍋にグラニュー糖3と水大さじ2を入れて強火で煮詰める。きつね色になったら火を止め、水大さじ2を加えて再度火にかける。鍋を回しながら混ぜ、とろみがついたら型に等分にして流し入れる。

2. 鍋に牛乳、レモンの皮、残りのグラニュー糖、シナモンスティックを入れて弱火にかけ、5分ほど煮る。

3. ボウルに卵を溶き、2.をザルで漉しながら加えて混ぜ、1.の型に流し入れる。

4. 鍋に型がずれないようにフキンを敷き、その上に型を並べる。型の高さ半分まで熱湯を注ぎ、キッチンクロスで覆った蓋を被せて弱火で15分ほど湯せんにかける。火を止め、蓋をしたままさらに10分ほど置き、かたまったら粗熱を取って冷蔵庫で冷やす。

CONSEJOS

レモンとシナモンがふわりと香る、鍋で気軽に作る蒸しプリンです。

PRIMER PLATO 一皿目

Macarrones con calabacín
ズッキーニのクリームパスタ

INGREDIENTES　材料(4人分)

ペンネ --250g
ズッキーニ --------------------------------------2本
にんにく --2片
生クリーム ----------------------------- 1カップ
オリーブオイル ----------------------------- 大さじ1
塩、こしょう-----------------------------------各適量
粉チーズ --- 適量

PREPARACIÓN　作り方

1. ペンネは塩を入れた熱湯で表示通りに茹でる。

2. ズッキーニは5mm幅の半月切り、にんにくはみじん切りにする。

3. フライパンにオリーブオイルを温め、にんにくを中火で炒める。香りが出たらズッキーニを加えて炒める。

4. 湯をきったペンネを加えて混ぜる。生クリームを加えて混ぜ、とろみがつくまで煮詰めたら、塩、こしょうで味を調える。

5. 器に盛り、粉チーズをふる。

CONSEJOS

ビタミン豊富で栄養たっぷりの旬のズッキーニを使うパスタです。ズッキーニに火が通りにくいときは蓋をして蒸し焼きにしてください。

SEGUNDO PLATO 二皿目

Calamares con anchoas
イカのアンチョビ炒め

INGREDIENTES　材料(4人分)

イカ --4杯
アンチョビ --------------------------------8〜10枚
にんにく --2片
オリーブオイル ----------------------------- 大さじ1
こしょう --- 少々
イタリアンパセリのみじん切り ----------------------- 少々

PREPARACIÓN　作り方

1. イカは内臓、軟骨を取り除き、皮をむく。流水で洗って水気をペーパータオルでふき、胴は1cmの角切り、ゲソは大きな吸盤を取り除き、2cm幅に切る。

2. アンチョビは3等分に切る。にんにくは薄切りにする。

3. フライパンにオリーブオイルを温め、にんにくを中火でさっと炒める。香りが出たらイカとアンチョビを加えてイカが白くなるまで炒め、こしょうとイタリアンパセリをふる。

CONSEJOS

1年を通して水揚げされるイカですが、夏はいちばん美味しさが際立つ季節。種類は日本と同様にヤリイカ、スルメイカ、コウイカなどですが、バスクでよく食べられているのは小さめの少しプクッとしたヤリイカ"チピロン(Chipirón)"です。身がやわらかく、旨みたっぷり。シンプルながら、アンチョビの旨みと塩気がイカの美味しさを引き立てる一品です。

Helado de albaricoques y miel
あんずのはちみつアイスクリーム

INGREDIENTES 材料（4人分）

あんず -- 6個
生クリーム ------------------------------------ 1カップ
はちみつ -------------------------------------- 大さじ2
レモン果汁------------------------------------- 大さじ1

PREPARACIÓN 作り方

1. あんずは半分に割り、皮と種を取り除く。レモン果汁と合わせ、ミキサーまたはブレンダーでピューレ状にする。

2. ボウルに冷やした生クリームを入れて泡立てる。とろみがついたらはちみつを加えてさらに泡立てる。すくい上げてぽたりと落ちる程度に泡立ったら、1.を加えて混ぜる。

3. バットなどに移し、冷凍庫に入れる。1時間ほどしたら全体をざっくりと混ぜ、再度冷凍庫で冷やしかためる。

CONSEJOS

あんずの小さな実には、夏にうれしいクエン酸、β-カロテン、ビタミンなどの栄養がたっぷり詰まっています。アイスクリームにすると食べやすいですが、酸っぱいときは、はちみつで甘さを調節してください。よく熟しているあんずは皮つきのままでも大丈夫です。

修道女の薬箱レシピ N°08

夏のフレッシュハーブティー

INGREDIENTES 材料（2人分）

ペパーミントの葉 ---------------------------- 20g
ローズマリーの葉 ---------------------------- 20g
レモンバームの葉 ---------------------------- 20g
セージの葉 ---------------------------------- 20g

PREPARACIÓN 作り方

1. 鍋に水2と1/2カップを入れる。火にかけ、沸騰したらハーブを加えて蓋をし、15分ほど蒸らす。

2. カップに漉しながら注ぐ。冷蔵庫で冷たく冷やしてもよいでしょう。

CONSEJOS

夏のハーブを使った、爽やかな気分にしてくれる清涼感たっぷりのお茶です。セージやペパーミントは、喉の痛みや夏風邪かなと思ったときにもおすすめのハーブ。また、口内炎などの口腔トラブルにも効果があるといわれています。ローズマリーとレモンバームは高い抗酸化作用があるので、生活習慣病の予防が期待できます。

PRIMER PLATO 一皿目

Mojete

トマトとツナのサラダ

INGREDIENTES 材料(4人分)

トマト(完熟) ------------------------------- 5個
玉ねぎ ------------------------------------ 1/2個
ブラックオリーブ(種抜き) ----------------------- 8個
ツナ -------------------------------------- 70g
茹で卵 ------------------------------------- 1個
シェリービネガー(または白ワインビネガー) -------- 小さじ2
オリーブオイル ----------------------------- 大さじ1
塩、こしょう------------------------------- 各適量

PREPARACIÓN 作り方

1. トマトはヘタを切り落としてボウルに入れ、フォークの背で潰すように切る。

2. 1.にせん切りにした玉ねぎ、ブラックオリーブ、ツナを缶汁ごと加えて混ぜる。シェリービネガー、オリーブオイルを加えて和え、塩、こしょうで味を調える。

3. 器に盛り、くし形切りにした茹で卵をのせる。

CONSEJOS

真っ赤に熟したトマトを使い、ボウルの中で潰すように切り、出てきた汁も使います。水分の多いサラダに仕上げ、冷やしていただきます。シェリービネガーはシェリー酒から作った香り高い酢ですが、なければ白ワインビネガーでも大丈夫です。

SEGUNDO PLATO 二皿目

Calamares en su tinta

イカの墨煮

INGREDIENTES 材料(4人分)

イカ --------------------------------------- 大2杯
玉ねぎ ------------------------------------- 1個
にんにく ------------------------------------ 1片
トマトソース(→ Page. 136) ------------------- 100g
イカ墨ペースト ------------------------------- 8g
オリーブオイル ----------------------------- 大さじ1
塩 -- 小さじ1/5

PREPARACIÓN 作り方

1. イカは内臓、軟骨を取り除き、皮をむく。流水で洗って水気をペーパータオルでふく。胴は1cm幅の角切り、ゲソは大きな吸盤を取り除き、2cm幅に切る。イカ墨ペーストは水大さじ2で溶く。

2. 玉ねぎとにんにくはみじん切りにする。

3. 鍋にオリーブオイルを温め、2.を弱火でじっくり炒める。玉ねぎが半量程度になるまで炒めたら、イカを加えてさっと炒める。

4. トマトソースとイカ墨ペーストを加え、蓋をして弱火で15分ほど煮て、塩で味を調える。

CONSEJOS

真っ黒な姿からは想像できないほどまろやかで深みのあるバスクの伝統料理。じっくり炒めた玉ねぎの濃厚な甘みがベースです。イカ墨はイカから少量しか取れないので、修道院でも市販のペーストを使います。溶くほどに黒みを帯び、旨みも程よく混ざるので、ペーストはしっかり溶かしましょう。白いご飯にもよく合う料理です。

Crema de galletas

ビスケットキャラメルクリーム

INGREDIENTES　材料（4人分）

ビスケット ---8枚
牛乳 -- 1カップ
生クリーム -------------------------------------3/4カップ
グラニュー糖 ------------------------------------ 大さじ1
ゼラチン（粉） -- 5g
自家製キャラメルシロップ（右）--------------------- 半量

PREPARACIÓN　作り方

1. ゼラチンは水大さじ2でふやかす。

2. ビスケット4枚はトッピング用に取り分け、残りは砕きながら
   鍋に入れ、牛乳とグラニュー糖を加える。

3. 弱火にかけ、木べらでビスケットを潰す。すっかり潰れたら、
   火を止めて1.を加えて混ぜる。自家製キャラメルシロップと
   生クリームを加え、ダマが残らないようにしっかりと混ぜる。

4. ココットに流し入れて粗熱が取れたら、冷蔵庫に入れて冷やし
   かためる。

5. 食べる際にビスケット2枚ずつをのせる。

Sirope de caramelo casero

自家製キャラメルシロップ

INGREDIENTES　材料（作りやすい分量）

生クリーム ---------------------------1/2カップ
グラニュー糖 ---------------------------100g
水 ------------------------------------ 大さじ2

PREPARACIÓN　作り方

1. 鍋に生クリームを入れ、中火で温める。

2. フライパンにグラニュー糖と水大さじ2を入れて中
   火にかけ、水分を飛ばす。水分がなくなり、茶色く
   なったら火から外し、生クリームを加えて素早く混
   ぜ、白っぽくなるまで混ぜ続ける。

| PRIMER PLATO 一皿目 |

Arroz del convento
パプリカとチョリソーのご飯

INGREDIENTES　材料（4人分）

米 --- 2カップ
チョリソー --------------------------------------4本
トマト---1個
パプリカ（赤）------------------------------------2個
玉ねぎ ------------------------------------ 小1個
にんにく --1片
オリーブオイル ---------------------------- 小さじ2
塩 --- 小さじ2／3

PREPARACIÓN　作り方

1. チョリソーは1cm幅の輪切りにする。トマトはヘタを切り落として皮をむき、みじん切りにする。パプリカはヘタと種を取り除き、1cm幅に切る。玉ねぎとにんにくはみじん切りにする。

2. 鍋にオリーブオイルを温め、パプリカ、玉ねぎ、にんにくを中火で炒める。しんなりとしたらチョリソーを加えてさらにこんがりとするまで炒め、トマトを加えて煮詰める。

3. 米を入れてさっと炒め、水2と1/2カップ、塩を加え、沸騰したら蓋をし、中火で5分、弱火でさらに8〜9分炊き、火を止めて蓋をしたまま10分蒸らす。

CONSEJOS

古くから素焼き鍋を使って炊く料理です。チョリソーの代わりにソーセージを入れる場合は、パプリカパウダー（あればスモーク）少々を入れて風味を出してください。トマトの代わりにトマトソース（—→ **Page. 136**）を使ってもよいでしょう。

Calamares encebollados
イカの玉ねぎソース バスク風

INGREDIENTES 材料(4人分)

イカ --2杯
玉ねぎ -------------------------------------- 大1個
にんにく --------------------------------------1片
白ワイン ----------------------------------- 大さじ3
オリーブオイル ---------------------------- 小さじ2
塩、こしょう------------------------------------各適量

PREPARACIÓN 作り方

1. イカは内臓、軟骨を取り除き、皮をむく。流水で洗って水気を
ペーパータオルでふく。胴は1cm幅の輪切り、ゲソは大きな
吸盤を取り除き、2cm幅に切る。

2. 玉ねぎとにんにくは薄切りにする。

3. フライパンにオリーブオイルを温め、玉ねぎをしんなりとして色
づくまで弱火でじっくり炒める。にんにくを加え、さらに炒める。

4. 香りが出たら、イカを加えて白くなるまで炒める。白ワインを
加え、煮詰め、塩、こしょうで味を調える。

CONSEJOS

とろりとした甘い玉ねぎにイカの旨みがブレンドされ、さらにイカの美味しさが
引き立つ素朴なバスクの家庭料理です。夏に獲れる小ぶりのヤリイカで作る
この料理は絶品。日本でも夏から秋にかけて出回る小さなヤリイカ"若イカ"を
見つけたら、ぜひ作ってみてください。

Mermelada de ciruela y helado
プラムジャムとアイスクリーム

Mermelada de ciruela
プラムジャム

INGREDIENTES 材料(作りやすい分量)

プラム(赤) ------------------------1kg(正味)
グラニュー糖 ---------------------------500g
レモン果汁------------------------- 小さじ1

PREPARACIÓN 作り方

1. プラムは半分に割り、種を取り除く。

2. ボウルに入れ、グラニュー糖とレモン果汁を加え
て混ぜる。

3. 水気が出たら鍋に入れ、木べらで潰し混ぜながら
25～30分弱火で煮る。

4. 瓶詰めにする(→ **Page. 357**)。

保存期間:冷暗所で6か月保存可能。

りんごのバスクケーキ（——» Page. 221）

肉団子のトマト煮込み（⟶ Page. 244）

柿と洋梨のマセドニア（ ⟶ **Page. 245** ）

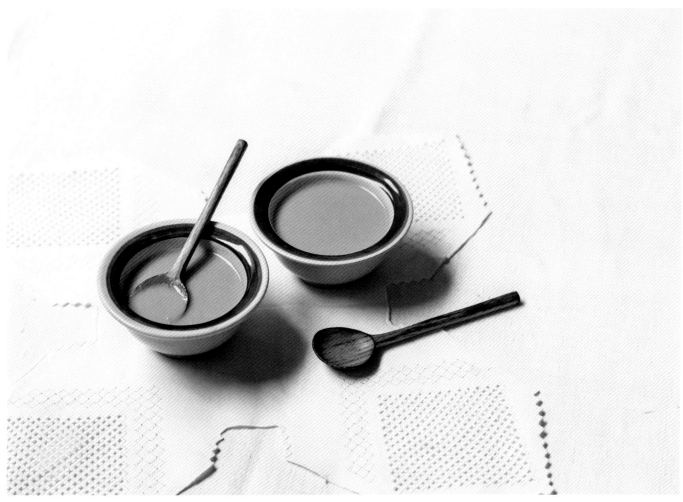

かぼちゃとオレンジのポタージュ（⟶ Page. 254）

レンズ豆ときのこの煮込み（⟶ Page. 256）

豚肉と栗、白いんげん豆の煮込み（⟶ Page. 258）

鱈のバスク風オムレツ（⟶ Page. 304）

かぼちゃと長ねぎのポルサルダ（⟶ Page. 308 ）

スカルキ（⟶ Page. 326 ）

鱈のポテトグラタン（ ⟶ Page. 342 ）

ロスコン・デ・レジェス（⟶ Page. 351）

マサパン（⟶ Page. 295）／ポルボロン（⟶ Page. 299）／バターの三日月（⟶ Page. 301）／ロスコス・デ・ヴィノ（⟶ Page. 323）／トリュフチョコレート（⟶ Page. 359）

魚介のポタージュ（──≫ Page. 364）

鯛の塩釜焼き（⟶ Page. 365）

MENÚ DE OTOÑO

長かった日が徐々に短くなり、日差しはやわらかく、木々の葉も黄金色やうっすらとした紅色に染まっていきます。すると、バスクにも風景が輝いていた夏とは変わり、"静"という言葉が似合う穏やかな季節がやってきます。ほかの地域と比べると、ゆっくりではあるものの、9月の終わり頃から朝晩の空気が少しずつひんやりとし始め、秋の気配が感じられます。

修道院の庭ではマルメロ、ざくろ、ぶどう、キウイフルーツなどの果実が熟し、まさに実りの秋。10月は「ロザリオの聖母マリア*」の月で、ロザリオの祈りを毎日唱えます。また11月1日には「諸聖人の日」を迎え、その日にはすべての聖人に祈りを捧げます。この時期、販売やお裾分けのお菓子作りをする修道院は少し忙しくなります。

さらに秋が深まっていくと、バスクは急速に寒さが増し、修道女たちも季節の移り変わりを実感します。食卓には煮込み料理や温かいスープが少しずつ増えていく時期。修道女たちの得意料理が活躍する季節です。

＊1571年、ヨーロッパはキリスト教を滅ぼそうとするトルコ帝国の脅威にあったが、それに抵抗するスペインをはじめとする国々の教皇たちが協力し、見事トルコから勝利を得た。それは武力ではなく、ロザリオの祈りを聖母マリアに捧げたものとされ、その勝利の日、10月7日を「ロザリオの聖母マリアの祝日」と定めた。

PRIMER PLATO 一皿目

Arroz con setas y zanahorias
きのことにんじんのご飯

INGREDIENTES 材料（4〜5人分）

米	2カップ
きのこ（マッシュルーム、エリンギ、しめじなどを合わせて）	300g
にんじん	1本
にんにく	2片
チキンスープストック（⟶ *Page.237*）	2と1/4カップ
オリーブオイル	大さじ1
塩	小さじ2/3

PREPARACIÓN 作り方

1. きのこは石づきを切り落とす。マッシュルームはペーパータオルで汚れをふき取り、石づきごと半分に切る。エリンギはさいの目切り、しめじは小房に分ける。にんじんはせん切り、にんにくはみじん切りにする。

2. 鍋にオリーブオイルを中火で温め、1.を炒める。

3. 米を加えてさっと炒め、油が全体に回ったら、チキンスープストックと塩を加える。蓋をして沸騰したら弱火にして12〜13分、火を止めてそのまま10分蒸らす。

SEGUNDO PLATO 二皿目

Guisado de pollo
鶏肉とマッシュルームの煮込み

INGREDIENTES 材料（4人分）

鶏もも肉	2枚
マッシュルーム	150g
にんじん	1本
玉ねぎ	1個
にんにく	2片
ハーブ（タイム、イタリアンパセリ、ローリエなど）	適量
白ワイン	1カップ
オリーブオイル	小さじ2
塩、こしょう	各適量

PREPARACIÓN 作り方

1. 鶏肉は半分に切り、塩、こしょうをふる。

2. マッシュルームはペーパータオルで汚れをふき取る。にんじん、玉ねぎ、にんにくは粗みじん切りにする。

3. フライパンにオリーブオイルを中火で温め、鶏肉の両面をこんがり焼いて取り出す。

4. 同じフライパンに玉ねぎとにんにくを入れ、弱火で炒める。玉ねぎがしんなりとしたら、にんじんを加えてさらに炒める。にんじんがやわらかくなったら、マッシュルームも加える。鶏肉を戻し入れ、全体を混ぜる。ハーブと白ワインを加えて沸騰したら、蓋をして弱火で20分ほど煮る。

Galletas de nueces

くるみのクッキー

INGREDIENTES 材料（20個分）

くるみ -- 80g
薄力粉 --------------------------------------- 120g
グラニュー糖 -------------------------------- 50g
卵 -- 1個
バター（無塩）-------------------------------- 50g
塩 ------------------------------------ ひとつまみ

PREPARACIÓN 作り方

1. オーブンを180℃に温めておく。バターと卵は室温に戻す。
   天板にオーブンシートを敷く。

2. くるみは包丁で粗みじんに切る。

3. ボウルにバターを入れ、ゴムべらでやわらかく練り、グラニュー
   糖と塩を加えて混ぜる。

4. 卵を溶きほぐし、3.のボウルに加え、泡立て器で混ぜる。

5. 薄力粉をふるいながら加え、ゴムべらで混ぜ、粉っぽさがなく
   なったら刻んだくるみを混ぜる。

6. 生地を20等分にして丸める。

7. 天板に間隔を少しあけて並べ、180℃のオーブンで15分ほど
   焼く。

きのこのこと

バスクの人たちは大のきのこ好き。9月の最初の雨は、きのこ狩りスタートの知らせです。籠とポケットナイフを持ち、森へきのこ狩りに出掛け始めます。マッシュルーム、ポルチーニ、アカハツタケ、カラカサタケ、ハイイロシメジなど、種類豊富なきのこと出合えるのがバスクの森。シンプルで美味しい炭火焼きや炒め物はもちろん、魚介料理や肉料理などとも合わせて、さまざまな味わいを楽しみます。

森にきのこ狩りに行くことは難しい修道女たちも、いただいたり、購入したりと、秋はきのこを料理に取り入れる日が多くなります。

PRIMER PLATO 一皿目

Ensalada de brócoli
ブロッコリーのサラダ

INGREDIENTES 材料(4人分)

ブロッコリー ------------------------------ 1と1/2個
a 粒マスタード ------------------------------ 小さじ1
　 はちみつ ------------------------------ 小さじ1
　 白ワインビネガー ------------------------------ 大さじ1
　 オリーブオイル ------------------------------ 大さじ1

PREPARACIÓN 作り方

1. ブロッコリーは小房に分ける。塩少々(分量外)を入れた熱湯で茹で、水気をきってさらに小さく割く。
2. ボウルにaを入れて混ぜ、ブロッコリーを加えて和える。

CONSEJOS

粒マスタードが入った万能ドレッシングはサラダ好きの修道女たちの知恵。ブロッコリーはごく小さくすると、味が染み込んで美味しいです。カリフラワーやかぼちゃなどの温野菜はもちろん、キャベツや白菜などにも合います。

SEGUNDO PLATO 二皿目

Albóndigas de pollo con queso
鶏肉のクリームチーズナゲット

INGREDIENTES 材料(4人分)

鶏むね肉(皮なし) ------------------------------ 2枚
a 卵 ------------------------------ 1個
　 クリームチーズ ------------------------------ 50g
　 パン粉(細挽き) ------------------------------ 大さじ4
　 塩 ------------------------------ 小さじ1
　 こしょう ------------------------------ 少々
薄力粉 ------------------------------ 適量
揚げ油 ------------------------------ 適量

PREPARACIÓN 作り方

1. 鶏肉は粗みじん切りにする。
2. ボウルに鶏肉とaを混ぜ、10分ほど置く。
3. 20等分にして小さい小判型に成形し、薄力粉を薄くはたく。
4. 揚げ油を中温に温め、途中返しながらナゲットが軽くなるまで揚げる。

CONSEJOS

鶏むね肉は挽き肉よりも少し粗めに切って作ったほうが断然美味しいです。味がついているので、何もつけずそのままいただきます。

Yogur y kiwi

キウイフルーツとヨーグルト

INGREDIENTES　材料(4人分)

キウイフルーツ -------------------------------------2個
プレーンヨーグルト(無糖) ----------------------- 2カップ
はちみつ ------------------------------------大さじ2〜3

PREPARACIÓN　作り方

1. キウイフルーツは皮をむき、食べやすい大きさに切る。

2. 器にプレーンヨーグルトを盛り、キウイフルーツをのせてはちみつをかける。食べるときに和える。

CONSEJOS

ヨーグルトの酸味と甘いキウイフルーツがとても合います。でもキウイがヨーグルトを苦くしてしまうので、混ぜたらすぐに食べるようにしてください。

キウイフルーツの季節

キウイフルーツが中国から世界に広がり、ニュージーランドでの生産が有名になったのはつい最近のことです。スペインには日本とほぼ同じ時期、50年前に入って来たそう。栽培が難しくないキウイフルーツを当時、多くの修道院も育て始めました。

旬の季節は秋。肌寒くなってきた頃に実がなり始め、冬間近には枝いっぱいに実がつきます。キウイフルーツが少しずつ大きくなっていく様子を見守りつつ、修道女たちは収穫を心待ちにしています。

キウイフルーツの魅力はなんといってもビタミンC、ミネラルが豊富なところ。小さい実は栄養が詰まった宝物です。修道女たちにとっては、夏の暑さで少し弱った体を癒してくれる大事な神様からの贈り物なのかもしれません。

PRIMER PLATO 一皿目

Coles de Bruselas salteadas
芽キャベツのアーモンド炒め

INGREDIENTES 材料(4人分)

ベーコン --2枚
芽キャベツ ---------------------------------400g
にんにく --1片
アーモンド --------------------------------- 10g
オリーブオイル ----------------------- 小さじ2
塩、こしょう --------------------------------各適量

PREPARACIÓN 作り方

1. ベーコンは細切りにする。芽キャベツは芯に十字の切り込みを入れる。にんにくは薄切りにする。アーモンドは粗く刻む。

2. たっぷりの沸かした湯に塩少々を入れて芽キャベツを2〜3分茹で、水気をきる。

3. フライパンにオリーブオイルを中火で温め、ベーコンとにんにくを炒める。香りが出たら、アーモンドを加えてさらに炒める。

4. 芽キャベツを加え、全体に油が回るように炒めて塩、こしょうで味を調える。

CONSEJOS

秋から冬にかけては芽キャベツの収穫期です。小さな粒の中に栄養がたくさん詰まっています。せっかくの栄養が抜け過ぎないように茹で時間は2〜3分に。

SEGUNDO PLATO 二皿目

Pollo a la miel
鶏肉のハニーレモン

INGREDIENTES 材料(4人分)

鶏もも肉 -------------------------------------400g
ローズマリー ------------------------------------2本
レモン果汁------------------------------- 1／2個分
はちみつ ------------------------------------ 大さじ2
薄力粉 -- 適量
オリーブオイル ------------------------- 大さじ1
塩 -- 小さじ2/3

PREPARACIÓN 作り方

1. 鶏肉は余分な筋と脂を取り除いてひと口大に切り、塩をふって薄力粉を薄くはたく。

2. フライパンにオリーブオイルを中火で温める。鶏肉の全面をこんがり焼いて取り出し、火を止める。

3. 同じフライパンにローズマリー、レモン果汁、はちみつを入れて混ぜる。混ざったら鶏肉を戻し入れ、中火にかけて蓋をして、弱火で15分ほど煮る。

CONSEJOS

最後にとろりとするまで煮詰めても。

Manzanas al horno
焼きりんご

INGREDIENTES 材料(4人分)

りんご ------------------------------------4個
デーツ ------------------------------------4個
レーズン ------------------------------- 20g
バター(無塩) -------------------- 20g(室温に戻す)
白ワイン(甘口)------------------------- 1/4カップ

PREPARACIÓN 作り方

1. オーブンを200℃に温めておく。

2. デーツは種を取り除いてみじん切りにする。

3. ボウルにバター、デーツ、レーズンを入れて練り混ぜる。

4. りんごは底まで抜けないように芯の部分を芯抜き器、または 小さなスプーンでくり抜く。

5. りんごのくり抜いた部分に3.を詰める。

6. 耐熱容器にりんごを並べ、白ワインをふる。温めたオーブンに 入れ、ときどきりんごに汁をかけながら40〜50分焼く。

CONSEJOS

焼きりんごは、特別な日に食べる聖クララ修道院のデザートです。秋に収穫する りんごを1人1個ずつ使います。

Soufflé de coliflor

カリフラワーのスフレ

INGREDIENTES 材料(4人分)

カリフラワー	小1個
卵白	2個分
ピザ用チーズ	50g
[ベシャメルソース]	
バター	20g
薄力粉	大さじ2
牛乳	1と1/2カップ
塩	小さじ1/4
こしょう	適量

PREPARACIÓN 作り方

1. オーブンを250℃に温めておく。

2. カリフラワーは小房に分ける。塩少々(分量外)を入れた熱湯でやわらかくなるまで6〜7分茹で、水気をしっかりきる。

3. ベシャメルソースを作る。鍋にバターを入れて弱火にかけて溶かす。溶けたら、薄力粉を加えて中火にして炒める。粉臭さがなくなったら、牛乳を少しずつ加えては泡立て器で混ぜるを繰り返し、とろみをつけて塩、こしょうで味を調える。

4. 茹でたカリフラワーを加えて混ぜ、耐熱容器に移す。

5. ボウルに卵白を入れてツノが立つ程度に泡立て、覆うように4.にのせる。さらにピザ用チーズをふり、温めたオーブンでこんがりするまで10分ほど焼く。

CONSEJOS

カリフラワーにベシャメルソースを絡め、メレンゲをのせるだけの失敗知らずの簡単スフレです。フワッとした食感とほんのり甘いカリフラワーが美味しく、たくさん食べられてしまう一品です。

Pollo con patatas
鶏手羽元のじゃがいもワイン煮

INGREDIENTES 材料（4人分）

鶏手羽元 --------------------------------8〜12本
じゃがいも -------------------------------- 小4個
にんにく ----------------------------------2片
ハーブ（ローリエ、ローズマリー、タイムなど）----------- 適量
白ワイン ------------------------------- 1カップ
オリーブオイル ------------------------------- 小さじ2
塩、こしょう---------------------------------各適量

PREPARACIÓN 作り方

1. 鶏手羽元は塩、こしょうをすり込む。

2. じゃがいもはひと口大に切り、にんにくはみじん切りにする。

3. 鍋にオリーブオイルを中火で温め、鶏手羽元をこんがりと焼く。

4. にんにくを加え、香りが出るまで炒める。

5. 白ワインを加え、ひたひたになるように水を注ぐ。沸騰したら蓋をし、弱火で20〜30分煮る。

6. じゃがいもとハーブを加えてさらに10分ほど煮る。塩、こしょうで味を調え、蓋を外して強火で煮詰める。

CONSEJOS

ホクッと煮上がったじゃがいもが美味しいので男爵がおすすめです。鶏肉の部位は色々で、オーブンで焼くこともあれば、大きな平鍋で作ることもあるそうです。いずれもじっくり時間をかけるので大きな鶏肉も骨から外れるくらいにやわらかくなります。煮込む前に全面を焼いて旨みを逃さないようにしましょう。

Naranja con nata
オレンジと生クリーム

INGREDIENTES 材料（4人分）

オレンジ -------------------------------- 2個
くるみ -------------------------------- 12個
生クリーム ------------------------------- 1カップ
グラニュー糖 ------------------------------- 大さじ2
はちみつ -------------------------------- 大さじ4

PREPARACIÓN 作り方

1. オレンジは皮をむき、薄い輪切りにする。

2. ボウルに生クリームを入れて泡立て、グラニュー糖を加えてさらに混ぜながらツノが立つまで泡立てる。

3. 器にオレンジを盛る。2.のホイップクリームと2〜3等分に割ったくるみををのせ、はちみつを回しかける。

CONSEJOS

素朴ですが、少し着飾ったオレンジは特別な日に作るデザートで別名「祝日の日のオレンジ」と言います。

PRIMER PLATO 一皿目

Ensalada de endivias, manzana y zanahoria
チコリとりんご、にんじんのサラダ

INGREDIENTES 材料(4人分)

チコリ --2本
りんご --------------------------------------1/2個
にんじん ------------------------------------1本
ハーブの葉(イタリアンパセリ、セージ、マリーゴールドなど)
--適量
レモン果汁--------------------------------1/2個分
オリーブオイル ------------------------- 大さじ1
塩、こしょう------------------------------- 各適量

PREPARACIÓN 作り方

1. チコリとにんじんはせん切りにする。りんごは皮つきのまま同様にせん切りにする。

2. ボウルに入れ、レモン果汁とオリーブオイルを加えて和え、塩、こしょうで味を調える。

3. 器に盛り、ハーブの葉を散らす。

SEGUNDO PLATO 二皿目

Mollejas de pollo al vino
鶏砂肝ときのこの赤ワイン煮

INGREDIENTES 材料(4人分)

鶏砂肝 --350g
きのこ(エリンギ、舞茸、しいたけなどを合わせて) ------300g
にんにく -------------------------------------2片
a ┌ 赤ワイン(辛口) ------------------------ 1カップ
  │ ローリエ -----------------------------------2枚
  │ クローブ -----------------------------------5本
  │ 黒粒こしょう ------------------------- 小さじ1/2
  └ 塩 --------------------------------------- 小さじ1/3
生クリーム ----------------------------------- 大さじ3
オリーブオイル ------------------------------ 大さじ1

PREPARACIÓN　作り方

1. 砂肝は半分に切って白い部分を削ぎ落とし、2〜3等分に切る。

2. きのこは石づきを切り落とす。エリンギは縦半分に切って薄切りにする。舞茸は半分に割く。しいたけとにんにくは薄切りにする。

3. 鍋にオリーブオイルを中火で温め、にんにくを炒める。香りが出たら砂肝と2.のきのこを炒める。

4. きのこがしんなりとしたら、a を加えて強火で5分ほど煮て、生クリームを加えて混ぜる。

CONSEJOS

砂肝は下処理をきちんとすることで、塩、こしょうで炒めるだけでも美味しくなります。そして高タンパクで低カロリー。鉄分、ビタミンBも豊富なので、修道女たちも好んで食べる食材のひとつです。

Macedonia de otoño

秋のマセドニアフルーツ

INGREDIENTES　材料(4人分)

ざくろ -- 1／4個
りんご -- 1個
キウイフルーツ ------------------------------------- 1個
オレンジ --- 2個

PREPARACIÓN　作り方

1. ざくろは実を取り出す。りんごとキウイフルーツは皮をむいてさいの目切りにする。オレンジ1個は皮をむいて薄皮から果肉を取り出し、3〜4等分に切る。残り1個は果汁を搾る。

2. ボウルに果物とオレンジの果汁を入れて混ぜ、冷蔵庫で1時間ほど冷やす。

CONSEJOS

秋が深まる頃、ざくろが熟し始めます。透明で真紅の美しさと甘酸っぱさを生かしてマセドニアにもよく加えます。ざくろは縦4つに包丁で切り、指で崩すようにして実を取り出します。

秋の献立

6

PRIMER PLATO 一皿目

Ensalada de patatas
じゃがいもと卵のサラダ

INGREDIENTES　材料（4人分）

じゃがいも --3個
茹で卵 ---1個
イタリアンパセリのみじん切り---------------------- 少々
白ワインビネガー --------------------------------- 大さじ2
オリーブオイル ----------------------------------- 大さじ1
塩、こしょう-------------------------------------- 各適量

PREPARACIÓN　作り方

1. じゃがいもは水からやわらかくなるまで茹でて皮をむき、食べやすい大きさに切る。

2. 茹で卵はざく切りにする。

3. ボウルにじゃがいも、茹で卵、イタリアンパセリを入れる。白ワインビネガーとオリーブオイルを加えて和え、塩、こしょうで味を調える。

CONSEJOS

秋もじゃがいもが美味しい季節。じゃがいもをシンプルにビナグレットソースで和えるだけの修道院らしい素朴なサラダです。じゃがいもの茹で具合もさまざま。

SEGUNDO PLATO 二皿目

Pollo a la cerveza
鶏肉のビール煮

INGREDIENTES　材料（4人分）

骨つき鶏もも肉 ------------------------------------2本
玉ねぎ ---1個
にんにく ---2片
ローズマリー -------------------------------------1本
イタリアンパセリのみじん切り----------------------- 適量
ビール -------------------------------------1と3/4カップ
薄力粉 -- 適量
オリーブオイル ----------------------------------- 小さじ2
塩、こしょう-------------------------------------- 各適量

PREPARACIÓN　作り方

1. 鶏肉は半分に切り、塩、こしょうをふり、薄力粉を薄くはたく。

2. 玉ねぎとにんにくはみじん切りにする。

3. フライパンにオリーブオイルを中火で温め、鶏肉の全面をこんがり焼いて取り出す。

4. 同じフライパンに玉ねぎとにんにくを入れて炒める。玉ねぎがしんなりとしたら鶏肉を戻し入れ、ビールを注いでローズマリーを加える。沸騰したら弱火にして20〜30分煮て、仕上げにイタリアンパセリをふる。

CONSEJOS

ビールの効果で、鶏肉が骨から外れるほどホロリとやわらかく煮上がります。ほのかなビールの苦みもアクセントに。修道院では人数が多いのでオーブンで煮込みますが、ここではフライパンでアレンジしています。

Pastel vasco de manzana
りんごのバスクケーキ

INGREDIENTES 材料（直径16cmの丸型（底取）・1台分）

りんご --- 小2個
卵 --1個
バター（無塩）----------------------- 150g（室温に戻す）
グラニュー糖 ----------------------------------150g
薄力粉 ---250g
ベーキングパウダー ------------------------- 6g
ブランデー ------------------------------------ 小さじ2
溶き卵（塗り用）--------------------------------適量

PREPARACIÓN 作り方

1. 型にバター（分量外）を塗り、薄力粉（分量外）を薄くはたく。薄力粉とベーキングパウダーは合わせてふるう。

2. 生地を作る。ボウルでバターをやわらかく練り、グラニュー糖を加えて泡立て器で混ぜる。白っぽくなったら、溶いた卵を加えて混ぜる。ふるった粉類を少しずつ加えてゴムべらで混ぜ、粉気がなくなったらブランデーを加えて混ぜる。ラップで包んで1時間ほど冷蔵庫で休ませる。

3. オーブンを170℃に温めておく。りんごは4等分に切って芯と種を取り除き、皮つきのまま薄切りにする。

4. 休ませた生地を1/3と2/3の2つに分ける。台に薄力粉（分量外）をふり、3mm厚さの円形に麺棒でそれぞれのばす。

5. 大きいほうの生地を型全体に添わせながら敷き詰め、底にフォークで穴を開ける。

6. りんごを敷き詰め、もう1枚の生地を被せる。表面に溶き卵を塗り、フォークで模様をつける。温めたオーブンで35分、下段に移してさらに20〜25分焼く。型から外し、1時間以上冷ます。

CONSEJOS

フランス語の"ガトー・バスク"が知られているかもしれませんが、スペイン語では"パステル・バスコ"と呼ばれて親しまれています。通常、ガトー・バスクにはカスタードクリーム、さくらんぼやりんごのジャムが入ります。ところがこの修道院レシピでは、薄切りにしたりんごを入れるだけなので、とても手軽です。

PRIMER PLATO 一皿目

Patatas a la importancia
大切なじゃがいも

INGREDIENTES　材料(4人分)

じゃがいも --- 3個
にんにく -- 少々
溶き卵--- 1個分
薄力粉 -- 適量
チキンスープストック(→ *Page.237*) ----------------- 1カップ
オリーブオイル -------------------------------------- 適量
塩、こしょう--- 各適量

PREPARACIÓN　作り方

1. じゃがいもは5mm幅の輪切りにする。薄力粉を薄くはたき、溶き卵に通す。

2. フライパンにオリーブオイルを1cm高さ程度に入れる。中火で温め、じゃがいもの両面を卵がかたまるまで揚げて取り出す。

3. 同じフライパンにみじん切りにしたにんにくを入れて炒める。オイルが足りなければ適宜足す。香りが出たら、チキンスープストックを加え、塩、こしょうで味を調える。じゃがいもを戻し入れ、沸騰したら弱火にしてじゃがいもに火が通るまで5〜6分煮る。

CONSEJOS

じゃがいもって大切だなぁと実感するネーミングが愛らしい。本来は素焼きの鍋で作り、そのまま食卓に出す料理です。できればじゃがいもが崩れないように、そのままフライパンで、もしくは浅めの鍋などで作ってください。イタリアンパセリのみじん切りをふることも多いです。

SEGUNDO PLATO 二皿目

Tortilla de setas y puerros
きのこと小ねぎのスペインオムレツ

INGREDIENTES　材料(直径20cmのフライパン・1個分)

卵 --- 6個
きのこ(マッシュルーム、舞茸などを合わせて) -------- 300g
小ねぎ -- 2本
イタリアンパセリのみじん切り --------------------- 小さじ2
塩 -- 小さじ1/2
オリーブオイル ------------------------------------ 小さじ2

PREPARACIÓN　作り方

1. マッシュルームはペーパータオルで汚れをふき取り、石づきごと薄切りにする。舞茸は細かく割る。小ねぎは小口切りにする。

2. ボウルに卵を割りほぐす。

3. フライパンにオリーブオイルを中火で温め、きのこを炒める。

4. きのこがしんなりとしたら卵のボウルに加え、さらに小ねぎ、イタリアンパセリ、塩を加えて混ぜる。

5. フライパンを再び中火で温め、足りないようならオリーブオイル(分量外)を足す。4.を流し入れて軽く混ぜ、弱めの中火にし、2分ほど焼いたら、皿などを使って裏返し、弱火にして2分焼く。さらに2回繰り返して焼き上げる。

Caqui maduro
熟した柿

柿のこと

甘く熟した柿を半分に切ってスプーンですくって食べるのがスペイン流。名前はそのまま日本語の"カキ（kakiまたはcaqui）"と呼ばれることが多いですが、ブランド名"ペルシモン（Persimón）"と呼ぶこともあるようです。

その起源は諸説ありますが、17世紀に伊達氏の家臣だった支倉常長が遣欧使節団としてスペインを訪れた際に、柿の種を残していったという節を何かで読んだことがあります。

それはともかく、スペインの街角でもふと見かける柿のオリエンタル風情にはびっくりしてしまうことがあります。サラウツにある善き羊飼いの修道院でも、秋には庭の古い柿の木が実をつけるのを楽しみにしているとのこと。

ビタミンAは免疫力を高める効果があるといわれているので、風邪予防対策にもなる心強い、甘いお薬といってもよいでしょう。

PRIMER PLATO 一皿目

Ensalada de pera y lechuga
洋梨とレタスのサラダ

INGREDIENTES 材料（4人分）

洋梨	1個
サニーレタス	3枚
ロメインレタス	3枚
エンダイブ	3枚
にんじん	1/2本
小ねぎ	1本
オリーブオイル	大さじ1
白ワインビネガー	大さじ1
塩	少々

PREPARACIÓN 作り方

1. 洋梨は皮つきのまま薄いくし形に切る。葉野菜は冷水に浸してパリッとさせ、食べやすい大きさにちぎる。にんじんはせん切り、小ねぎは小口切りにする。

2. 器に盛り、食べる直前にオリーブオイル、白ワインビネガーをかけ、塩をふる。

CONSEJOS

庭にできたさまざまな種類のレタスをミックスして作るサラダはそれだけで色合いもきれい。エンダイブの苦みと洋梨の甘さがバランスよいです。本当はやわらかい白い長ねぎを使いますが、ここでは小ねぎにしています。もしやわらかくて辛くない長ねぎが手に入れば、ぜひ使ってください。

SEGUNDO PLATO 二皿目

Gratinado de gambas y huevos
海老と茹で卵のグラタン

INGREDIENTES 材料（4人分）

海老	8尾
茹で卵	4個
グリーンアスパラガス	4本
［ベシャメルソース］	
バター	30g
薄力粉	大さじ4
牛乳	3カップ
ナツメグ	少々
塩	小さじ1/4
こしょう	適量
ピザ用チーズ	100g

Mousse de yogur con kiwi
ヨーグルトムースとキウイフルーツ

INGREDIENTES 材料（4人分）

キウイフルーツ -- 2個
ヨーグルトムース（ --» *Page.* 139） ----------------------- 半量

PREPARACIÓN 作り方

器にヨーグルトムースをよそい、皮をむいてさいの目に切ったキウイフルーツをのせる。

CONSEJOS

キウイフルーツの甘酸っぱさがさっぱりとした口当たりのムースによく合います。キウイフルーツを加えるだけでビタミンCも摂れ、健康にもうれしいデザートになります。

PREPARACIÓN 作り方

1. 海老は頭があれば切り落とし、殻と背ワタを取り除く。グリーンアスパラガスは根元のかたい部分を折る。

2. 海老とグリーンアスパラガスを塩少々（分量外）を入れた熱湯でそれぞれ茹でる。

3. 2.のグリーンアスパラガスは1cm長さに切り、茹で卵はざく切りにする。

4. ベシャメルソースを作る。鍋にバターを入れて弱火にかけて溶かす。溶けたら、薄力粉を加えて中火にして炒める。粉臭さがなくなったら、牛乳を少しずつ加えては泡立て器で混ぜるを繰り返し、とろみをつけてナツメグを加えて混ぜ、塩、こしょうで味を調える。

5. 耐熱容器に海老、グリーンアスパラガス、茹で卵を入れ、ベシャメルソースを流し入れる。軽く混ぜ、ピザ用チーズをふり、オーブントースターでこんがりするまで焼く。

CONSEJOS

そろそろ熱々のグラタンが食べたくなる季節。茹で卵でボリュームもたっぷりに仕上げます。海老はむき海老や冷凍でも大丈夫です。

PRIMER PLATO 一皿目

Salteado de col morada
紫キャベツ炒め

INGREDIENTES 材料(4人分)

紫キャベツ --- 1/4個
玉ねぎ --- 1/2個
にんにく --- 1片
ローリエ --- 1枚
白ワインビネガー ------------------------------- 小さじ1
ラード --- 大さじ1
塩、こしょう -- 各適量

PREPARACIÓN 作り方

1. 紫キャベツはせん切り、玉ねぎとにんにくは薄切りにする。

2. フライパンにラードを中火で溶かし、玉ねぎとにんにくを炒める。玉ねぎがしんなりとしたら、紫キャベツとローリエを加えて炒める。

3. 紫キャベツがしんなりとしたら、白ワインビネガーを加えて混ぜ、塩、こしょうで味を調える。

CONSEJOS

りんごやナッツ類を加えても。白ワインビネガーを入れるとはっとするほど、きれいな色合いに変わります。前菜で出すときはたっぷりと。メインの肉料理や魚料理のつけ合わせにもいいですし、日持ちがよいので常備菜にもなります。その際は、ラードではなく油で炒めるのがよいでしょう。

SEGUNDO PLATO 二皿目

Patatas fritas con huevo
フライドポテトの卵落とし

INGREDIENTES 材料(4人分)

じゃがいも --- 4個
卵 --- 4個
生ハム --- 50g
揚げ油 --- 適量
塩、こしょう -- 各適宜

PREPARACIÓN 作り方

1. フライドポテトを作る。じゃがいもは拍子木切りにして水に浸し、ペーパータオルで水気をしっかりふき取る。鍋に揚げ油を低温に温めてじゃがいもを揚げる。油をきり、火を強めてもう一度こんがりと揚げ、重ならないように紙にのせて油をきる。

2. フライパンに1.の揚げ油小さじ2を入れ、弱火にかける。卵を割り入れ、白身がかたまるまで焼く。

3. フライドポテトを器に盛り、ちぎった生ハム、目玉焼きをのせる。好みで塩、こしょうをふる。

CONSEJOS

コロンブスが持ち帰ったじゃがいもは、色々な形で調理され、愛されてきた長い歴史があります。フライドポテトはファーストフードの印象がありますが、形は違えど、修道院でもよく作る料理です。卵を崩しながら、卵の黄身がポテトに絡むように全体を混ぜ、必要ならば塩、こしょうをふり混ぜます。

Bizcocho de nuez
くるみのケーキ

INGREDIENTES　材料(16×6.5×高さ6cmのパウンド型・1台分)

くるみ -- 100g
卵 --- 2個
グラニュー糖 -------------------------------- 50g
薄力粉 ---------------------------------- 大さじ2
粉砂糖 -- 適量

PREPARACIÓN　作り方

1. オーブンを180℃に温めておく。型にオーブンシートを敷く。

2. くるみ1/3量は小さな粒が残る程度に包丁で刻む。残りはポリ袋に入れて麺棒などで細かく粉状になるまで叩く。または、フードプロセッサーにかける。

3. 卵は卵白と卵黄に分け、それぞれボウルに入れる。

4. 卵白をツノが立つまで泡立て器で泡立てる。

5. 卵黄にグラニュー糖を加え、グラニュー糖が溶けるまでよく混ぜ、3.のメレンゲに加えて混ぜる。

6. くるみと薄力粉を混ぜ、5.に加えてさっくりと混ぜる。

7. 型に6.を流し入れ、温めたオーブンで20〜25分焼く。粗熱が取れたら粉砂糖を全体にふる。

CONSEJOS

"ケハーナ(Quejana)"のドミニコ会修道院でお祝いの日に作るケーキです。

ラードの使い方

ラードは豚脂を練ってかためた脂で、スペインではバターのように容器に入って売られているのを見かけます。バスクではあまり頻繁に使われることがありませんが、古くから料理に使われていた油のひとつです。今でも"ポルボロン(—→ *Page. 299*)"、"マンテカード(—→ *Page. 335*)"など、伝統的なお菓子に使うことがあります。またスペインのほかの地方には肉を焼くときに周りに塗る、ソーセージの原料に加えるなど、料理に使う伝統が残っています。

歴史の上で豚肉とスペインの食文化は切り離すことのできない関係。古くから豚肉は食用とされていましたが、イスラム、ユダヤ教徒の改宗令とともに豚肉はキリスト教、スペイン人であることの象徴となり、需要が増えたのです。今でもスペインで豚肉が肉の主流となっている理由でもあります。

ラードは料理にほんの少し足すだけで素材の味にコクが出ます。またお菓子に使うと、バターとは違ったこってりとした口当たりと、サクッとした食感に仕上がるのも特徴です。

PRIMER PLATO 一皿目

Porru patatak
バスク風野菜のスープ

INGREDIENTES　材料(4人分)

じゃがいも --2個
にんじん --2本
長ねぎ --3本
にんにく --2片
チキンスープストック(⟶ Page. 237) ------------------ 4カップ
オリーブオイル -------------------------------------- 大さじ1
塩、こしょう --各適量

PREPARACIÓN　作り方

1. じゃがいもとにんじんはひと口大に切る。長ねぎは小口切り、
   にんにくは薄切りにする。

2. 鍋にオリーブオイルを中火で温め、にんにくを炒める。香りが
   出たらすべての野菜を加えて軽く炒める。

3. チキンスープストックを加えて沸騰したら蓋をし、弱めの中火
   でじゃがいもが崩れる程度まで煮る。途中水が足りないような
   ら適宜足し、塩、こしょうで味を調える。

CONSEJOS

長ねぎをたっぷり使い、そしてじゃがいもを崩れさせて少しとろみをつけるのが、
このスープのポイント。ゲルニカの聖クララ修道院風のポルサルダ(⟶ Page.072)
です。

SEGUNDO PLATO 二皿目

Croquetas de huevos
茹で卵のクリームコロッケ

INGREDIENTES　材料(4人分)

茹で卵 --4個
[ベシャメルソース]
　　バター ------------------------------------- 2 5g
　　薄力粉 -------------------------------------- 大さじ2
　　牛乳 -- 1カップ
　　塩 -- 小さじ1/2
　　こしょう-- 少々
パン粉(細挽き) ---------------------------------------適量
溶き卵 --- 1個分
揚げ油 --適量
レタス --適宜

PREPARACIÓN　作り方

1. 茹で卵は粗みじんに切る。

2. ベシャメルソースを作る。鍋にバターを入れて弱火にかけて溶かす。溶けたら、薄力粉を加えて中火にして炒める。粉臭さがなくなったら、牛乳を少しずつ加えては泡立て器で混ぜるを繰り返し、とろみをつけて塩、こしょうで味を調える。

3. 2.に1.を加え、卵が潰れ過ぎないように混ぜ、粗熱を取る。

4. 3.を12等分にして小さな俵形にして、パン粉、溶き卵、さらにパン粉の順に衣をつける。

5. 鍋に揚げ油を中温に温め、4.をきつね色になるまで揚げる。

6. 油をきって器に盛り、好みでレタスを添える。

CONSEJOS

スープストックや煮込みで残った肉を使うことが多く、頻繁に作る小さなサイズのクリームコロッケです。ほかにも海老や白身魚、ツナ、鮭、ムール貝などを使っても美味しく、このベシャメルソースがあれば応用は自由自在です。

POSTRE デザート

Compota de peras
洋梨の白ワインコンポート

INGREDIENTES　材料（4人分）

洋梨 --- 小4個
白ワイン（甘口）------------------------------------- 2カップ
グラニュー糖 --------------------------------------- 大さじ3〜4
シナモンスティック ---------------------------------- 1本
レモンの皮（ノーワックス）----------------------------- 1/2個分
黒粒こしょう-- 10粒

PREPARACIÓN　作り方

1. 洋梨はヘタを残し、皮をむく。

2. 鍋に白ワイン、グラニュー糖、シナモンスティック、レモンの皮、黒粒こしょうを入れて混ぜる。

3. グラニュー糖が溶けたら、洋梨を並べ、被る程度の水を加える。

4. 中火にかけて沸騰したら弱火にし、洋梨がやわらかくなるまで30分ほど煮る。

CONSEJOS

洋梨の木が庭にある修道院が多く、ミサで残ったワインで作ります。

PRIMER PLATO 一皿目

Crema de calabaza
かぼちゃのクリームスープ

INGREDIENTES 材料(4人分)

かぼちゃ --------------------------------------- 1/2個
牛乳 --- 1カップ
パルミジャーノ・レッジャーノ ------------------ 25g
塩、こしょう --------------------------------- 各適量

PREPARACIÓN 作り方

1. かぼちゃはワタと種を取り除き、ざく切りにする。

2. 鍋にかぼちゃ、水2カップ、塩少々を入れて蓋をし、弱火で茹でる。

3. かぼちゃがやわらかくなったら、ミキサーまたはブレンダーでピューレ状にする。

4. 3.を鍋に戻し入れ、牛乳を加え、塩、こしょうで味を調える。

5. 器によそい、おろしたパルミジャーノ・レッジャーノをふる。

CONSEJOS

色づいたかぼちゃは夏に収穫し、秋〜冬まで寝かせます。バスクのかぼちゃはひょうたん型の「ピーナツかぼちゃ」、長くて大きい「バスクかぼちゃ」と呼ばれる品種。修道女たちがいちばんに作るかぼちゃ料理が、かぼちゃの美味しさが詰まった濃厚なクリームスープです。

SEGUNDO PLATO 二皿目

Lomo de cerdo con piñones
豚薄切り肉と松の実の重ね蒸し

INGREDIENTES 材料(4人分)

豚ロース薄切り肉 ------------------------------- 8枚
ベーコン --------------------------------------- 4枚
玉ねぎ --- 1個
にんじん --------------------------------------- 1本
松の実 --- 50g
ローリエ --------------------------------------- 1枚
レモン果汁 ------------------------------------ 大さじ1
オリーブオイル --------------------------------- 小さじ2
塩、こしょう --------------------------------- 各適量

PREPARACIÓN 作り方

1. 豚肉は塩、こしょう、レモン果汁をふってもみ込む。ベーコンはみじん切りにする。

2. 玉ねぎとにんじんは薄い輪切りにする。

3. フライパンに玉ねぎを敷き詰め、豚肉をのせる。ベーコンを散らし、にんじん、松の実、ローリエをのせる。

4. オリーブオイルと水大さじ3を回し入れて蓋をし、弱火で20分ほど蒸し焼きにする。

CONSEJOS

豚肉のアクがあれば、丁寧に取り除きます。

Dulce de manzana
りんごの羊羹

INGREDIENTES 材料(約650ml容量の容器・1個分)

りんご --- 1kg
グラニュー糖 ----------------------------------約400g
レモン果汁-------------------------------------- 1個分

PREPARACIÓN 作り方

1. りんごはよく洗う。皮つきのまま4等分に切って芯と種を取り除き、ざく切りにする。

2. 鍋にりんごと水1/2カップを入れて中火にかける。沸騰したら蓋をし、弱火で透き通ってやわらかくなるまで煮る。

3. ミキサーまたはブレンダーでピューレ状にする。

4. ザルで漉し、皮を取り除く。

5. 4.を量り、半量のグラニュー糖を用意する。

6. 鍋にりんごのピューレ、計ったグラニュー糖3/4、レモン果汁を入れて中火にかけ、焦げないように混ぜ続けながら煮詰める。

7. 20分ほどしたら、残りのグラニュー糖を加え、さらに混ぜながら5〜10分煮詰める。

8. 鍋から離れる程度まで煮詰まったら、ラップを敷いた耐熱容器に移す。そのまま冷まし、好みの厚さに切る。

保存期間:冷蔵庫で3か月保存可能。

CONSEJOS

ジャムを濃厚に煮詰めてかためた羊羹のようなもので、そのまま食べるのはもちろん、チーズやナッツ、パンに添えたりもして楽しみます。ここでは、液をかためる働きをするペクチンが出やすいように修道女のレシピ通りに皮のまま煮ますが、皮をむくとソフトな食感に仕上がります。特にりんごの名産でもある北の地方の修道院では、これを作って長期保存し、長きにわたって食べるところも多いです。聖クララ修道院では、少し酸っぱいりんごを好んで作るようですし、ガリシア州にあるポンテベドラ修道院では、木から落ちたものを使うので、まだ青いりんごが入ることもあるそうです。

Ensalada de berros y champiñones

マッシュルームのサラダ

INGREDIENTES 材料(4人分)

マッシュルーム ------------------------------200g
青菜(クレソン、サラダ用ほうれん草など) -------------1束
レモン果汁 ---------------------------- 小さじ2
オリーブオイル ---------------------------- 大さじ1
塩、こしょう-------------------------------- 各適量

PREPARACIÓN 作り方

1. マッシュルームは石づきを切り落とし、ペーパータオルで汚れをふき取る。石づきごと薄切りにし、ボウルに入れてレモン果汁を加えて優しく和える。
2. 青菜は食べやすい大きさにちぎる。
3. 器にマッシュルームと青菜を盛り、オリーブオイルを回しかけ、塩、こしょうをふる。

CONSEJOS

日本ではまだマッシュルームを生で食べる習慣は広まっていないようですが、修道女たちは好んでよく食べます。ナッツや、イタリア風にチーズをふってもよいでしょう。かさが開いていない新鮮なものを使ってください。

Cerdo con orejones

豚肉とドライあんずの煮込み

INGREDIENTES 材料(4人分)

豚肩ロース肉(とんかつ用、厚めのもの) -------------4枚
ドライあんず----------------------------100g
オリーブオイル ---------------------------- 大さじ1
塩、こしょう-------------------------------- 各適量

PREPARACIÓN 作り方

1. ドライあんずは水1カップに15分ほど浸してやわらかくする。
2. 豚肉は塩、こしょうをふる。
3. フライパンにオリーブオイルを中火で温め、豚肉の両面をこんがり焼く。
4. 1.のドライあんずを水ごと加え、弱火で10分ほど煮る。

CONSEJOS

豚肉にあんずの甘酸っぱさを合わせた素朴な料理です。セミドライのあんずを使い、豚肉を焼くときにブランデーを少し垂らすと、さらにランクアップした味になります。ドライアーモンドや松の実などを加えても。

Rocas de Asís

ヘーゼルナッツチョコレート

INGREDIENTES 材料（約10個分）

ヘーゼルナッツ（皮むきロースト）--------------------- 50g
クーベルチュール・チョコレート（スイート）------------- 50g
バター（無塩）----------------------------------- 15g

PREPARACIÓN 作り方

1. ボウルにチョコレートとバターを入れ、湯せんにかけて溶かす。

2. 湯せんから外してよく混ぜ、さらにヘーゼルナッツを加えて混ぜ、チョコレートに絡める。

3. ヘーゼルナッツ2個をスプーンに取り、オーブンシートの上に隣同士がくっつかないように並べ、なるべく冷たいところにかたまるまで置く。

CONSEJOS

何度となく訪れた聖ペドロ修道院で作られ、販売されている大好きなチョコレートです。修道院ではヘーゼルナッツ5〜6個をひとつ分にしていますが、ここでは作りやすく、食べやすいように2個にしています。アーモンドでも同様に作れます。湯せんは直接湯に当てず、湯気だけに当てるようにします。

修道女の薬箱レシピ N°09

紫玉ねぎとレモンのシロップ

INGREDIENTES 材料（作りやすい分量）

紫玉ねぎ（玉ねぎでも）-------------------- 1個
レモン果汁------------------------------- 1個分
はちみつ -------------------------------- 適量

PREPARACIÓN 作り方

1. 紫玉ねぎはみじん切りにする。

2. ボウルに1.とレモン果汁を入れ、水をひたひたに加える。蓋もしくはラップをして数時間からひと晩そのまま漬けておく。

2. 3.を漉し、はちみつを加えて溶けるまで混ぜる。

CONSEJOS

紫玉ねぎの栄養素に含まれている殺菌・抗酸化作用、レモンのビタミンCで風邪の予防、喉の痛み、咽頭炎などに効果的と伝えられているシロップです。また、夜の止まらない咳には切った玉ねぎを枕元に置くと、玉ねぎの抗炎効果で喉と気道が湿り、効果的だそうです。

PRIMER PLATO 一皿目

Espinacas a la catalana
ほうれん草のカタルーニャ風炒め

INGREDIENTES 材料（4人分）
ほうれん草 --- 1束
にんにく -- 1片
松の実 --- 大さじ2
レーズン --- 大さじ2
オリーブオイル --------------------------------------- 小さじ2
塩、こしょう --- 各適量

PREPARACIÓN 作り方

1. ほうれん草は食べやすい大きさに切る。にんにくはみじん切り
   にする。

2. フライパンにオリーブオイルを中火で温め、にんにく、松の実、
   レーズンを炒める。

3. レーズンがぷっくりとしてきたら、ほうれん草を加えて炒め、
   塩、こしょうで味を調える。

CONSEJOS

カタルーニャ州の伝統料理ですが、全国的に食べられているほうれん草炒めで
す。簡単ですぐに作れるのに味わい深く、メインのつけ合わせ、パイやタルトの具
材としても使えるとても優秀なレシピです。

Carne en salsa de almendras
豚肉のアーモンドミルク煮

INGREDIENTES 材料(4人分)

豚肩ロース薄切り肉 ------------------------------ 400g
にんにく -- 1片
アーモンド(皮なし) ----------------------------- 15g
牛乳 --- 大さじ6
薄力粉 -- 適量
オリーブオイル ---------------------------------- 小さじ2
塩、こしょう ------------------------------------ 各適量

PREPARACIÓN 作り方

1. 豚肉は広げて塩、こしょうをふり、薄力粉を薄くはたく。

2. にんにくはみじん切り、アーモンドは粗みじんに切る。

3. フライパンにオリーブオイルを中火で温め、にんにくを炒める。

4. 香りが出たら、豚肉を加えて両面焼き、アーモンドと牛乳を加えて中火で煮詰める。

CONSEJOS

好みでシナモンスティックやナツメグで風味づけしても美味しいです。白いご飯にも合いますし、サラダを添えても。

Bizcocho de peras
洋梨のケーキ

INGREDIENTES 材料(直径15cmの丸型・1台分)

洋梨 --- 500g(正味)
牛乳 --- 1/4カップ
バター(無塩) ----------------------------------- 50g
薄力粉 -- 100g
ベーキングパウダー ------------------------------ 小さじ1
卵 --- 2個
グラニュー糖 ------------------------------------ 50g

PREPARACIÓN 作り方

1. オーブンを180℃に温めておく。型にバター(分量外)を塗り、薄力粉(分量外)を薄くはたく。鍋に牛乳とバターを入れて火にかけ、バターを溶かす。薄力粉とベーキングパウダーを合わせてふるう。

2. 洋梨は皮をむき、芯と種を取り除いて12等分のくし形に切る。

3. ボウルに卵を割りほぐし、グラニュー糖を加えて白くもったりするまで泡立て器で混ぜる。

4. ふるった粉類を3回に分けて加えて混ぜ、さらに1.の牛乳と溶かしたバターを加えて混ぜる。

5. 型に洋梨を重ね入れ、生地を流し込み、温めたオーブンで30〜35分焼く。

CONSEJOS

スポンジケーキの中に香り豊かな洋梨をたっぷり詰めた素朴なケーキです。

PRIMER PLATO 一皿目

Crema de champiñones
マッシュルームのポタージュ

INGREDIENTES 材料(4人分)

マッシュルーム ------------------------------300g
玉ねぎ ------------------------------------1個
チキンスープストック(右ページ) ------------------ 2カップ
食パン(8枚切り) ----------------------------1枚
牛乳 ---------------------------------- 1カップ
バター --------------------------------- 10g
塩、こしょう--------------------------------- 各適量

PREPARACIÓN 作り方

1. マッシュルームはペーパータオルで汚れをふき取る。石づきをつけたまま、玉ねぎとともに薄切りにする。

2. 鍋にバターを入れて弱火にかける。バターが溶けたら、玉ねぎがやわらかくなるまで炒める。マッシュルームも加え、さらに炒める。

3. マッシュルームがしんなりとしたら、チキンスープストックを加えて食パンをちぎって加える。沸騰したら蓋をし、弱火で20分ほど煮る。

4. ミキサーまたはブレンダーでピューレ状にし、鍋に戻し入れて牛乳を加えて混ぜ、塩、こしょうで味を調える。

CONSEJOS

シンプルにマッシュルームの旨みを引き出す、香り豊かで濃厚なポタージュ。玉ねぎは甘みが出るまでじっくりと炒めることで味わいが変わります。チキンスープストックがなければ市販のものや野菜スープストックでも。

SEGUNDO PLATO 二皿目

Costillas al horno con patatas
豚スペアリブとじゃがいものオーブン焼き

INGREDIENTES 材料(4人分)

豚スペアリブ ------------------------------8本
じゃがいも ------------------------------------2個
にんにく ------------------------------------2片
ローズマリー ----------------------------------2本
オリーブオイル ------------------------------ 大さじ1
塩、こしょう---------------------------------- 各適量

PREPARACIÓN 作り方

1. オーブンを200℃に温めておく。天板にオーブンシートを敷く。

2. 豚スペアリブに塩、こしょうをすり込む。

3. じゃがいもはよく洗い、皮つきのまま5mm幅の輪切りにする。

4. にんにくはみじん切りにし、オリーブオイルと混ぜる。

5. 天板にじゃがいもを並べて水大さじ1と1/2を全体にかける。その上に豚スペアリブを置き、にんにくオイルを全体にかける。

6. ローズマリーをのせ、温めたオーブンで肉がこんがりするまで30分ほど焼く。じゃがいもがまだ焼けていないときは水少々をかけ、じゃがいもだけさらに焼く。

CONSEJOS

オーブンに入れるだけの料理は、人数の多い修道院では本当に重宝するだろうなとつくづく思います。じゃがいもの上にスペアリブを敷き詰めるのがポイントです。豚肉のアクが出てしまったらサーブする前に取り除いてください。

Puré de castañas
栗のクリーム

INGREDIENTES　材料（4人分）

栗 -- 300g
卵黄 -- 1個分
牛乳 --- 1カップ
グラニュー糖 ---------------------------------- 大さじ2
塩 -- 適量

PREPARACIÓN　作り方

1. 栗は鍋に入れ、たっぷりの水と塩ひとつまみを加えて中火にかける。沸騰したら弱火にして40分ほど茹で、火を止めてそのまま粗熱を取る。

2. 茹でた栗を半分に切り、スプーンで実をくり抜く。

3. 鍋に牛乳、グラニュー糖、塩ひとつまみを入れ、弱火にかけてグラニュー糖を溶かす。

4. 2.の栗を加えて5分ほど煮たら、火から下ろしてすぐに卵黄を加え、フードプロセッサーまたはブレンダーでクリーム状にする。

CONSEJOS

シンプルで素朴ながらに美味しい、旬の秋だけしか味わえない栗のデザートです。スペインでは、栗にペティナイフで切り込みを入れてから塩、アニスシードと一緒に茹でます。そうすることで栗がむきやすくなり、香りと味が染み込みやすくなります。栗の形をきれいに残したいときは、粗熱が取れたお湯の中からひとつずつ取ってはペティナイフでむいていきます。

Caldo de pollo
チキンスープストック

強めのハーブやセロリはシンプルな味を損なうので、使う場合はごく少量に。具材が躍らないよう、ごく弱火で煮込みます。アクが混ざると味が落ち、スープも濁ってしまうので、混ぜたり、鍋を揺らしたりしないこと。

INGREDIENTES　材料（作りやすい分量）

鶏ガラ* --------------------------------- 1羽分
にんじん --------------------------------- 1本
玉ねぎ ----------------------------------- 1個
長ねぎ（緑の部分も含む）----------------- 1本
イタリアンパセリ ------------------------- 1本

＊または鶏手羽先、鶏手羽元を合わせて12本でも代用可能。

PREPARACIÓN　作り方

1. 鶏ガラは余分な脂身を取り除く。

2. にんじんと玉ねぎは皮つきのまま大きめに切る。長ねぎは4等分にする。

3. 深鍋に1.、2.、イタリアンパセリを入れ、水2.5ℓを加える。沸騰したらアクを取り除き、弱火で1時間半煮込む。途中アクが出たら取り除く。

4. 3.をザルで漉し、冷蔵庫に1日置いて上部にかたまった脂を取り除く。

Ensalada de escarola
エンダイブのサラダ

INGREDIENTES 材料（4人分）
エンダイブ ------------------------------------ 1／4個
にんにく ------------------------------------ 1〜2片
オリーブオイル ------------------------ 大さじ1と1／2
塩、こしょう------------------------------------ 各適量

PREPARACIÓN 作り方

1. エンダイブはひと口大にちぎる。水に浸してシャキッとさせて
   水気をきり、器に盛る。

2. にんにくはみじん切りにする。

3. フライパンにオリーブオイルを中火で温め、にんにくを炒める。
   香りが出たら、熱いうちに1.にかけ、塩、こしょうをふる。

CONSEJOS

ほろ苦いエンダイブに、にんにくの香りを移した熱々のオリーブオイルをかけるだ
け。食べるときに混ぜます。好みの葉野菜、茹でたじゃがいも、にんじん、ブロッ
コリーやカリフラワーなどでも美味しくいただけます。

Ternera con cebollitas
牛肉のペコロス焼き

INGREDIENTES 材料（4人分）

牛肩ロース薄切り肉 ------------------------------ 4〜8枚
ペコロス ------------------------------------- 12個
オリーブオイル ---------------------------- 大さじ1
塩、こしょう------------------------------------各適量

PREPARACIÓN 作り方

1. 牛肉は食べやすい大きさに切り、塩、こしょうをふる。

2. ペコロスは皮をむく。

3. フライパンにオリーブオイルを弱めの中火で温め、ペコロスを
   転がしながら全面がきつね色になるまで焼く。水大さじ1を
   加え、火が通るまで蓋をして蒸し焼きにする。

4. 水分があるようなら飛ばし、塩少々をふる。牛肉を加え、炒め
   合わせる。

CONSEJOS

ペコロスは直径3cm程度の小さな玉ねぎです。最近では日本でも秋になると見
かけることが増えてきました。ペコロスは水に10分ほど浸しておくと、薄皮が水
分を含んでやわらかくなり、むきやすくなります。クララ会ではこのレシピをラード
で作ることもあるそう。ペコロスにほんの少しはちみつやグラニュー糖を加えて
煮詰めてもよいでしょう。

Queso con mermelada de kiwi
キウイフルーツジャムとチーズ

Mermelada de kiwi
キウイフルーツジャム

INGREDIENTES 材料（作りやすい分量）

キウイフルーツ -------------------- 500g（正味）
グラニュー糖 ----------------------------250g
レモン果汁----------------------------1/2個分

PREPARACIÓN 作り方

1. キウイフルーツは皮をむいてざく切りにする。

2. ボウルに1.、グラニュー糖、レモン果汁を入れて
   2時間ほど置く。

3. 水分が出てきたら、鍋に入れて中火にかけ、ときど
   き混ぜながら1時間ほど煮詰める。

4. 瓶詰めにする（⟶ Page. 357）。

保存期間：冷暗所で6か月保存可能。

PRIMER PLATO 一皿目

Sopa juliana
ジュリエンヌスープ

INGREDIENTES　材料(4人分)

キャベツ ------------------------------------ 1/4個
長ねぎ ------------------------------------ 1/2本
かぼちゃ ------------------------------------ 1/4個
オリーブオイル ------------------------------ 大さじ2
塩 -- 小さじ3/4
こしょう ------------------------------------ 適量

PREPARACIÓN　作り方

1. かぼちゃはワタと種を取り除き、皮のまま残りの野菜とともに
   せん切りにする。

2. 鍋にオリーブオイルを中火で温め、キャベツと長ねぎをよく炒め
   る。しんなりとしたら、かぼちゃを加えてさらに炒める。

3. 水4カップを加えて蓋をし、弱火で20分ほど煮て、塩、こしょう
   で味を調える。

CONSEJOS

スペインでは"フリアーナ"とフランス語と同じ女性名で知られている、どんな季
節の野菜でも作れるスープとして親しまれています。残り野菜で作れることも利
点です。このレシピはキャベツと長ねぎをしっかりと炒めることで旨みが出て、野
菜の味だけで充分に美味しいスープになります。ヴィトリアのビジタション修道
院では、ラードでたっぷりの野菜を炒め、1時間かけて煮込み、でき上がりにクル
トンを浮かべるそうです。

SEGUNDO PLATO 二皿目

Cachopo de ternera
牛肉のチーズフライ

INGREDIENTES　材料(4人分)

牛薄切り肉 ------------------------------ 8枚
生ハム ------------------------------------ 4枚
ピザ用チーズ -------------------------------- 4枚
薄力粉 ------------------------------------ 適量
溶き卵 ------------------------------------ 1個分
パン粉(細挽き) ------------------------------ 適量
オリーブオイル ------------------------ 大さじ2〜3
レタス ------------------------------------ 適宜

PREPARACIÓN　作り方

1. 牛肉は広げ、生ハムとピザ用チーズをのせ、もう1枚の牛肉で
   挟む。残りも同様に挟む。

2. 薄力粉、溶き卵、パン粉を順番につける。

3. フライパンにオリーブオイルを弱めの中火で温め、3.の両面を
   香ばしく揚げ焼きにする。

4. 油をきって器に盛り、好みでレタスを添える。

CONSEJOS

熱々が美味しいアストゥリアス州の郷土料理です。スペインではフライドポテト
や、焼いたピキージョ(赤ピーマン)のオイル漬けを添えることが多いようです。

Tarta de yogur con manzanas
りんごのヨーグルトケーキ

INGREDIENTES 材料(18×8×高さ6cmのパウンド型・1台分)

りんご --3個
卵 ---2個
プレーンヨーグルト(無糖) -------------------------120g
薄力粉 ---160g
ベーキングパウダー ----------------------------- 小さじ1
レモン果汁--- 大さじ1
グラニュー糖 --- 80g
オリーブオイル --------------------------------------- 60g

PREPARACIÓN 作り方

1. オーブンを180℃に温めておく。型にオーブンシートを敷く。卵とプレーンヨーグルトは室温に戻す。薄力粉とベーキングパウダーは合わせてふるう。

2. りんごは皮をむき、4等分にする。芯と種を取り除き、薄切りにしてレモン果汁をかける。

3. ボウルに卵を割りほぐし、グラニュー糖を加えて白っぽくなるまで混ぜる。プレーンヨーグルト、オリーブオイルを加え、さらに1分ほど混ぜる。

4. 粉類を5〜6回に分けて加え、その都度ゴムべらで切るようにして混ぜる。りんごを加え、底から大きく混ぜる。

5. 型に生地を流し入れ、温めたオーブンで5分焼く。一度取り出し、手早くナイフで真ん中に1本の切り込みを入れ、温度を170℃に下げて30〜35分焼く。

CONSEJOS

スペイン全土で普段のデザートとして親しまれているケーキです。バターを使わず、ヨーグルトとオリーブオイルで作るので、あっさりしていて食後のデザートにもおすすめです。でき上がりをキッチンクロスで包み、少し置くと、生地がさらにしっとりします。

Ensalada de granada
ざくろのサラダ

INGREDIENTES　材料(4人分)

スモークサーモン ----------------------------------4枚
ざくろ --1/4個
オレンジ ---2個
エンダイブ --4枚
くるみ --20g
松の実 --10g
カッテージチーズ ------------------------------------15g
レモン果汁--------------------------------------1/2個分
オリーブオイル ----------------------------------- 大さじ1
塩、こしょう--各適量

PREPARACIÓN　作り方

1.　スモークサーモンは食べやすい大きさに切る。ざくろは実を取り出す。オレンジは皮をむいて薄皮から果肉を取り出し3〜4等分に切る。エンダイブはひと口大にちぎり、水に浸してシャキッとさせて水気をきる。

2.　ボウルに1.を入れてレモン果汁とオリーブオイルを加えて和え、塩、こしょうで味を調える。

3.　器に盛り、2〜3等分に割ったくるみ、松の実、カッテージチーズを散らす。

CONSEJOS

ざくろは甘酸っぱさと色の美しさを生かしてよくサラダに使います。このサラダは盛りだくさんで修道院では特別な日に作る、着飾ったサラダです。

Pastel de patatas con carne
挽き肉のマッシュポテトのせ

INGREDIENTES　材料(4人分)

合い挽き肉 -------------------------------------500g
玉ねぎ --1個
にんじん--1/2本
グリーンピース(冷凍) -------------------------------50g
オリーブオイル ----------------------------------- 小さじ2
パプリカパウダー ----------------------------------- 小さじ2
塩、こしょう---------------------------------------各適量
[マッシュポテト]
　じゃがいも ----------------------------------- 大2個
　牛乳 --------------------------------------1/2カップ
　塩 -- 小さじ2/3
　こしょう--各適量

PREPARACIÓN 作り方

1. マッシュポテトを作る。じゃがいもは8等分に切り、鍋に入れてひたひたの水を注いで茹でる。やわらかくなったら水気をきり、マッシャーなどで潰し、牛乳を加えて混ぜ、塩、こしょうで味を調える。

2. オーブンを220℃に温めておく。

3. 玉ねぎはみじん切りにし、にんじんは5mm角に切る。

4. フライパンにオリーブオイルを中火で温め、玉ねぎとにんじんを炒める。

5. 挽き肉を加えてさらに炒め、色が変わったらグリーンピースを加えてさっと炒める。パプリカパウダー、塩、こしょうで味を調える。

6. 耐熱容器に5.を入れて1をのせる。表面を平らにし、温めたオーブンで15分ほどこんがりするまで焼く。

CONSEJOS

秋のホクホクのじゃがいもを使ったレシピです。バスク産の羊のイディアサバルチーズをのせて焼くとミルキーな仕上がりになりますが、手に入りやすいチーズをのせてこんがりと焼き上げてボリューミーにしてもよいでしょう。

POSTRE デザート

Peras al horno
洋梨のシナモン風味 オーブン焼き

INGREDIENTES 材料（4人分）

洋梨	4個
くるみ	20g
a ┌ オレンジジュース	1/2カップ
│ はちみつ	大さじ3
│ クローブ	6本
│ スターアニス	3個
└ シナモンパウダー	少々

PREPARACIÓN 作り方

1. オーブンを180℃に温めておく。

2. 洋梨は皮つきのまま縦半分に割り、種のある部分をスプーンでくり抜く。耐熱容器に皮を下にして並べる。

3. aを混ぜて洋梨にかけ、砕いたくるみをふる。

4. 温めたオーブンで15分ほど焼き、汁を全体にかけてさらに15分焼く。

CONSEJOS

寒い日はフルーツもオーブン焼きにし、熱々を食べることが多いようです。りんごでも同じように作れます。好みでアイスクリーム（⟶ Page. 117）を添えてもよいでしょう。

PRIMER PLATO 一皿目

Crema de coliflor
カリフラワーのポタージュ

INGREDIENTES　材料（4人分）

カリフラワー ------------------------------------- 1個
プロセスチーズ ------------------------------ 50g
チキンスープストック（—» *Page. 237*）------------ 2と1/2カップ
牛乳 -------------------------------------- 1/2カップ
オリーブオイル ------------------------------- 大さじ2
塩、こしょう-------------------------------- 各適量

PREPARACIÓN　作り方

1. カリフラワーは小房に分け、さらに小さく切る。

2. 鍋にオリーブオイルを中火で温め、カリフラワーを炒める。

3. 全体に油が回ったら、チキンスープストックを加える。沸騰したら、弱火にして10分ほど煮る。

4. ちぎったプロセスチーズと牛乳を加え、さらに5分ほど煮る。

5. ミキサーまたはブレンダーでピューレ状にし、塩、こしょうで味を調える。

CONSEJOS

旬のカリフラワーはビタミンやカリウムが豊富。甘みも増し、葉も茎も栄養たっぷりなので残すことなくスープにします。繊維の多いところは断ち切るようにし、小さめに切ります。

SEGUNDO PLATO 二皿目

Albóndigas cistercienses
肉団子のトマト煮込み

INGREDIENTES　材料（4人分）

［肉団子］
　　合い挽き肉 -------------------------------- 400g
　　卵 --------------------------------------- 1個
　　にんにくのみじん切り --------------------- 1片分
　　イタリアンパセリのみじん切り -------------- 小さじ1/2
　　パン粉 ----------------------------------- 大さじ3
　　塩 -------------------------------------- 小さじ1/2
　　こしょう--------------------------------- 少々
玉ねぎ -------------------------------------- 1個
トマト水煮----------------------------------- 400g
砂糖 -- 小さじ1
塩 --- 小さじ2/3
揚げ油 -------------------------------------- 適量

PREPARACIÓN　作り方

1. 肉団子を作る。ボウルに材料を入れてよく練り混ぜ、16等分にして丸める。

2. 鍋に揚げ油を肉団子が半分浸かる程度に注ぎ、中温に温める。肉団子を入れて表面が茶色くなるまで揚げ、油をきる。

3. 玉ねぎはみじん切りにする。

4. フライパンに2.の油を小さじ2入れて弱火にかけ、玉ねぎをしんなりとするまで炒める。トマト水煮を加えて水大さじ4、砂糖、塩、2.の肉団子を加えて混ぜ、蓋をして20分ほど煮る。

POSTRE デザート

Macedonia de otoño
柿と洋梨のマセドニア

INGREDIENTES　材料（4人分）

柿	1個
洋梨	2個
ざくろ	1／4個
レモン果汁	1個分
はちみつ	適宜

PREPARACIÓN　作り方

1. 柿と洋梨は皮をむいて芯と種を取り除き、さいの目切りにする。ざくろは実を取り出す。

2. ボウルに1.を入れ、レモン果汁を加えて和える。

3. 器に盛り、好みではちみつをかける。

CONSEJOS

マセドニアは自由に色々な果物を使ってみるのが上手な仕上がりの1歩となります。ただ、あまり熟し過ぎたものや、崩れやすいベリー類などを使うときは切り方を工夫します。レモン果汁はいつでも甘さを引き立てる大切なエッセンスになります。

PRIMER PLATO 一皿目

Ensalada de pasta

ツナとトマトのパスタサラダ

INGREDIENTES 材料（4人分）

コンキリエッテ	100g
ツナ	70g
トマト	1個
小ねぎ	2本
ブラックオリーブ（種抜き）	8個
a｜オリーブオイル	大さじ1
｜白ワインビネガー	小さじ2
｜粒マスタード	小さじ1
｜塩、こしょう	各適量

PREPARACIÓN 作り方

1. コンキリエッテは塩を入れた熱湯で表示通りに茹でる。

2. ツナはほぐす。トマトはヘタを切り落とし、1cm角に切る。小ねぎは小口切りにする。ブラックオリーブは半分に切る。

3. ボウルに水気をきったコンキリエッテと2を入れて混ぜ、a を加えて和える。

CONSEJOS

コンキリエッテは貝殻の形をしたパスタのこと。好みのショートパスタを使ってください。

SEGUNDO PLATO 二皿目

Patatas con chorizo

チョリソーとじゃがいもの煮込み

INGREDIENTES 材料（4人分）

チョリソー（またはソーセージ）	4本
じゃがいも	2個
玉ねぎ	1個
ピーマン	1個
にんにく	1片
ローリエ	1枚
パプリカパウダー	大さじ1
オリーブオイル	大さじ1
塩	小さじ2/3
こしょう	適量

PREPARACIÓN 作り方

1. チョリソーは1cm幅に切る。

2. じゃがいもは大きめの乱切り、残りの野菜はみじん切りにする。

3. 鍋にオリーブオイルを中火で温め、玉ねぎを弱火で炒める。しんなりとしたら、ピーマンとにんにくを加えてさらに炒める。

4. 香りが出たら、チョリソー、じゃがいも、ローリエ、パプリカパウダーを加えて混ぜ、ひたひたより少し多めに水を注ぐ。塩、こしょうをふって蓋をし、弱火にして20～30分煮る。

CONSEJOS

バスクの人たちが大好きな家庭料理。チョリソーが手に入らなければ、普通のソーセージを使ってください。パプリカパウダーは焦げやすいので手早く混ぜます。

Nueces al chocolate
くるみチョコレート

INGREDIENTES　材料（12個分）

くるみ --- 40g
バター（無塩）-------------------------- 25g（室温に戻す）
ココアパウダー ------------------------------------ 30g
粉砂糖 --- 30g

PREPARACIÓN　作り方

1. バターはボウルに入れ、よく練ってポマード状にする。

2. くるみの半量は小さな粒が残る程度に包丁で刻む。残りはポリ袋に入れて細かく粉状になるまで麺棒などで叩く。または、フードプロセッサーにかける。

3. 1.に2.、ココアパウダー、粉砂糖を加えて混ぜる。ある程度混ざったら、手で混ぜる。

4. 12等分にして小さく丸め、オーブンシートの上に隣同士がくっつかないように並べ、なるべく冷たいところにかたまるまで置く。

CONSEJOS

チョコレート作りが得意なクララ会ならではの、ココアパウダーで作れる簡単なレシピです。

Crema de verduras
野菜のポタージュ

INGREDIENTES 材料(4人分)

じゃがいも --1個
にんじん --1/2本
ズッキーニ --1/2本
長ねぎ ---1本
モロッコいんげん ------------------------------------4本
プロセスチーズ --------------------------------- 50g
塩、こしょう --------------------------------------各適量

PREPARACIÓN 作り方

1. 野菜はすべてさいの目切りにする。

2. 鍋に1.の野菜と水4カップを入れて中火にかけ、沸騰したら蓋をし、弱めの中火で15分ほど茹でる。

3. チーズをちぎり入れてひと煮立ちしたら、ミキサーまたはブレンダーに入れてピューレ状に攪拌し、塩、こしょうで味を調える。

CONSEJOS

体の調子が優れないとき、風邪気味のときなどにもうれしい、まろやかで優しいスープです。色々な野菜で作りますが、このコンビネーションが美味しいのでぜひ試してみてください。チーズは6Pチーズを使うのがスペインでも定番です。

Bocadillo de jamón y queso
ボカディージョ

INGREDIENTES 材料(1人分)

バゲット ------------------------------------- 15cm
ハム(または生ハム) ----------------------------2枚
好みのスライスチーズ ------------------------- 1〜2枚

PREPARACIÓN 作り方

バゲットは切り込みを入れ、ハムとスライスチーズを挟む。

CONSEJOS

"ボカディージョ"はスペイン語で「バゲットサンド」のこと。手で直接食べることはめずらしいと思いがちですが、修道女たちも忙しくて時間を節約することもあるし、何よりも"ボカディージョ"が大好物な修道女も多いはず、と聖クララ会のシスター・マリア・シオン。基本の具材はハムとチーズ。レタスやトマト、ピキージョ(赤ピーマン)やピーマン、パプリカ、なす、ズッキーニなどをローストしたもの、サラミやチョリソーなどのスライスを挟むこともあるそうです。

POSTRE デザート

Flan de castañas
栗のプリン

INGREDIENTES　材料（6人分）

栗 --- 250g
牛乳 -- 2カップ
グラニュー糖 --------------------------------------- 50g
卵 --2個
バター（無塩）--------------------------------------- 50g
塩 -- ひとつまみ

PREPARACIÓN　作り方

1. オーブンを180℃に温めておく。

2. 栗は鍋に入れ、たっぷりの水と塩を加えて中火にかける。沸騰したら弱火にし、40分ほど茹でる。火を止め、そのまま粗熱を取る。

3. 栗は半分に切り、スプーンで実をくり抜く。

4. 鍋に牛乳とグラニュー糖を入れて沸騰させる。グラニュー糖が溶けたら、栗とバターを加え、弱火にして5分ほど煮て、ミキサーまたはブレンダーでクリーム状にする。溶いた卵を加え、さらに混ぜる。

5. ココットに流し入れ、温めたオーブンで10〜13分焼く。粗熱を取り、冷蔵庫で冷やす。

CONSEJOS

栗の風味が香るもったりとしたプリンです。温かい作り立ても美味しいです。好みでカラメルソース（──▶ **Page. 087**）をかけてもよいでしょう。

Sopa de judías blancas y nabos
白いんげん豆とかぶのスープ

INGREDIENTES　材料（4人分）

白いんげん豆（水煮）-------------------------------200g
かぶ --4個
チキンスープストック（——» *Page.237*）------------- 4カップ
タイム --2本
塩、こしょう-----------------------------------各適量

PREPARACIÓN　作り方

1. かぶは茎を切り落として皮をむき、さいの目切りにする。葉が
   あれば、粗く刻む。

2. 鍋に水気をきった白いんげん豆、かぶ、チキンスープストック、
   タイムを入れて蓋をし、弱火で15分ほど煮る。

3. かぶの葉を加えて2分ほど煮て、塩、こしょうで味を調える。

CONSEJOS

修道女から教えていただいたこのスープは、乾燥豆を野菜と一緒にクタクタに
煮込むレシピでした。もし乾燥豆を戻して作る場合は、チキンスープストックの代
わりに茹で汁と水を合わせて4カップにして加えれば、より修道院のレシピの味
に近くなると思います。

Salteado de setas con salchichas
ソーセージのきのこ炒め

INGREDIENTES　材料（4人分）

生ソーセージ（またはソーセージ）----------------- 4〜8本
きのこ（マッシュルーム、エリンギ、しめじなどを合わせて）-- 300g
にんにく---2片
イタリアンパセリのみじん切り-------------------- 小さじ1
レモン果汁----------------------------------- 1/4個分
白ワイン ----------------------------------- 大さじ1
オリーブオイル -------------------------------- 小さじ2
塩、こしょう------------------------------------各適量

PREPARACIÓN　作り方

1. ソーセージはフォークで数か所穴を開ける。

2. きのこは石づきを切り落とす。マッシュルームはペーパータオル
   で汚れをふき取り、石づきごと半分に切る。エリンギはさいの目切
   り、しめじは小房に分ける。にんにくはみじん切りにする。

3. フライパンにオリーブオイルを中火で温め、ソーセージとにんにく
   を入れ、ソーセージを転がしながら炒める。

4. きのこを加えてさらに炒め、しんなりとしてきたら白ワインを加
   えて塩、こしょうで味を調える。イタリアンパセリを加えて混ぜ、
   レモン果汁を回しかける。

CONSEJOS

生ソーセージがなければ、加工したソーセージに穴を開けて使ってください。
ワインの味が染み込みやすくなります。

Tartaletas de uvas
ぶどうのタルト

INGREDIENTES 材料（直径6cmのタルトレット型・5個分）

タルト生地（⟶ Page.045）- 半量
粉砂糖 - 30g
ぶどう（種無し。黒、赤、緑色を混ぜて）- - - - - - - - - - - - - - 15粒
生クリーム - 1カップ
グラニュー糖 - 大さじ3
コアントロー - 小さじ1

PREPARACIÓN 作り方

1. タルト生地を作る。ただしデザート用のタルト生地なので、プロセス3.で卵と一緒に粉砂糖を練り混ぜる。

2. オーブンを180℃に温めておく。型にバター（分量外）を塗り、薄力粉（分量外）を薄くはたく。

3. 型にタルト生地を敷き詰め、余分な生地を切り落とす。フォークで底面に穴を開けて重石をし、温めたオーブンで10〜15分焼き、取り出して冷ます。

4. ボウルに生クリームを入れ、グラニュー糖を少しずつ加えながら、泡立て器でツノが立つ程度に泡立て、コアントローを加えて混ぜる。

5. タルト生地に4.のホイップクリームを入れ、好みで皮をむいたぶどうを埋めるようにのせる。

CONSEJOS

好みの果物を使ってアレンジしてください。秋はいちじく、春はベリー、夏は桃などもこのタルトに合います。

イタリアンパセリのこと

あまり主張し過ぎない、穏やかな香りのイタリアンパセリは、料理に使われる頻度が最も高いハーブです。バスク料理でも、「グリーンソース」など多くの伝統料理に古くから使われています。地中海地域では2000年前からすでに調味料として使われ、ギリシャ時代には喜びと誕生、復活を象徴する神聖な植物とされていました。またローマ時代には、剣闘士が戦う前に活力の元として食べていたそうです。

フランシスコ会の創立者アッシジの聖フランシスコが病気で食欲がほとんどなかったときに「神父さま、何を食べたいですか?」と尋ねると、「パセリがあるならば少しのパンと一緒に……」と答え、それを口にしてからとても元気になったと言い伝えられています。確かに栄養価はハーブの中でもトップクラス。ビタミン、β-カロテン、鉄分などが豊富で、大変古くから利尿薬、鎮痙薬や防腐剤としても使われていました。

どんな食材とも相性がよいのも特徴で、煮込みやソースに入れたり、最後にふったりして風味づけに使います。傷みやすいパセリですが、レモンまたはビネガーを数滴加えた水に差して袋で覆い、頻繁に水を交換して涼しい場所、または冷蔵庫に置けば、鮮度を長く保てます。細かく切ったパセリは、袋に入れて冷凍保存しても。

Ensalada española
スペイン風サラダ

INGREDIENTES 材料(4人分)

ロメインレタス --------------------------------------5枚
玉ねぎ -- 1/4個
トマト--2個
グリーンオリーブ(種抜き)-----------------------8個
白ワインビネガー ----------------------- 小さじ2
オリーブオイル ----------------------- 大さじ1と1/2
塩 --- 少々

PREPARACIÓN 作り方

1. ロメインレタスはひと口大にちぎり、水に浸してシャキッと
   させて水気をきる。玉ねぎは薄切りにし、辛ければ水に浸し
   てから水気をよくきる。トマトはヘタを切り落として6等分のく
   し形切りにする。

2. ボウルに1.とグリーンオリーブを入れる。白ワインビネガーと
   オリーブオイルを加えて和え、塩で味を調える。

CONSEJOS

スペインでいちばんスタンダードでシンプルなサラダ。それで"スペイン風"と呼
ばれています。さらにツナやきゅうりが入ることも。

Patatas con jamón al horno
ハムとじゃがいものグラタン

INGREDIENTES 材料(4人分)

ハム--100g
じゃがいも -------------------------------------5個
ピザ用チーズ---------------------------------100g
生クリーム ---------------------------------- 1カップ
オリーブオイル ----------------------------------- 適量
塩 -- 小さじ1/2
こしょう --- 適量

PREPARACIÓN 作り方

1. オーブンを200℃に温めておく。耐熱容器にオリーブオイルを
   塗る。

2. じゃがいもはよく洗い、皮つきのままたっぷりの水で茹でる。茹
   で上がったら皮をむき、5mm幅の輪切りにする。ハムは短冊
   切りにする。

3. ボウルに生クリームを入れ、塩、こしょうを加えて泡立て器でと
   ろりとするまで泡立てる。

4. 耐熱容器にじゃがいも半量、ハム、じゃがいも半量、ピザ用
   チーズを順に重ね、3.をかける。

5. 温めたオーブンでチーズがこんがりするまで20分ほど焼く。

CONSEJOS

ベシャメルソースを使わずに生クリームでさっと作れるグラタンです。修道院で
は大きい器でドーンと焼きますが、ひとり分ずつのグラタン皿で作っても。

Flan de nueces
くるみのプリン

INGREDIENTES　材料（約120ml容量のプリン型・4個分）

くるみ -- 50g
卵 --- 2個
牛乳 -------------------------------------- 1と1/4カップ
グラニュー糖 ----------------------------------- 大さじ7

PREPARACIÓN　作り方

1. カラメルを作る。鍋にグラニュー糖と水大さじ2を入れて強火で煮詰める。きつね色になったら火を止め、水大さじ2を加えて再度火にかける。鍋を回しながら混ぜ、とろみがついたら型に等分にして流し入れる。

2. くるみはポリ袋に入れて麺棒などで叩いて潰す。

3. ボウルに卵を割りほぐし、グラニュー糖を加えて泡立て器で混ぜ、さらにくるみを加えて混ぜる。

4. 鍋に牛乳を入れて中火にかけ、沸騰寸前で火を止める。3.に加えて素早く混ぜて型に流す。

5. 鍋に型がずれないようにフキンを敷き、その上に型を並べる。型の高さ半分まで熱湯を注ぎ、キッチンクロスで覆った蓋を被せて弱火で15分ほど蒸す。火を止め、蓋をしたままさらに10分ほど置き、かたまったら粗熱を取って冷蔵庫で冷やす。

PRIMER PLATO 一皿目

Crema de calabaza y naranjas
かぼちゃとオレンジのポタージュ

INGREDIENTES 材料(4人分)

かぼちゃ --- 1/2個
オレンジ果汁 ---------------------------------- 2個分
レモン果汁 ------------------------------------ 1/4個分
牛乳 --- 1/2カップ
塩、こしょう ----------------------------------- 各適量

PREPARACIÓN 作り方

1. かぼちゃはワタと種を取り除き、皮を切り落としてぶつ切りにする。

2. 鍋にかぼちゃと水3カップを入れて中火にかけ、沸騰したら蓋をし、弱火でかぼちゃが崩れるまで10分ほど煮る。

3. 牛乳を加えて混ぜ、ミキサーまたはブレンダーでピューレ状にする。

4. 鍋に戻し入れ、オレンジとレモンの果汁を加えて混ぜ、塩、こしょうで味を調える。

CONSEJOS

甘いかぼちゃに甘酸っぱい柑橘の果汁を加えたポタージュです。トッピングにくるみをふっても。

SEGUNDO PLATO 二皿目

Arroz a la antigua
ツナのご飯

INGREDIENTES 材料(4人分)

米 -- 2カップ
ツナ --- 140g
にんじん --------------------------------------- 1本
玉ねぎ -- 1個
にんにく --------------------------------------- 4片
グリーンオリーブ(種抜き) ----------------- 10個
イタリアンパセリのみじん切り ------------- 小さじ2
オリーブオイル ------------------------------- 大さじ1
塩 -- 小さじ1/2
こしょう -- 適量

PREPARACIÓN　作り方

1. ツナは油をきる。にんじんはせん切り、玉ねぎとにんにくはみじん切りにする。

2. 鍋にオリーブオイルを中火で温め、玉ねぎを弱火で炒める。しんなりとしてきたら、にんにくとにんじんを加えてさらに炒める。

3. 野菜がやわらかくなったら、米、ツナ、グリーンオリーブ、塩、水2と1/4カップを加えて混ぜる。蓋をし、沸騰したら弱火で12〜13分炊き、火を止めて蓋をしたまま10分蒸らし、でき上がりにイタリアンパセリ、こしょうをふる。

CONSEJOS

便利なツナはスペインの家庭だけでなく、修道院でも頻繁に登場する食材です。サラダに、パスタに、ご飯にも。そのためか、スペインのツナは種類もとても豊富。日本のようにほぐれたものから、ブロックで缶詰にされた高級品まで。パッケージも彩り豊かで楽しいです。夏、バスクでたくさん出回るビンナガマグロを自家製の油漬けにして、保存することも。

Melón y puré de kiwis

メロンとキウイフルーツ

INGREDIENTES　材料（4人分）

メロン --- 1/2個
キウイフルーツ ------------------------------------- 6個
グラニュー糖 ------------------------------------- 大さじ2
リキュール（キルッシュ、コアントローなど）--------大さじ1〜2

PREPARACIÓN　作り方

1. キウイフルーツは皮をむき、グラニュー糖とともにフードプロセッサーまたはブレンダーでピューレ状にする。

2. メロンは種を取り除き、皮をむいて1cm角に切る。ボウルに入れ、リキュールを加えて和える。

3. 器に1.のピューレを注ぎ、メロンをのせる。

PRIMER PLATO 一皿目

Coliflor ajoarriero
カリフラワーのパプリカ風味

INGREDIENTES 材料(4人分)

カリフラワー ------------------------------- 1/2個
にんにく ------------------------------------2片
パプリカパウダー -------------------------- 小さじ2
白ワインビネガー --------------------------- 大さじ1
オリーブオイル ----------------------------- 大さじ2
塩、こしょう---------------------------------各適量

PREPARACIÓN 作り方

1. カリフラワーは小房に分け、塩少々を入れた熱湯で茹でる。茹で汁は取っておき、水気をきる。にんにくは薄切りにする。

2. フライパンにオリーブオイルを弱火で温め、にんにくを炒める。香りが出たら火を止め、パプリカパウダーを加えてさっと混ぜ、白ワインビネガー、1.の茹で汁大さじ1を加え、塩小さじ1/2、こしょうで味を調える。

3. 器にカリフラワーを盛り、2.を回しかける。

CONSEJOS

秋から冬が旬のカリフラワーのほっくりとした食感を楽しむ料理です。パプリカパウダーは焦げやすく、焦げると嫌な香りに変わってしまうのでさっと炒めるか、火を止めてから加えるようにします。

SEGUNDO PLATO 二皿目

Lentejas con verduras y setas
レンズ豆ときのこの煮込み

INGREDIENTES 材料(4人分)

ベーコン(ブロック) ------------------------- 60g
レンズ豆(皮つき、乾燥) -------------------- 200g
きのこ(マッシュルーム、しいたけ、エリンギなどを合わせて)-- 150g
にんじん------------------------------------1本
セロリ -------------------------------------1本
玉ねぎ ----------------------------------- 1/2個
にんにく------------------------------------1片
タイム -------------------------------------2本
トマトソース(─» *Page.* 136) ------------------ 大さじ4
オリーブオイル ---------------------------- 大さじ1
塩、こしょう------------------------------- 各適量

PREPARACIÓN 作り方

1. レンズ豆はさっと洗い、水気をきる。

2. ベーコンは5mm角に切る。

3. しいたけは石づきを切り落とす。マッシュルームは汚れをふき取り、残りのきのことともに薄切りにする。にんじんとセロリは1cm角に切る。玉ねぎとにんにくはみじん切りにする。

4. 鍋にオリーブオイルを中火で温め、きのこ以外の野菜を炒める。

5. ベーコンときのこを加えて炒め、トマトソースを加えて全体を混ぜる。

6. レンズ豆を加え、水をひたひた強注ぎ、タイムを加える。沸騰したら蓋をし、弱火で30分ほど煮て、塩、こしょうで味を調える。

Dulce de membrillo
メンブリージョ

INGREDIENTES 材料（約700ml容量の容器・1個分）

マルメロ（西洋かりん）------------------------- 500g（正味）
グラニュー糖 --------------------------------約400g
レモン果汁------------------------------------ 大さじ1

PREPARACIÓN 作り方

1. マルメロはよく洗う。4等分に切って皮をむく。芯と種を取り除き、いちょう切りにする。

2. 1.を計り、80％の重さのグラニュー糖を用意する。

3. 鍋にマルメロと水2カップを入れて中火にかける。沸騰したら蓋をし、弱火で透き通ってやわらかくなるまで10分ほど煮る。

4. ミキサーまたはブレンダーでピューレ状にする。

5. 鍋に4.、計ったグラニュー糖、レモン果汁を入れて中火にかけ、焦げないようにときどき混ぜながら40～45分煮る。

6. 煮詰まってきたら絶えず混ぜ続け、さらに鍋から離れる程度まで煮詰まったら、容器に移す。そのまま冷まし、好みの厚さに切る。

マルメロのこと

マルメロはバラ科の果物で、西洋かりんとも呼ばれています。果実は黄色い洋梨をぷっくりと太らせたような形で、かたい皮と小さな毛に覆われた実が放つ香りは大変豊か。そのためか、古代ギリシャでは美の女神“アフロディーテ（ヴィーナス）”に捧げられ、また愛と実りの象徴とされていたそうです。

果実は酸味と渋みがあり、かたくてザラザラとした食感なので生で食べることはありません。かわりに、ペクチンがとても豊富なので、とろみのつきやすさを生かしてジャムなどにするとその香りも引き立ちます。さらにジャムを濃縮してゼリー状にする羊羹のような“ドゥルセ・デ・メンブリージョ”はスペインの代表的なお菓子であり、保存食。スライスしてチーズと合わせる食べ方が親しまれています。

収穫は秋が深まる頃に始まり、冬まで続きます。修道院では収穫後、熟成するまで時間を置き、秋が深まった頃にジャム作りなどの手仕事を始めます。そのときにはキッチンだけではなく、廊下にまでマルメロのよい香りが漂うそうです。

PRIMER PLATO 一皿目

Ensalada de espinacas
ほうれん草のサラダ

INGREDIENTES 材料(4人分)
ほうれん草(サラダ用) ------------------------2束
アーモンド ------------------------------ 20g
オレンジ果汁 ------------------------- 大さじ5
白ワインビネガー ------------------- 小さじ1
オリーブオイル ---------------------- 大さじ2
塩、こしょう------------------------------各適量

PREPARACIÓN 作り方
1. ほうれん草は食べやすい大きさに切り、ボウルに入れる。アーモンドはざく切りにする。
2. フライパンにオリーブオイルを中火で温め、アーモンドを炒める。
3. こんがりとしたら、オレンジ果汁と白ワインビネガーを加えて半量程度になるまで煮詰める。
4. 1.のほうれん草に加えて和え、塩、こしょうで味を調える。

CONSEJOS
アーモンドは焦げないようにさっと炒めます。松の実やカシューナッツ、くるみなど、ほかのナッツ類でも代用できますし、ミックスしてもよいでしょう。ベーコンと一緒に炒めてもほうれん草とよく合います。

SEGUNDO PLATO 二皿目

Potaje de castaña y judías blancas
豚肉と栗、白いんげん豆の煮込み

INGREDIENTES 材料(4人分)
豚肩ロース肉(ブロック) -------------------------400g
栗 ---------------------------------------300g
白いんげん豆(水煮) -----------------------200g
玉ねぎ ------------------------------------1個
にんにく ----------------------------------1片
ローリエ ----------------------------------2枚
オリーブオイル ------------------------ 小さじ2
塩 --適量

Tarta de pasas
レーズンケーキ

PREPARACIÓN 作り方

1. 栗は鍋に入れ、たっぷりの水と塩ひとつまみを加えて中火にかける。沸騰したら弱火にし、40分ほど茹でる。火を止め、そのまま粗熱を取る。粗熱が取れたら皮をむく。

2. 豚肉はひと口大に切り、塩小さじ2をすり込んで2〜3時間置く。

3. 玉ねぎとにんにくはみじん切りにする。

4. 鍋にオリーブオイルを中火で温め、豚肉の全面をこんがり焼いて取り出す。

5. 油が足りないようなら適宜足し、玉ねぎとにんにくを弱火で炒める。

6. 豚肉を戻し入れ、水をひたひたに加える。中火にして沸騰したらアクを取り、弱火にする。水気をきった白いんげん豆とローリエを加えて30分ほど煮て、塩で味を整える。栗を加えてさらに15分煮る。

CONSEJOS

豚肉は塩豚にすると美味しいので、時間があれば前の晩から塩をして冷蔵庫に入れておくとよいでしょう。乾燥豆から茹でた豆（——▶ *Page. 104*）をおすすめしますが、缶詰でも。また肉は豚バラ肉でも美味しく作れます。

INGREDIENTES 材料（直径15cmの丸型・1台分）

卵 --- 2個

a ┌ 薄力粉 ---------------------------------- 160g
  │ ベーキングパウダー --------------------- 10g
  └ グラニュー糖 --------------------------- 100g

b ┌ 白ワイン（甘口）----------------------- 120ml
  │ 牛乳 ------------------------------------ 120ml
  │ サラダ油 -------------------------------- 120ml
  │ レーズン -------------------------------- 50g
  └ オレンジの皮のすりおろし（またはレモンの皮）---- 1個分

粉砂糖 ------------------------------------- 適量

PREPARACIÓN 作り方

1. オーブンを180℃に温めておく。型にオーブンシートを敷く。

2. ボウルに卵を割りほぐし、a を加えて泡立て器で混ぜる。

3. b を加えてさらに混ぜ、型に流し入れる。

4. 温めたオーブンで30分ほど焼き、粉砂糖をふる。

CONSEJOS

その昔、聖クララ修道院にフランスの修道女から伝えられたというシンプルなケーキ。レーズンは、甘みがあってやわらかいサルタナレーズンがおすすめです。

PRIMER PLATO 一皿目

Setas al ajillo
きのこのアヒージョ

INGREDIENTES　材料(4人分)

きのこ(舞茸、平茸、エリンギなどを合わせて)--------600g
にんにく -------------------------------- 2〜3片
イタリアンパセリのみじん切り-------------------- 小さじ2
赤唐辛子 -------------------------------------1本
オリーブオイル ------------------------------- 大さじ1
塩 --適量

PREPARACIÓN　作り方

1. きのこは石づきを切り落とす。舞茸は細かく割き、平茸は小房に分け、エリンギは薄切りにする。にんにくはみじん切り、赤唐辛子は半分に切って種を取り除く。

2. フライパンにオリーブオイルを中火で温め、にんにくと赤唐辛子を炒める。香りが出たら1.のきのこを加えて炒める。しんなりとしたら、イタリアンパセリを加えて混ぜ、塩で味を調える。

CONSEJOS

油たっぷりの"アヒージョ"ではなく、大きなフライパンできのこを炒める家庭料理です。赤唐辛子は風味づけですが、種を残してピリッと辛くするのも美味しい。炒めるときにほんの少しシェリー酒を垂らすと一層よい味になります。このままパスタやご飯を加えても。

SEGUNDO PLATO 二皿目

Judías blancas con mejillones
白いんげん豆とムール貝の煮込み

INGREDIENTES　材料(4人分)

ムール貝 --------------------------------------400g
白いんげん豆(水煮) ----------------------------300g
玉ねぎ ---------------------------------------1個
ローリエ ---------------------------------------2枚
イタリアンパセリのみじん切り-------------------- 小さじ2
白ワイン ------------------------------------1/4カップ
オリーブオイル ------------------------------- 大さじ1
塩、こしょう---------------------------------- 各適量

Compota de castañas

栗のコンポート

PREPARACIÓN　作り方

1. ムール貝は表面の汚れを取り除いて洗い、足糸を引いて取り除く。玉ねぎはみじん切りにする。

2. フライパンにムール貝と白ワインを入れて中火にかける。沸騰したら蓋をし、弱めの中火にしてふきこぼれないように貝の口が開くまで蒸す。口が開いたら身を取り出し、蒸し汁は取っておく。

3. 鍋にオリーブオイルを弱火で温め、玉ねぎを炒める。しんなりとしたらムール貝の蒸し汁と水気をきった白いんげん豆とローリエを加え、ひたひたの水を注いで、蓋をして15分ほど煮る。

4. ムール貝の身を加えてひと煮立ちさせる。塩、こしょうで味を調えてイタリアンパセリをふる。

CONSEJOS

白いんげん豆にムール貝の旨みを染み込ませた、味わい深い煮込み料理です。スペインでは、栄養価が高く手頃で美味しいムール貝は、食生活の中に溶け込んでいます。修道院でも何キロも入っている袋を買い求めます。海に近い修道院では、漁師さんたちからいただくことがよくあるそうです。ムール貝の表面の汚れは貝同士をこすり合わせるか、ナイフの先などで取り除きます。蒸し汁を使うときは沈殿している汚れなどが入らないように気をつけましょう。

INGREDIENTES　材料（4人分）

栗	400g
グラニュー糖	40g
シナモンスティック	1本
レモンの皮（1cm幅）	2枚
オレンジの皮（1cm幅）	2枚
アニスシード	小さじ1
ブランデー	適宜
塩	ひとつまみ

PREPARACIÓN　作り方

1. 栗は鍋に入れ、たっぷりの水と塩を加えて中火にかける。沸騰したら弱火にし、40分ほど茹でる。火を止め、そのまま粗熱を取る。粗熱が取れたら、茹でた栗の皮をむく。

2. 鍋にシナモンスティック、よく洗った柑橘類の皮、アニスシード、水3カップを入れる。好みでブランデー大さじ1を加える。

3. 中火にかけ、沸騰したらグラニュー糖を加えて混ぜ、溶けたら栗を加える。

4. 蓋をし、弱火で30分ほど煮て、途中水が足りないようなら適宜足す。

CONSEJOS

そのままでも美味しく、フレッシュチーズやアイスクリーム（→ Page. 117）に添えても。ローストした豚肉のつけ合わせにすれば、秋らしいひと皿になります。

PRIMER PLATO 一皿目

Repollo con vinagreta
キャベツのビネガー和え

INGREDIENTES 材料(4人分)

キャベツ ------------------------------------- 1/2個
にんにく --- 2片
赤唐辛子 --- 1本
白ワインビネガー ------------------------------ 小さじ1
オリーブオイル ------------------------------- 大さじ1
塩 --- 適量

PREPARACIÓN 作り方

1. キャベツはせん切りにする。塩少々を入れた熱湯で茹で、水気を絞ってボウルに入れる。にんにくは薄切りにする。

2. フライパンにオリーブオイルを中火で温め、にんにくと赤唐辛子を炒める。香りが出たら、白ワインビネガーを加えてひと煮立ちさせる。

3. 1.のキャベツに加えて和え、塩で味を調える。

CONSEJOS

熱々のにんにくと唐辛子で風味を出した油を、キャベツにジュッとかけた一品です。カリッとしたにんにくが香ばしく、つけ合わせにしたり、パンにのせたり、サンドイッチにしても美味しい。

SEGUNDO PLATO 二皿目

Alubias con chorizo
赤いんげん豆の煮込み

INGREDIENTES 材料(4人分)

チョリソー(またはソーセージ) ---------------------2本
赤いんげん豆(水煮) ------------------------- 300g
ほうれん草 --------------------------------- 1/2束
玉ねぎ -------------------------------------- 1/2個
パプリカ(赤) -----------------------------------1個
にんじん ------------------------------------ 1/2本
パプリカパウダー --------------------------- 小さじ2
オリーブオイル ------------------------------- 大さじ1
塩、こしょう--------------------------------- 各適量

PREPARACIÓN 作り方

1. チョリソーは小口切りにする。ほうれん草はざく切り、玉ねぎはみじん切りにする。パプリカはヘタと種を取り除き、にんじんとともに1cm角に切る。

2. 鍋にオリーブオイルを弱火で温め、玉ねぎを炒める。しんなりとしたらチョリソー、パプリカ、にんじんを加えて炒め、パプリカパウダーを加えてさっと炒める。

3. 水気をきった赤いんげん豆を加え、水をひたひたに注いで沸騰したら蓋をし、弱火で30分ほど煮る。

4. ほうれん草を加え、さらに10分煮て、塩、こしょうで味を調える。

CONSEJOS

バスクには白と赤の良質ないんげん豆があり、家庭では定番の食材です。チョリソーの味を豆に移すのもポイント。チョリソーがない場合は、ソーセージやウインナーで代用し、パプリカパウダーとにんにくを少し多めに使います。

Tarta de manzana a la cerveza
りんごのビールケーキ

INGREDIENTES 材料（直径15cmの丸型・1台分）

りんご --- 1個
薄力粉 --- 130g
ベーキングパウダー --------------------------- 小さじ1
溶き卵 -- 1個分
グラニュー糖 ----------------------------------- 50g
黒ビール -------------------------------------- 3/4カップ
塩 -- ひとつまみ

PREPARACIÓN 作り方

1. オーブンを180℃に温めておく。型にバター（分量外）を塗る。薄力粉とベーキングパウダーは合わせてふるう。

2. りんごは4等分のくし形切りにし、皮をむく。芯と種を取り除き、5mm幅のいちょう切りにする。

3. ボウルに溶き卵とグラニュー糖を入れて混ぜる。

4. グラニュー糖が溶けたら、黒ビールと塩を加えて混ぜる。

5. 合わせてふるった薄力粉とベーキングパウダーを少しずつ加えて混ぜる。

6. りんごを加えてさっくりと混ぜる。型に流し入れ、温めたオーブンで30分ほど焼く。

ビールのこと

中世の頃、修道院では上質なビールが作られていました。実はホップの使用を発明したのも修道士だったといわれています。今ではビールを作っている修道院はすっかり減少し、ベルギーなどにわずかに残っているだけのようです。

善き羊飼いの修道院には元々ベルギーの修道女たちが住んでいたので、地下に当時の醸造室が現存し、ビール醸造機もあるのだといいます。シスターたちも修道院で眠っていた古い機械を取り出し、いつかお裾分けできるようにと、現在ビール作りトライアル中です。

そんなシスターたちが「ビールの作り方は意外と簡単なのよ」と、レシピを教えてくださいました。「まずはホップとエルダーフラワーを煮たのち、粗熱を取り除きます。大麦もゆっくりと煮込み、粗熱を取り、両方を混ぜ合わせてグラニュー糖と焦がし砂糖を加えてよく混ぜたら、さらにワイン、ビール、ビネガーを加えて煮詰めていくのです」。聞いているだけでもビールのよい香りがしてきそうですが、作るのはそう簡単ではなさそう。ちなみに日本ではアルコール1%以上の酒類を製造することは禁止されているので、自家製ビールを作るのは無理なようです。

PRIMER PLATO 一皿目

Ensalada tibia de verduras
茹で野菜

INGREDIENTES 材料（4人分）

カリフラワー -------------------------------------120g
ブロッコリー ------------------------------------ 50g
にんじん ---------------------------------------1本
かぶ --- 2個
長ねぎ --1本
レモン果汁--適量
オリーブオイル ----------------------------------- 適量
塩、こしょう-------------------------------------各適量

PREPARACIÓN 作り方

1. カリフラワーとブロッコリーは小房に分ける。にんじんは2cm
   幅の輪切りにする。かぶは茎を切り落として皮をむき、4等分
   に切る。長ねぎは4cm幅に切る。

2. 鍋に湯を沸かし、1.の野菜をかたいものから順に茹で、好み
   のかたさに茹でる。

3. 茹でた野菜を器に盛り、食べるときに各自レモン果汁、オリー
   ブオイル、塩、こしょうをかける。

CONSEJOS

野菜本来の甘さが実感できる素朴な料理です。スペインの家庭でも修道院で
も、食卓にはオリーブオイルと白ワインビネガー、塩が置かれ、その場で調味し
ます。これは庭で採れたレモンを各自が好みで搾っていただくレシピです。

SEGUNDO PLATO 二皿目

Salmón con salsa holandesa
鮭のオランデーズソース

INGREDIENTES 材料（4人分）

生鮭（切り身） ----------------------------------4切れ
バター ---100g
卵黄 --- 3個分
レモン果汁-- 小さじ1
オリーブオイル ----------------------------------- 小さじ2
塩 -- ひとつまみ

PREPARACIÓN 作り方

1. バターはボウルに入れ、弱火の湯せんでゆっくり溶かす。

2. 別のボウルに卵黄、水小さじ1、塩を入れて混ぜ、同じように
   弱火の湯せんにかけてゆっくり混ぜる。

3. 2.に溶かしたバターを少しずつ加えて泡立て器で混ぜ、もっ
   たりとしたらレモン果汁を加えて混ぜる。

4. 生鮭はフライパンにオリーブオイルを中火で温め、両面をこん
   がり焼いて器に盛り、3.のソースをかける。

CONSEJOS

敷居が高いソースのようですが、バターを溶かすときは弱火でゆっくり行うこと
と、バターの温度が下がらないように気をつければ、難しいことはありません。レ
モン果汁を入れるとゆるくなり過ぎてしまうせいか、このレシピにはレモン果汁
は記されていませんでしたが、少量加えてみました。前菜の茹で野菜の湯を湯
せんに使います。

Nueces y frutos secos

ナッツとドライフルーツ

くるみのこと

スペインはアーモンドやヘーゼルナッツ、松の実などのナッツ類がほかの国と比べても消費量が多く、料理やお菓子にも頻繁に使われています。

ナッツの中でもくるみは北の地方で多く採れることで知られています。青い皮に包まれたくるみが皮を破って落ちるのが秋。山で採れた実は乾燥させてから市場に出回るのだとか。バスクでも、殻つきくるみが野菜と一緒に並んでいるのをよく見かけます。

デザートやおやつとしても、殻つきのくるみを専用バサミで割って食べます。余談ながら、バスクは古くからりんご酒の製造が盛んで、シードルハウスではりんご酒とともにチーズと殻つきくるみが楽しめます。

食べ頃は11月。庭にくるみの木のある聖ホアン・バウティスタ修道院では、シロップ煮やリキュールを作るそうです。

PRIMER PLATO 一皿目

Ensalada de rúcula, endivia y pepino
ルッコラとチコリ、きゅうりのサラダ

INGREDIENTES 材料（4人分）

ルッコラ --8枚
チコリ --2本
きゅうり --2本
レモン果汁----------------------------------- 大さじ2
オリーブオイル ----------------------------- 大さじ1
塩、こしょう ----------------------------------- 各適量

PREPARACIÓN 作り方

1. ルッコラは食べやすい大きさに切る。チコリは1枚ずつ葉をは
   がして細切りにする。きゅうりは薄い輪切りにする。

2. ボウルに1.の野菜を入れる。レモン果汁とオリーブオイルを加
   えて和え、塩、こしょうで味を調える。

CONSEJOS

ほろ苦いルッコラとチコリに、さっぱりとした味わいのきゅうりを合わせた爽やか
なサラダです。

SEGUNDO PLATO 二皿目

Marmitako de salmón
鮭のじゃがいも煮込み

INGREDIENTES 材料（4人分）

生鮭（切り身） ------------------------------4切れ
じゃがいも --------------------------------------2個
パプリカ（赤） ------------------------------------1個
玉ねぎ --1個
にんにく --1片
トマト水煮------------------------------------400g
ローズマリー ------------------------------------2本
ローリエ --1枚
パプリカパウダー ------------------------- 大さじ1
オリーブオイル ----------------------------- 小さじ2
塩、こしょう------------------------------------ 各適量

PREPARACIÓN 作り方

1. 生鮭はひと口大に切り、塩、こしょうをふる。

2. じゃがいもは乱切りにする。パプリカはヘタと種を取り除き、玉
   ねぎとにんにくとともにみじん切りにする。

3. 鍋にオリーブオイルを弱火で温め、パプリカ、玉ねぎ、にんにく
   を炒める。野菜がしんなりとしたら、トマト水煮を加えて潰しな
   がら混ぜる。

4. じゃがいもとパプリカパウダーを加えて大きく混ぜ、水をひたひた
   に注いでローズマリーとローリエを加えて中火にする。沸騰したら
   蓋をし、弱火でじゃがいもがやわらかくなるまで15分ほど煮る。

5. 1.の鮭を加えてさらに10分ほど煮る。

Buñuelos

揚げシュー

INGREDIENTES 材料（約10個分）

卵 -- 2個
薄力粉 --------------------------------------- 1カップ
塩 -------------------------------------- ひとつまみ
シナモンパウダー ----------------------------- 少々
グラニュー糖 --------------------------------- 適量
揚げ油 --------------------------------------- 適量

PREPARACIÓN 作り方

1. 鍋に水1カップを入れて中火にかける。

2. 沸騰したら火を止め、薄力粉と塩を加えて木べらでよく混ぜる。粉気がなくなったら火を止めて粗熱を取る。

3. 溶いた卵を少しずつ加えて混ぜる。

4. フライパンに揚げ油を中温に温め、2.をスプーンですくって落とし、浮いてくるまで揚げる。

5. 油をよくきり、シナモンパウダーとグラニュー糖をふる。

CONSEJOS

多くの修道院で古くから伝わる、シュー皮を揚げたものです。諸聖人の日に食べる地域が多くあります。

諸聖人の日

11月1日は、亡くなったすべての聖人とキリスト教徒を祝う日。日本のお盆のような日でお墓参りに行く習慣があり、墓地にはたくさんの花がお供えされます。

そしてこの日には、特別なお菓子を食べます。地方や地域によって異なりますが、代表的なのが、中央部周辺のマジパンに卵黄クリームを入れた「聖人の骨」やカスタード、チョコレート、さつまいも、栗などのクリームが入った小さなシュークリーム風の「揚げシュー」で、お菓子屋さんに所狭しと並びます。カタルーニャ地方周辺では"松の実団子（—» *Page. 269*）"というじゃがいもとアーモンドパウダーを混ぜた生地を丸めて、周りに松の実をまぶす小さな可愛いらしいお菓子があります。南の地方では甘いベシャメルソースをベースにしたものや、この季節らしいかぼちゃやさつまいもを使ったものなどさまざま。バスクでは地域によってそれぞれ違う習慣があるようですが、焼き栗を食べるところが多いようです。

修道院でも特別な日として、少し贅沢な料理とお菓子を作り、静かにお祝いします。ちなみにその前夜はハロウィンですが、カトリックでは存在しない行事です。

PRIMER PLATO 一皿目

Acelgas a la vasca
じゃがいもとスイスチャードのバスク風

INGREDIENTES 材料(4人分)
じゃがいも ------------------------------2個
スイスチャード ----------------------6本
にんにく ------------------------------1片
オリーブオイル ---------------- 小さじ1
塩、こしょう----------------------- 各適量

PREPARACIÓN 作り方
1. じゃがいもは皮ごと茹で、皮をむいてひと口大に切る。
2. スイスチャード は3cm幅に切る。にんにくはみじん切りにする。
3. フライパンにオリーブオイルを中火で温め、にんにくを炒める。香りが出たら、スイスチャードを加えて炒める。油が回ったら、じゃがいもを加えて混ぜ、塩、こしょうで味を調える。

CONSEJOS
スペインのスイスチャードは葉が大きく伸び伸びとして、茎の部分も太くて厚めです。茎には卵をつけてピカタ風にして揚げ、この炒め物に加えるのが本来のバスクの郷土料理です。

SEGUNDO PLATO 二皿目

Escalope con jamón
鮭の生ハムフライ

INGREDIENTES 材料(4人分)
生鮭(切り身) ------------------------4切れ
[衣]
　　生ハム ------------------------------2枚
　　にんにく----------------------------1片
　　パン粉(細挽き)----------------- 20g
レモン果汁--------------------------1/2個分
薄力粉 -----------------------------------適量
溶き卵----------------------------- 1個分
こしょう -------------------------------適量
揚げ油 -----------------------------------適量

PREPARACIÓN 作り方
1. 生鮭はこしょうをふり、レモン果汁を回しかけて15分ほど置く。
2. 衣を作る。生ハムとにんにくはみじん切りにし、ボウルに入れてパン粉を加えて混ぜる。
3. 鮭に薄力粉を薄くはたき、溶き卵に通して2.の衣をまぶす。
4. フライパンに揚げ油を中温に温め、3.をこんがりするまで揚げる。

CONSEJOS
生ハムは修道院でも生活に溶け込んでいます。この料理は生ハムの旨みをパン粉と一緒に香ばしい衣にするフライです。生鮭は鶏むね肉や豚肉にもアレンジできます。

Panellets
松の実団子

INGREDIENTES　材料（15個分）

松の実 ---100g
さつまいも ---100g
a ⌈ レモンの皮すりおろし（ノーワックス）-----------1/2個分
　│ 卵黄 ---1個分
　│ アーモンドパウダー --------------------------------100g
　│ グラニュー糖---------------------------------------60g
　⌊ バニラエッセンス -----------------------------------少々
卵 --1個

PREPARACIÓN　作り方

1. オーブンを150℃に温めておく。天板にオーブンシートを敷く。

2. さつまいもはよく洗い、皮つきのまま茹でる。やわらかくなった
   ら、熱いうちに皮をむき、ボウルに入れてフォークで潰す。

3. aを加えて手でよく混ぜ、15等分にして丸める。

4. 卵は卵白と卵黄に分け、それぞれボウルに入れてほぐす。

5. 3.を卵白に通して松の実をまぶす。

6. 天板に5.を並べ、卵黄をハケで塗る。温めたオーブンでこんが
   りするまで15分ほど焼く。

CONSEJOS

これはカタルーニャ地方の"パネジェッツ"。松の実をまぶして、一見雷おこしのよ
うな見た目で諸聖人の日に食べる伝統菓子です。

Taboulé
タブレ

INGREDIENTES 材料（4人分）

クスクス --- 1カップ
ブロッコリー ------------------------------------- 1/4個
にんじん --- 1/2本
小ねぎ --- 4本
イタリアンパセリのみじん切り ------------------ 大さじ1
ミントの葉 --------------------------------------- 少々
レモン果汁 --------------------------------------- 1個分
オリーブオイル ---------------------------------- 大さじ1
塩、こしょう ------------------------------------- 各適量

PREPARACIÓN 作り方

1. ブロッコリーは小房に分け、塩少々を入れた熱湯で茹でる。湯をきり、さらに細かく分ける。にんじんは細切りにし、塩で軽くもむ。小ねぎは小口切りにする。

2. 鍋にクスクスを入れ、熱湯1/2カップを加えて蓋をし、5分ほど蒸らす。さらに熱湯1/2カップを加えて10分蒸らす。

3. ボウルに入れ、オリーブオイルを加えてフォークでクスクスのダマをほぐす。

4. 1.の野菜、イタリアンパセリ、ミントの葉、レモン果汁を加えて混ぜ、塩、こしょうで味を調える。

CONSEJOS

クミンシードパウダーを入れると、さらに美味しいです。

Pescado con salsa de champiñones
白身魚のマッシュルームソース

INGREDIENTES 材料（4人分）

白身魚（鱈、スズキ、鯛など） ------------------ 4尾
マッシュルーム ---------------------------------- 200g
長ねぎ --- 1本
玉ねぎ --- 1/2個
にんにく --- 1片
生クリーム --------------------------------------- 1/2カップ
ハーブ（ディル、フェンネル、タイムなど） ------ 適量
オリーブオイル ---------------------------------- 大さじ1
塩、こしょう ------------------------------------- 各適量

PREPARACIÓN 作り方

1. 白身魚は塩をふって少し置き、出てきた水気をペーパータオルでふき取る。

2. マッシュルームはペーパータオルで汚れをふき取り、石づきごと薄切りにする。長ねぎはみじん切り、玉ねぎとにんにくは薄切りにする。

3. フライパンにオリーブオイルを中火で温め、白身魚の両面をこんがり焼いて取り出して器に盛る。

4. 同じフライパンに長ねぎ、玉ねぎ、にんにくを炒める。香りが出たらマッシュルームを加えて炒める。

5. マッシュルームがしんなりとしたら、生クリームを加える。沸騰したら弱火にしてとろみがつくまで煮て、塩、こしょうで味を調える。

6. 3.の白身魚にソースをかけ、ハーブをふる。

POSTRE デザート

Compota de boniato
さつまいものスパイス風味

INGREDIENTES 材料（4人分）

さつまいも --- 300g
グラニュー糖 ----------------------------------- 大さじ2
塩 ----------------------------------- ひとつまみ
a ┌ レモンの皮（ノーワックス）----------------------- 1個分
 │ シナモンスティック ----------------------------- 1本
 │ スターアニス -----------------------------------3個
 └ 黒粒こしょう ----------------------------------- 6粒

PREPARACIÓN 作り方

1. さつまいもは皮をむき、食べやすい大きさに切る。

2. 鍋にさつまいもを入れ、さつまいもから高さ3cmまで水を注ぎ、グラニュー糖と塩を加えてさっと混ぜる。

3. a を加えて弱火にかけて蓋をし、さつまいもがやわらかくなるまで煮る。

CONSEJOS

さつまいもは、15世紀にコロンブスがアメリカ大陸から持ち帰り、のちにスペイン人、ポルトガル人によって東南アジアへ、そして日本へも伝わりました。日本ほど甘くはありませんが、今でも煮込みや炒め物、お菓子などに使われている野菜です。これはスパイスを効かせ、甘く煮込んだ素朴なさつまいものデザート。さつまいもの甘さに応じて、グラニュー糖の量を調節してください。ブランデーや甘口の白ワインを加えても。

PRIMER PLATO 一皿目

Mejillones al vino blanco
ムール貝のワイン蒸し

INGREDIENTES 材料（4人分）
ムール貝 --500g
玉ねぎ ---1個
にんにく --1片
イタリアンパセリのみじん切り --------------------- 大さじ1
ローリエ --1枚
白ワイン --------------------------------------1/4カップ
オリーブオイル -------------------------------- 大さじ1

PREPARACIÓN 作り方
1. ムール貝は表面の汚れを取り除いて洗い、足糸を引いて取り除く。
2. 玉ねぎとにんにくはみじん切りにする。
3. 鍋にオリーブオイルを中火で温め、玉ねぎとにんにくを炒める。
4. 香りが出たら、ローリエと白ワインを加え、沸騰したらムール貝を加えて貝の口が開くまで蒸し、イタリアンパセリを加えて混ぜる。

CONSEJOS
ムール貝がたくさんあるときは短時間で簡単にできるワイン蒸しにかぎります。ふっくらとしたムール貝はジューシーで旨みたっぷり。蒸し汁もごちそうです。パンをつけて残らずいただきまましょう。

SEGUNDO PLATO 二皿目

Pescado con bacón
鱈のベーコン巻き

INGREDIENTES 材料（4人分）
生鱈（切り身） ---------------------------------4切れ
ベーコン --------------------------------------- 4〜8枚
にんにく --2片
ローズマリー --2本
オリーブオイル -------------------------------- 小さじ2
塩 --- 少々
レタス --- 適宜

PREPARACIÓN 作り方
1. オーブンを250℃に温めておく。
2. 生鱈は塩をふって少し置き、出てきた水気をペーパータオルでふき取る。ベーコンを斜めに巻く（短かければ2枚使う）。にんにくは薄切りにする。
3. 耐熱容器にベーコンの巻き終わりを下にして並べ、にんにくとローズマリーをのせる。オリーブオイルを回しかけて温めたオーブンで20分ほど焼く。
4. 3.を器に盛り、好みでちぎったレタスを添える。

CONSEJOS
淡白な鱈にベーコンの旨みをプラスします。オーブンで一度にたくさん作ることができますが、少ないときはフライパンで作っても。塩をしたらしっかりと水気をふき、臭みを抑えます。鮭やニジマスでもよく作られる料理です。

Dulce de membrillo con queso
メンブリージョとチーズ

メンブリージョ（⟶ *Page. 257*）

CONSEJOS

"メンブリージョ"はスペイン語でマルメロのことですが、固形ジャムの"ドゥルセ・デ・メンブリージョ"も通称メンブリージョとして親しまれています。とても甘いので塩気のあるチーズと相性がよく、バスクをはじめ、スペイン全土でデザートに、おやつにと愛されている食べ方です。娘たちが小さな頃、スペインの学校のおやつにチーズとメンブリージョが出ることもよくありました。

PRIMER PLATO 一皿目

Pasta con calabacín y setas
ズッキーニときのこのパスタ

INGREDIENTES 材料（4人分）

フジッリ	250g
ズッキーニ	1本
舞茸	300g
にんにく	1片
生クリーム	3/4カップ
オリーブオイル	大さじ2
塩、こしょう	各適量

PREPARACIÓN 作り方

1. フジッリは塩を入れた熱湯で表記通りに茹でる。

2. ズッキーニはさいの目切り、にんにくはみじん切りにする。舞茸は食べやすい大きさに割く。

3. フライパンにオリーブオイルを中火で温め、にんにくを炒める。香りが出たら、ズッキーニと舞茸を炒める。舞茸がしんなりとしたら、生クリームを加えてとろみがつくまで煮詰める。

4. 水気をきったフジッリを加えて混ぜ、塩、こしょうで味を調える。

CONSEJOS

生クリームでこってりと食べるパスタです。油にしっかりとにんにくの香りを移してからズッキーニと舞茸を炒めます。マッシュルームやエリンギ、しめじなど色々なきのこで変化を楽しみましょう。

SEGUNDO PLATO 二皿目

Rollo de bonito
鰹のハンバーグ

INGREDIENTES 材料（4人分）

鰹	1と1/2柵（250g）
玉ねぎ	1/2個
にんにく	2片
卵	2個
パン粉	1/4個
牛乳	大さじ2
薄力粉	適量
トマトソース（⟶ Page. 136）	1/2カップ
オリーブオイル	大さじ2
塩	小さじ1
こしょう	少々

PREPARACIÓN 作り方

1. 鰹は皮と骨を取り除き、粗みじん切りにする。

2. 玉ねぎとにんにくはみじん切りにする。

3. フライパンにオリーブオイル大さじ1を中火で温め、玉ねぎを炒める。しんなりとしてきたらにんにくを加えて炒める。にんにくの香りが出たらボウルに取り出して粗熱を取る。

4. 1.の鰹、溶いた卵1個、パン粉、牛乳、塩、こしょうを加えて混ぜる。4等分にし、それぞれ俵型に成形する。

5. 薄力粉を薄くはたき、残りの卵1個を溶いて4.を通す。

6. フライパンに残りのオリーブオイルを中火で温め、両面をこんがり焼く。

7. 器に盛り、トマトソースをかける。

CONSEJOS

ビンナガマグロで作るレシピですが、鰹でも美味しくできます。

POSTRE デザート

Castañas con miel
栗のシロップ煮

INGREDIENTES　材料(作りやすい分量)

栗	500g
グラニュー糖	大さじ3
はちみつ	大さじ4
レモンの皮(ノーワックス)	1/4個分
塩	ひとつまみ

PREPARACIÓN　作り方

1. 栗は鍋に入れ、たっぷりの水に塩を加えて中火にかける。

2. 沸騰したら弱火にして40分ほど茹で、火を止めてそのまま粗熱を取る。粗熱が取れたら、皮をむく。

3. 別の鍋に水1と1/2カップ、グラニュー糖、レモンの皮を入れ、弱火にかけて3分ほど煮る。

4. グラニュー糖が溶けたら、はちみつを加えて混ぜる。栗を加え、崩れないように混ぜてほとんど水分がなくなるまで煮詰める。

PRIMER PLATO 一皿目

Coliflor con bechamel
カリフラワーのグラタン

INGREDIENTES 材料（4人分）

カリフラワー ------------------------------------- 大1/2個
レモン果汁 --- 少々
［ベシャメルソース］
　バター --------------------------------------- 20g
　薄力粉 -- 大さじ2
　牛乳 --- 1カップ
　塩 -- 小さじ2/3
　こしょう -------------------------------------- 適量

PREPARACIÓN 作り方

1. オーブンを250℃に温めておく。

2. カリフラワーは小房に分ける。レモン果汁を入れた熱湯で茹で、水気をきる。

3. ベシャメルソースを作る。鍋にバターを入れて弱火にかけて溶かす。溶けたら、薄力粉を加えて中火にして炒める。粉臭さがなくなったら、牛乳を少しずつ加えては泡立て器で混ぜるを繰り返し、とろみをつけて塩、こしょうで味を調える。

4. 耐熱容器にカリフラワーを並べ、ベシャメルソースを全体にかけ、温めたオーブンでほんのり色づくまで10〜15分焼く。

CONSEJOS

徐々に寒さを感じる頃、食卓に温かいグラタン料理が登場し始めます。カリフラワーのほっくり感と少し淡白な味に、こってりとしたベシャメルソースは相性ぴったりです。チーズをかければメイン料理にもなり、食べ応えもたっぷりに。

SEGUNDO PLATO 二皿目

Bonito encebollado
鮪の玉ねぎソース

INGREDIENTES 材料（4人分）

鮪（ビンナガマグロなど） ----------------- 1〜2柵（400g）
玉ねぎ -- 大2個
にんにく --1片
ローリエ --1枚
白ワイン --- 1/2カップ
魚介スープストック（─» Page.086） ----------------- 1/4カップ
薄力粉 --- 適量
オリーブオイル --- 適量
塩、こしょう -- 各適量
赤パプリカのロースト（─» Page.148） -------------------1個

PREPARACIÓN 作り方

1. 鮪は塩、こしょうをふり、薄力粉を薄くはたく。

2. 玉ねぎはせん切り、にんにくはみじん切りにする。

3. フライパンにオリーブオイル大さじ2〜3を中火で温め、鮪の両面をこんがり焼いて取り出す。

4. 同じフライパンに玉ねぎを入れて炒める、足りないようならオリーブオイルを適宜足し、玉ねぎがしんなりとしてきたら、にんにくとローリエを加えてさらに炒める。

5. 白ワインと魚介スープストックを加えて弱火で7〜8分煮る。

6. 鮪を戻し入れ、さらに2〜3分煮る。塩、こしょうで味を調えて器に盛る。

7. 赤パプリカのローストのヘタと種を取り除き、食べやすい大きさに切り、6.に添える。

CONSEJOS

バスクでは夏から秋中旬くらいまでビンナガマグロの旬が続きます。じっくりと炒めた玉ねぎのジューシーな甘みを、鮪に絡めていただくバスク料理です。

Yogur con caqui
柿のヨーグルト

INGREDIENTES 材料(4人分)

柿(完熟)	2個
プレーンヨーグルト(無糖)	320g
レモン果汁	大さじ1
ビスケット	4枚
シナモンパウダー	少々

PREPARACIÓN 作り方

1. 柿は半分に切り、スプーンで実をすくって種を取り除く。繊維が多いようなら包丁で叩き、レモン果汁を加えて混ぜる。

2. 器にプレーンヨーグルトを入れ、1.をのせてビスケットを細かく砕き入れ、シナモンパウダーをふる。

CONSEJOS

カリカリにローストして刻んだアーモンドで食感と香ばしさをプラスしたり、レモン果汁の代わりにバニラエッセンス少々を入れて、香りよく仕上げても。

PRIMER PLATO 一皿目

Ensalada de rúcula

ルッコラのサラダ

INGREDIENTES　材料（4人分）

ルッコラ ------------------------------------100g
にんにく --------------------------------------2片
くるみ ------------------------------------- 20g
レモン果汁------------------------------- 1/4個分
オリーブオイル ------------------------ 大さじ1
塩、こしょう----------------------------- 各適量

PREPARACIÓN　作り方

1. ルッコラは食べやすい大きさに切る。にんにくはみじん切りにする。

2. フライパンにオリーブオイルを中火で温め、にんにくとくるみを焦がさないようにさっと炒める。

3. ルッコラをボウルに入れる。2.とレモン果汁を加えて和え、塩、こしょうで味を調える。

CONSEJOS

摘み立ての香り豊かなルッコラは、それだけで味わい深いサラダになります。ビタミンCが豊富でデトックス効果も期待できます。

SEGUNDO PLATO 二皿目

Bonito en escabeche

鮪のエスカベチェ

INGREDIENTES　材料（4人分）

鮪（ビンナガマグロなど） --------------------- 2柵（500g）
にんじん --1本
玉ねぎ --1個
にんにく --2片
赤唐辛子 --1本
ハーブ（オレガノ、タイムなど） ------------------ 適量
ローリエ --------------------------------------2枚
白ワインビネガー ------------------------- 1/2カップ
オリーブオイル ------------------------------- 大さじ3
塩、こしょう------------------------------------- 各適量

PREPARACIÓN　作り方

1. 鮪は食べやすい大きさに切り、塩をふる。出てきた水気をペーパータオルでふき取る。

2. にんじんはせん切りにする。玉ねぎとにんにくは薄切りにする。赤唐辛子は種を取り除き、小口切りにする。

3. フライパンにオリーブオイル半量を中火で温め、鮪の全体をこんがり焼いて取り出す。

4. 残りのオリーブオイルを加え、玉ねぎを炒める。玉ねぎがしんなりとしてきたら、にんじんとにんにくを加えて3分ほど炒める。白ワインビネガー、赤唐辛子、ハーブ、ローリエ、塩小さじ1/2、こしょうを加えて5分ほど煮る。

5. 鮪を器に盛り、4.をかける。

CONSEJOS

エスカベチェは酸っぱさが爽やかなマリネですが、温かくしても美味しくいただけます。

Galletas de nata

生クリームのクッキー

INGREDIENTES　材料（約20個分）

卵黄	2個分
生クリーム	85g
グラニュー糖	80g
塩	ひとつまみ
薄力粉	170g
ベーキングパウダー	5g
粉砂糖	大さじ3

PREPARACIÓN　作り方

1. 薄力粉とベーキングパウダーは合わせてふるう。

2. ボウルに卵黄を入れて溶く。生クリーム、グラニュー糖、塩を加えて泡立て器でグラニュー糖が溶けるまでよく混ぜる。

3. 薄力粉とベーキングパウダーを加えてゴムべらで混ぜ、ラップをして冷蔵庫で30分ほど休ませる。

4. オーブンを180℃に温めておく。天板にオーブンシートを敷く。

5. 冷蔵庫から生地を取り出す。直径3cmに丸めて天板に並べ、表面を押して平らにし、温めたオーブンで15分ほど焼く。

6. 粗熱が取れたら、粉砂糖をふる。

CONSEJOS

ミルクの風味が強く、やわらかくて繊細なクッキーです。

PRIMER PLATO 一皿目

Migas de pastor
羊飼いのミガス

INGREDIENTES　材料（4人分）

豚挽き肉 ------------------------------------ 50g
ソーセージ（あればチョリソー）------------------ 2本
バゲット-- 1本
玉ねぎのみじん切り--------------------------- 1個分
にんにくのみじん切り-------------------------- 1片分
オリーブオイル ---------------------------- 大さじ3
塩 -- 適量
ぶどう -- 適宜

PREPARACIÓN　作り方

1. バゲットは5mm幅の輪切りにし、さらに4等分に切って水1
   カップに浸す。ソーセージは小口切りにする。

2. フライパンにオリーブオイル大さじ1を中火で温め、玉ねぎをし
   んなりするまで炒める。挽き肉、ソーセージ、にんにくを加えて
   さらに炒め、挽き肉に火が通ったら取り出す。

3. 残りのオリーブオイルを加えて弱火にする。パンの水気をしっか
   り絞って加え、木べらで切るように混ぜながらゆっくり炒める。

4. パンが崩れる程度に炒めたら、2.を戻し入れ、塩で味を調える。

5. 器に移し、好みでぶどうを添える。

CONSEJOS

残ってかたくなったパンで作るスペインの伝統的な家庭料理です。

SEGUNDO PLATO 二皿目

Pulpo guisado
タコとじゃがいもの煮込み

INGREDIENTES　材料（4人分）

タコ -- 400g
じゃがいも --------------------------------------- 2個
パプリカ（赤）------------------------------------ 1個
ピーマン --------------------------------------- 1個
玉ねぎ --- 1個
にんにく --------------------------------------- 2片
白ワイン -------------------------------- 1/4カップ
ブランデー ------------------------------- 大さじ3
オリーブオイル -------------------------- 大さじ2
塩 --------------------------------------- 小さじ1

PREPARACIÓN 作り方

1. タコは食べやすい大きさに切る。

2. じゃがいもは4等分に切る。パプリカとピーマンはヘタと種を取り除き、玉ねぎ、にんにくとともにみじん切りにする。

3. 鍋にオリーブオイルを弱火で温め、じゃがいも以外の野菜を炒める。

4. 野菜がしんなりとしてきたら、じゃがいもを加えて油が回るように炒める。

5. タコ、白ワイン、ブランデーを加えて沸騰したら、塩を加えて混ぜ、蓋をして30分ほど煮る。途中、水が足りないようなら適宜足す。

CONSEJOS

バスクでは小さな港町スマイアがタコ漁で知られています。タコはじゃがいもとの相性がよく、これはスペイン版の肉じゃがのような料理。タコの旨みが染み込んだじゃがいもが絶品です。本来は生ダコを使い、やわらかくするために前もって冷凍して繊維を壊しておきます。

Yogur con mermelada de peras
洋梨ジャムとヨーグルト

Mermelada de peras
洋梨ジャム

INGREDIENTES　材料（作りやすい分量）

洋梨	500g（正味）
グラニュー糖	250g
白ワイン	大さじ5
レモン果汁	1個分

PREPARACIÓN　作り方

1. 洋梨は皮をむいて8等分のくし形切りにし、芯と種を取り除く。

2. 鍋に1.の洋梨とグラニュー糖を入れて中火にかけ、木べらで混ぜながら10分ほど煮る。水分が出て、アクが出たら取り除く。

3. 白ワインとレモン果汁を加え、混ぜながらさらに10〜15分煮詰める。

4. 瓶詰めにする（➞ *Page.* 357）。

保存期間：冷暗所で6か月保存可能。

Arroz con mejillones

ムール貝のフライパンご飯

INGREDIENTES 材料(4人分)

米 -- 2カップ
ムール貝--500g
玉ねぎ --1個
トマト(完熟) -------------------------------- 1個
白ワイン -------------------------------------1/2カップ
オリーブオイル -------------------------- 大さじ1と1/2
塩 -- 小さじ2/3

PREPARACIÓN 作り方

1. ムール貝は表面の汚れを取り除いて洗い、足糸を引いて取り除く。

2. フライパンにムール貝と白ワインを入れて中火にかける。沸騰したら蓋をし、ふきこぼれないように弱めの中火で貝の口が開くまで蒸す。殻から身を取り出し、蒸し汁は別に取っておく。

3. 玉ねぎはみじん切りにする。トマトはヘタを切り落として皮をむき、みじん切りにする。

4. フライパンにオリーブオイルを中火で温め、玉ねぎを炒める。しんなりとしたらトマトを加えて煮詰める。

5. 蒸し汁と水を合わせて3カップにして加える。沸騰したら、米と塩を加えて軽く混ぜる。蓋をし、中火で3分、弱火でさらに12分炊き、火を止めて蓋をしたまま10分蒸らす。でき上がりにムール貝の身を加えて混ぜる。

CONSEJOS

ムール貝の旨みをご飯に移し、フライパンで簡単に炊き上げる米料理です。作り方はごく簡単ですが、ムール貝にはミネラル、鉄分、タンパク質、ビタミンなどが豊富に含まれていて、栄養的にも優秀なご飯になります。ムール貝の蒸し汁は汚れが沈んでいることがあるので、上3/4くらいだけを使い、底の方は捨てます。またはペーパータオルを敷いたザルで漉しても。

Verdeles al horno
鯖のオーブン焼き

INGREDIENTES 材料（4人分）

鯖 ------------------------------------ 大2尾（20〜25cm）
じゃがいも --------------------------------------- 2個
にんにく --- 2片
レモン --- 1個
パン粉 --- 大さじ2
ローズマリー ------------------------------------- 4本
オリーブオイル --------------------------------- 大さじ3
塩 --- 適量

PREPARACIÓN 作り方

1. オーブンを180℃に温めておく。パン粉にオリーブオイル大さじ1を混ぜる。

2. 鯖は内臓とエラを取り除く。背に斜めに切り目を3〜4か所入れる。流水で洗い、ペーパータオルで水気をよくふいて塩をふる。

3. じゃがいもは薄切り、にんにくはみじん切りにする。レモンは薄いいちょう切りにする。

4. 耐熱容器にオリーブオイル大さじ1を塗り、じゃがいもを並べ、にんにく半量を散らし、温めたオーブンで15分ほど焼く。

5. 鯖の切り目にレモンを1枚ずつ刺す。

6. 耐熱容器を取り出し、鯖をのせて残りのにんにくを散らし、ローズマリーをのせ、残りのオリーブオイルを回しかける。

7. オーブンの温度を250℃に上げ、20分ほど焼き、1.のパン粉をふってさらに10分ほどこんがり焼く。

Flan de manzanas
りんごのプリン

INGREDIENTES 材料（約120ml容量のプリン型・4個分）

りんご --- 2個
卵 --- 3個
牛乳 -- 120ml
グラニュー糖 --------------------------------------- 80g
シナモンパウダー ----------------------------- 小さじ1/2

PREPARACIÓN 作り方

1. りんごは4等分にし、皮をむく。芯と種を取り除き、いちょう切りにする。

2. 鍋に1.、グラニュー糖、水大さじ3を入れ、中火にかける。りんごがしんなりとするまで煮たら、木べらで潰し、シナモンパウダーを加えて混ぜ、粗熱を取る。

3. ボウルに卵を割りほぐし、牛乳を加えて混ぜる。

4. 粗熱が取れたりんごを加えてさらに混ぜ、型に流し入れる。

5. 鍋に型がずれないようにフキンを敷き、その上に型を並べる。型の高さ半分まで熱湯を注ぎ、キッチンクロスで覆った蓋を被せて弱火で15分ほど蒸す。火を止め、蓋をしたままさらに10分ほど置き、かたまったら粗熱を取って冷蔵庫で冷やす。

CONSEJOS

りんごのピューレが入った蒸しプリンです。りんごと相性のよいシナモンを風味づけに使います。

PRIMER PLATO 一皿目

Arroz con acelgas
スイスチャードとじゃがいものご飯

INGREDIENTES 材料（4人分）

冷やご飯 ------------------------------------- 1/2膳分
スイスチャード ------------------------------------- 3本
トマト（完熟） ------------------------------- 1個
じゃがいも ------------------------------------- 1個
にんにく ------------------------------------- 1片
オリーブオイル ------------------------- 大さじ2
塩 ------------------------------------- 小さじ1

PREPARACIÓN 作り方

1. スイスチャードは2cm幅に切る。トマトはヘタを切り落として皮をむき、みじん切りにする。じゃがいもは2cm角に切る。にんにくもみじん切りにする。

2. 鍋にオリーブオイルを中火で温め、じゃがいもとにんにくを炒める。

3. じゃがいもが透き通ってきたら、トマトを加えて炒める。水分が飛んで煮詰まってきたらスイスチャードと冷やご飯を加えて炒め、塩で味を調える。

CONSEJOS

消化がよいので朝ご飯のメニューにもおすすめです。その際は目玉焼きをのせても。

SEGUNDO PLATO 二皿目

Verdeles al pimentón
鯖のパプリカ風味

INGREDIENTES 材料（4人分）

鯖（切り身） -------------------------------4切れ
にんにく -------------------------------4片
オレガノ ------------------------------- 少々
パプリカパウダー ------------------------- 大さじ1
白ワインビネガー ------------------- 大さじ1
オリーブオイル ------------------------- 大さじ2
塩、こしょう-------------------------------各適量

PREPARACIÓN 作り方

1. 鯖は塩、こしょうをふる。にんにくは薄切りにする。

2. フライパンにオリーブオイル大さじ1を中火で温め、鯖の両面をこんがり焼いて器に盛る。

3. 残りのオリーブオイルを加え、弱火にしてにんにくを炒める。香りが出たら、白ワインビネガーを加えてさっと火を通し、火から下ろしてパプリカパウダーを加えて混ぜる。

4. 鯖に3.のソースをかけ、みじん切りにしたオレガノをふる。

CONSEJOS

夏から秋にかけてバスクの鯖は脂がのって美味しくなります。修道院でもよく料理する魚のひとつで、オーブン焼きにしたり、フライパンでソテーしたり、こんな風にスパイスを効かせることも。少しビネガーを入れることで、旬の鯖の濃厚な味が引き立ちます。パプリカパウダーは、あればスモークタイプのものを使ってください。

Carajitos del profesor

ヘーゼルナッツのメレンゲクッキー

INGREDIENTES 材料（20個分）

ヘーゼルナッツ（皮なし） --- 300g
グラニュー糖 --- 100g
卵白 --- 2個分

PREPARACIÓN 作り方

1. オーブンを180℃に温めておく。天板にオーブンシートを敷く。

2. ヘーゼルナッツはポリ袋に入れて麺棒、またはフードプロセッサーで少し粒が残る程度に砕く。

3. ボウルに2.とグラニュー糖を加えて混ぜる。卵白を1個分ずつ加え、その都度よく混ぜる。

4. 3.を20等分にし、丸める。天板に1cmほどの間隔をあけて並べ、表面を押して平らにし、温めたオーブンで15分焼く。

CONSEJOS

アストゥリアス州生まれのサクサクッとした食感のお菓子です。

にんにくのこと

その昔、イサベル女王やアルフォンソ王の時代には、その強い匂いゆえに王侯貴族や騎士の使用が禁じられていたにんにく。今ではそんなこともあったなんて信じられないくらいに、スペイン料理に頻繁に使われています。ほんの少し入れるだけでも料理の味を引き立てることから、なくてはならず今に至ったのかもしれません。修道院でも欠かせない食材で、この本にもたくさん登場します。

用途によって切り方を変えると、料理の風味がより引き立ちます。例えば、長い時間煮込む料理やスープストック、豆を茹でるときは薄皮はむかずに丸ごと使います。にんにくの味を強調したいときは、さらに包丁で軽く切れ目を入れます。油に香りを移すとき、にんにくの食感を味わいたいときにはみじん切りに。薄切りは少しまろやかな風味になり、ほかの具材と一緒ににんにくも食べたいときにおすすめです。いずれも焦がさないように弱火で調理することが肝心。またほかの食材と一緒に漬けるときや、ソースにするときは、乳鉢で潰して使います。

Patatas encebolladas
じゃがいもの玉ねぎ和え

INGREDIENTES 材料（4人分）

じゃがいも ---------------------------------- 3個
玉ねぎ ------------------------------------ 大1個
オリーブオイル ------------------------------ 大さじ2
塩、こしょう------------------------------- 各適量

PREPARACIÓN 作り方

1. じゃがいもはよく洗い、皮つきのまま茹でる。茹で上がったら皮をむき、ボウルに入れてフォークで5〜6等分に切る。玉ねぎは薄切りにする。

2. フライパンにオリーブオイルを弱火で温め、玉ねぎをしんなりとして甘みが出るまでじっくり炒める。

3. 1.のじゃがいもに2.を加えて混ぜ、塩、こしょうで味を調える。

CONSEJOS

いつもあるじゃがいもと玉ねぎだけで作る簡単な料理です。ただし玉ねぎの甘さがポイントなので、じっくりと炒めます。じゃがいもは、フォークで切ると側面が少し潰れる程度にやわらかく茹でると、玉ねぎと混ざりやすく美味しいです。

Sardinas al horno
鰯のオーブン焼き

INGREDIENTES 材料（4人分）

鰯 -------------------------------------- 4尾
玉ねぎ ------------------------------------ 1個
にんにく ----------------------------------- 2片
a ┌ イタリアンパセリのみじん切り ------------- 小さじ2
　 │ オレガノのみじん切り -------------------- 小さじ2
　 │ パン粉（細挽き）----------------------- 大さじ2
　 │ オリーブオイル ------------------------ 大さじ3
　 └ こしょう----------------------------- 少々
塩 -------------------------------------- 小さじ1

PREPARACIÓN 作り方

1. オーブンを200℃に温めておく。

2. 鰯は包丁でウロコをこそげ、頭を切り落として内臓を取り除く。流水でよく洗い、ペーパータオルで水気をふき取る。塩をふって5分ほど置き、出てきた水気をペーパータオルでふき取る。

3. 玉ねぎとにんにくはごく細かいみじん切りにし、ボウルに入れてaを加えて混ぜる。

4. 耐熱容器に薄くオリーブオイル（分量外）を塗り、鰯を並べる。その上に3.を覆うようにのせ、温めたオーブンで15〜20分焼く。

Rosquillas de limón
レモンのロスキージャス

INGREDIENTES 材料（15個分）

薄力粉 --- 250g

a
┌ 卵 --- 1個
│ グラニュー糖------------------------------------ 50g
│ オリーブオイル --------------------------- 大さじ4
│ 牛乳 ------------------------------------- 大さじ3
│ 白ワイン（甘口）--------------------------- 大さじ1
│ レモンの皮の皮のすりおろし（ノーワックス）----- 1/2個分
│ アニスシード --------------------------- 小さじ1/2
└ シナモンパウダー----------------------- 小さじ1/2

揚げ油 --- 適量
グラニュー糖 ----------------------------------- 適量

PREPARACIÓN 作り方

1. 薄力粉はふるっておく。

2. ボウルに a を入れてよく混ぜる。

3. 薄力粉を 2. に少しずつ加え、フォークで混ぜる。ある程度混ざったら手で混ぜる。

4. 手につかなくなったら、室温に15分ほど置く。

5. 台に出し、15等分にして丸め、真ん中に穴を開けて直径6cm程度のドーナツ状に成形する。

6. フライパンに多めの揚げ油を中温に温め、5. を両面こんがりとするまで揚げる。

7. 油をよくきり、温かいうちにグラニュー糖をまぶす。

CONSEJOS

スペインの伝統的なお菓子のひとつで、少しかためでサクッとした食感の小さなドーナツです。アニス酒を使いますが、日本ではなかなか手に入りにくいのでアニスシードとワインで代用しています。ワインの代わりにラム酒などを使ってもよいでしょう。生地は耳たぶよりも少しかたい程度になるように、薄力粉の量を調整してください。

冬
の
献
立

MENÚ DE INVIERNO

バスクにも冷たい冬がやって来ます。修道院では、イエス・キリストの誕生を祝う大切な季節。クリスマス（降誕祭）の４つ前の日曜日から、その準備をする期間に入ります。カトリックではこの期間を「待降節」と呼び、クリスマスイブまで続きます。その間、聖母マリアの旅する姿に思いを馳せ、またイエス・キリストに感謝の祈りを捧げながら喜びの日を祝う準備をします。

お祝いの日には祭壇を美しく整え、聖堂にもより多くの花を飾ります。クリスマスイブには司教様も美しい金刺繍を施した衣装を身に纏い、厳かな礼拝が行われます。帰郷することのない修道女たちは、ひとつの家族のようなもの。礼拝が終わると、少し時間をかけて特別な料理を作り、穏やかな晩餐の時間を過ごします。食事の最後にはパチャラン（スピノサスモモのリキュール）やコーヒーリキュール、もしくはワインなどのお酒を少量飲むことも。食事の時間が終わると、皆で集まり、蝋燭に火を灯します。そう、イブの日は特別な夜。それまでの静けさとは違い、クリスマスのお菓子を食べながら、話に花を咲かせ、みんなでクリスマスの歌をたくさん歌い、踊り、喜びを分かち合います。

翌朝、修道女たちは抱き合い、イエス・キリストの生誕の喜びを確認します。そして１月６日「公現祭」の日が終わると、修道院には凛とした静けさが再び戻ります。

PRIMER PLATO 一皿目

Ensalada de calabaza
かぼちゃのサラダ

INGREDIENTES 材料（4人分）

かぼちゃ -------------------------------------- 1/6個
トマト -- 2個
さやいんげん --------------------------------- 6本
レモン果汁 ---------------------------------- 1/2個分
オリーブオイル ---------------------------- 大さじ1
塩、こしょう -------------------------------- 各適量

PREPARACIÓN 作り方

1. かぼちゃはワタと種を取り除き、皮つきのまま2cm角に切る。トマトはヘタを切り落とし、同様に2cm角に切る。さやいんげんは筋を取って半分に切る。

2. かぼちゃとさやいんげんを塩少々を入れた熱湯で、好みのかたさに茹でる。

3. ボウルに水気をきった2.とトマトを入れる。レモン果汁とオリーブオイルで和え、塩、こしょうで味を調える。

CONSEJOS

冬になると、夏に収穫して寝かせておいたかぼちゃが甘くなり、食べ頃です。サラダにするときは、レモンまたは白ワインビネガーの酸味を効かせて。塩とオリーブオイルだけなら、かぼちゃの甘みが引き立ちます。かぼちゃをフライパンやオーブンで焼いて料理することもあります。

SEGUNDO PLATO 二皿目

Pollo en salsa con aceitunas
鶏肉のオリーブ煮

INGREDIENTES 材料（4人分）

鶏もも肉 -------------------------------------- 2枚
にんにく -------------------------------------- 1片
ローズマリー --------------------------------- 2本
グリーンオリーブ（種抜き）------------------ 12個
白ワイン（辛口）---------------------------- 1/4カップ
チキンスープストック（⟶ *Page. 237*）----------- 1/4カップ
薄力粉 -- 小さじ2
オリーブオイル ------------------------------ 小さじ2
塩、こしょう -------------------------------- 各適量

PREPARACIÓN 作り方

1. 鶏肉は半分に切り、余分な筋と脂を取り除く。塩、こしょうを軽くふり、薄力粉を薄くはたく。

2. にんにくは薄切りにする。

3. フライパンにオリーブオイルを中火で温め、にんにくを炒めて香りが出たら取り出す。

4. 同じフライパンに鶏肉を皮目を下にして入れ、全面をこんがり焼く。

5. にんにくを戻し入れ、ローズマリー、グリーンオリーブ、白ワイン、チキンスープストックを加えて蓋をし、弱火で30分ほど煮る。

CONSEJOS

オリーブの塩漬けは修道院の保存食のひとつ。塩味を生かして料理のアクセントに使います。

Chocolate a la taza
ホットチョコレート

INGREDIENTES 材料（4人分）
クーベルチュール・チョコレート（カカオ70％）--------- 120g
牛乳 --------------------------------- 2と1/2カップ
コーンスターチ ------------------------------- 10g
シナモンスティック ----------------------------- 1本
グラニュー糖 --------------------------------- 50g
塩 ------------------------------------ ひとつまみ

PREPARACIÓN 作り方
1. チョコレートは細かく刻む。
2. 牛乳半量とコーンスターチを混ぜる。
3. 鍋に残りの牛乳、シナモンスティック、グラニュー糖、塩を入れ、中火にかける。沸騰寸前で弱火にし、シナモンスティックを取り出して2.を加えて混ぜる。
4. 刻んだチョコレートを加えて溶かし、とろみがつくまで2〜3分混ぜる。

CONSEJOS
コーンスターチを少し入れ、とろりとさせます。

チョコラテのこと

19世紀初頭に固形のチョコレートができるまで、長い間飲み物として愛されてきたチョコレート。特に王侯貴族の女性の間で人気を博し、教会でのお説教の間にも我慢できずに飲んでいたことから、教会ではチョコレート禁止令が出たほど。

スペイン語では、固形も飲み物もどちらも"チョコラテ"と呼びます。今でも寒い冬の日には、温かいチョコラテが心身に癒しをもたらしており、修道院でも楽しみのひとつです。クララ会ではチョコレート作りをしていることから、ご自慢の配合のクーベルチュールから作るチョコラテは「何も加えなくても、もうそれだけで美味しいの」とシスター・マリア・サイオン。

善き羊飼いの修道院では「この修道院の自慢のお菓子はなんといっても、シスター・アキコが作るチョコラテ！」とシスターたちが声を揃えるほど美味しいそう。聖クララ修道院とは違ったコツがあるのかもしれない……と訊ねると、「シナモンを入れ、そのときの寒さでとろみ加減をコーンスターチで調節して。そうそう！ ほんの少し塩を入れるのはスペイン人の母譲り」とのこと。懐かしい味を再現しながら、実は愛情込めて母なる気持ちで作ることに美味しさの秘訣が隠されているのかもしれませんね。

PRIMER PLATO 一皿目

Sopa de nabo y bacón
かぶとベーコンのスープ

INGREDIENTES　材料（4人分）

ベーコン --2枚
かぶ ---4個
玉ねぎ --1個
にんにく ---1片
チキンスープストック（⟶ Page. 237）--------------- 4カップ
セージの葉 ------------------------------------ 2〜3枚
オリーブオイル ----------------------------------- 小さじ2
塩、こしょう-------------------------------------各適量

PREPARACIÓN　作り方

1. ベーコンは5mm幅に切る。

2. かぶは茎を切り落とし、皮ごと1cmの角切りにする。あれば、葉1本分をみじん切りにする。玉ねぎはみじん切り、にんにくは薄切りにする。

3. 鍋にオリーブオイルを中火で温め、ベーコン、玉ねぎ、にんにくを炒める。玉ねぎがしんなりとしたら、かぶの葉を加えて炒める。

4. チキンスープストックを加えて沸騰したら、かぶを加えて弱火にして15分ほど煮る。

5. 塩、こしょうで味を調え、粗みじん切りにしたセージの葉を加える。

CONSEJOS

どの料理にもにんにくを入れるイメージのスペイン修道女のレシピですが、冬は体が温まるよいレシピだなとつくづく思います。そしてこんなシンプルなスープも、にんにくは美味しくしてくれます。

SEGUNDO PLATO 二皿目

Pollo a las peras
鶏ささみと洋梨のソテー

INGREDIENTES　材料（4人分）

鶏ささみ --8本
洋梨 ---2個
ほうれん草-------------------------------------- 1束
にんにく --- 1片
生クリーム ----------------------------------1／2カップ
ブランデー -------------------------------------- 大さじ1
オレガノ --------------------------------------- 少々
バター -- 大さじ1
塩、こしょう-------------------------------------各適量

PREPARACIÓN　作り方

1. 鶏ささみは余分な脂と筋を取り除き、塩、こしょうをふる。

2. 洋梨は皮をむき、8等分のくし形に切る。にんにくは薄切りにする。

3. ほうれん草は沸騰した熱湯でさっと茹でる。湯をよくきり、食べやすい大きさに切る。

4. フライパンにバターを溶かし、にんにくを炒める。香りが出たら鶏ささみと洋梨を焼く。両面がきつね色になったらブランデーとオレガノを加えて煮詰め、器に盛る。

5. 同じフライパンに3.のほうれん草と生クリームを入れて中火にかける。とろみがついたら、塩、こしょうで味を調えて器に添える。

Flan de naranja
オレンジのプリン

INGREDIENTES 材料（約120ml容量のプリン型・6個分）

卵 --- 2個
卵黄 --------------------------------- 2個分
コンデンスミルク --------------------- 大さじ6
オレンジ果汁 -----------------------3/4カップ
レモン果汁-------------------------------20ml
グラニュー糖 --------------------- 大さじ4

PREPARACIÓN 作り方

1. オーブンを180℃に温めておく。

2. カラメルソースを作る。鍋にグラニュー糖と水大さじ2を入れて
   強火で煮詰める。きつね色になったら火を止め、水大さじ2を
   加えて再度火にかける。鍋を回しながら混ぜ、とろりとしたら
   型に等分にして流し入れる。

3. ボウルに残りの材料を入れてよく混ぜる。

4. 型に流し入れ、天板に並べる。天板に熱湯を型の高さ半分ま
   で注ぎ、温めたオーブンで25分ほど焼く。

5. 粗熱を取り、冷蔵庫で冷やす。

CONSEJOS

オレンジがほんのり甘酸っぱく、コンデンスミルクも入ったクリーミーな焼きプリン
です。酸味でスが入りやすいので、温度管理が楽なオーブンで湯せん焼きにし
ます。

ブランデーミルク

INGREDIENTES 材料（1人分）

ブランデー ----------------------------- 少々
牛乳 ----------------------------- 1カップ
はちみつ ----------------------------- 大さじ1

PREPARACIÓN 作り方

鍋に牛乳とはちみつを入れて弱火にかける。はちみ
つが溶けたら、ブランデーを加えて混ぜる。

CONSEJOS

聖クララ修道院の若いシスターたちが高齢のマザーから伝授さ
れ、冬の間にとても重宝しているというホットミルク。体の調子が
悪いとき、風邪気味かなと思ったときや咳が止まらないときなど
に体を温める効果があるそう。「ブランデーの量のことなのか、
ここでは"ほんの少し"という名前で呼ばれてるの」とシスター・マリ
ア・サイオン。眠れないときに飲むことも。ブランデーの作用もあっ
てか、リラックス効果が実感できるのだとか。

PRIMER PLATO 一皿目

Patatas duquesa
公爵夫人のマッシュポテト

INGREDIENTES 材料(12個分)

じゃがいも ------------------------------ 3個(400g)
卵黄 -- 1個分
卵 --- 1個
バター -- 20g
パルミジャーノ・レッジャーノ ------------------ 20g
ナツメグ ------------------------------------- 少々
塩、こしょう ------------------------------- 各適量
溶き卵(塗り用) ------------------------------ 1個分

PREPARACIÓN 作り方

1. オーブンを180℃に温めておく。天板にオーブンシートを敷く。

2. じゃがいもは8等分に切る。鍋に入れ、ひたひたの水を注いで茹でる。やわらかくなったら水気をきり、ボウルに入れてマッシャーなどで潰す。

3. 卵黄、卵、バターを加えて混ぜる。バターが溶けたら、すりおろしたパルミジャーノ・レッジャーノ、ナツメグ、塩、こしょうを加えて混ぜる。

4. 絞り袋(星型)に入れ、天板の上に12個程度にクルクルと小さな山形に絞り出す。

5. 表面に優しく溶き卵を塗る。

6. 温めたオーブンでこんがりするまで10〜15分焼く。

SEGUNDO PLATO 二皿目

Pollo asado
ローストチキン

INGREDIENTES 材料(4人分)

鶏肉のぶつ切り(丸鶏、中抜き) ------------------ 1羽分
にんにく ------------------------------------- 3片
タイム -- 3本
イタリアンパセリ --------------------------------- 2本
レモン果汁 ------------------------------------ 大さじ1
白ワイン(辛口) ---------------------------- 1/4カップ
塩、こしょう ------------------------------- 各適量

PREPARACIÓN 作り方

1. 鶏肉は汚れをペーパータオルでふき取り、塩、こしょうをすり込む。

2. すり鉢ににんにくとハーブ類を入れ、すりこぎで潰す。レモン果汁、白ワインを加えてよく混ぜる。

3. 厚手のポリ袋に鶏肉と2.を入れて混ぜ、冷蔵庫で1日ほど置く。

4. オーブンを220℃に温めておく。天板にオーブンシートを敷く。

5. 鶏肉の水気をきって天板に並べ、温めたオーブンで1〜1時間半焼く。

CONSEJOS

丸ごとのローストチキンはクリスマスの日によく食べられる料理です。普段の日に食べることも多く、人数の多い修道院でも切り分けてから焼き上げます。家庭では精肉店で切ってもらうとよいでしょう。

Mazapán

マサパン

INGREDIENTES　材料（20個分）

アーモンドパウダー --250g
粉砂糖 ---250g
レモンの皮のすりおろし（ノーワックス）------------ 1/4個分
卵 --1個

PREPARACIÓN　作り方

1. オーブンを230℃に温めておく。天板にオーブンシートを敷く。
2. ボウルにアーモンドパウダー、粉砂糖、レモンの皮のすりおろしを入れ、手でよく混ぜる。
3. 卵は卵白と卵黄に分ける。
4. ボウルに卵白を入れて泡立て器でツノが立つ程度に泡立てる。2.を加えてフォークで混ぜ、手でこねる。
5. 20等分にして好みの形に成形し、卵黄を塗る。
6. 温めたオーブンできつね色になるまで5分ほど焼く。

CONSEJOS

13世紀の大飢饉の際に修道院で貯蓄していたアーモンドパウダーと砂糖を使い、修道女が作ったアーモンド菓子が起源だといわれています。パンの代わりとなったこのお菓子が町を救いました。今はクリスマスに食べるお菓子のひとつとしても名高く、草や花、かたつむりや月など可愛らしい形に焼き上げます。

秘伝のスープストック

自家製のスープには野菜の栄養や肉の旨みがたっぷり。どこの修道院も野菜、魚介、鶏肉などのスープストックを定期的に作り、常備します。

デリオの聖クララ修道院で教えていただいたのは「ダークスープストック」。煮込み料理や炒め物、米料理に野菜料理、さまざまな料理にほんの少し加えるだけでぐんと味がよくなるという、まるで魔法のようなスープストックです。「これ、実は秘伝なの」と急に真顔になるシスター・マリア・サイオン。「と言っても、いつからどの修道女が作り始めたのか、実は分からないのだけど」と思わず吹き出すお茶目っぷり。

「ダークスープストック」という名は、ひょっとしたらフランスのブラウンストックから来ているのかもしれません。聖クララ修道院では、鶏、牛、豚、羊などの肉の骨と、粗みじんに切ったトマト、ピーマン、長ねぎ、玉ねぎ、にんじん、すべてを天板にのせてオーブンで焦げるまで低温でじっくりと焼き、大きな鍋にローリエ、イタリアンパセリなどのハーブとともに入れて水を加えたら、ゆっくりと時間をかけて煮込みます。このとき、天板の焦げもこそげ取って一緒に煮込むのが美味しさの秘訣。修道院でいちばん大きな鍋を使って大量に作るときは、トータルで半日も時間をかけることもあるそう。

Ensalada de lechugas
グリーンサラダ 卵ソース

INGREDIENTES 材料（4人分）

ロメインレタス ------------------------------ 1/2個
エンダイブ ----------------------------------3枚
紫玉ねぎ ------------------------------------ 1/2個
［卵ソース］
　　茹で卵 ----------------------------------2個
　　ブラックオリーブ（種抜き）------------------8個
　　レモン果汁 ------------------------------ 大さじ1
　　オリーブオイル -------------------------- 大さじ2
　　塩、こしょう ------------------------------各適量

PREPARACIÓN 作り方

1. ロメインレタスとエンダイブはひと口大にちぎり、水に浸して
   シャキッとさせて水気をきる。紫玉ねぎはせん切りにする。

2. 卵ソースを作る。茹で卵とブラックオリーブはみじん切りにして
   ボウルに入れる。レモン果汁とオリーブオイルを加えて混ぜ、
   塩、こしょうで味を調える。

3. 1.を器に盛り、卵ソースをかける。

CONSEJOS

ほんのり苦みのあるエンダイブと葉がしっかりとしたロメインレタスに、卵ソース
をかけて味をまろやかに。好みでマスタードを入れても。

Filetes de pollo empanados
鶏肉のフライ

INGREDIENTES 材料（4人分）

鶏むね肉 ------------------------------------2枚
薄力粉 -------------------------------------- 適量
溶き卵------------------------------------- 1個分
パン粉（細挽き）------------------------------- 適量
揚げ油 -------------------------------------- 適量
塩、こしょう---------------------------------- 各適量

PREPARACIÓN 作り方

1. 鶏肉は余分な筋と脂を取り除く。縦半分に切り、ひと口大の
   そぎ切りにする。

2. 塩、こしょうをふり、薄力粉、溶き卵、パン粉の順に衣をつける。

3. たっぷりの揚げ油を中温に温め、2.をこんがりするまで揚げる。

CONSEJOS

白身魚や豚肉でも美味しく作ることができ、サンドイッチの具にも最適です。レモ
ンを搾っても。

Hojaldre de manzana
アップルパイ

INGREDIENTES 材料（4人分）

マザー・マリア・アルムデアのパイ生地（⟶ **Page. 355**） ------ 80g
りんご -- 1/2個
［カスタードクリーム］
　　牛乳 -- 1/2カップ
　　コーンスターチ ------------------------------------ 7g
　　卵黄 -- 1個分
　　グラニュー糖 ------------------------------------- 15g
溶かしバター（無塩） ----------------------------------- 10g
あんずジャム（⟶ **Page. 131**） --------------------------- 適量

PREPARACIÓN 作り方

1. オーブンを200℃に温めておく。天板にオーブンシートを敷く。

2. カスタードクリームを作る。牛乳大さじ2とコーンスターチを合わせておく。ボウルに卵黄とグラニュー糖を入れて混ぜる。鍋に残りの牛乳を入れて火にかけ、沸騰寸前で火を止めて卵黄とグラニュー糖のボウルに加えて混ぜる。再度鍋に戻し入れ、牛乳と混ぜたコンスターチを加える。弱火にかけながら素早く混ぜ、クリーム状になったら火から下ろし、粗熱を取る。

3. りんごは4等分のくし形切りにする。皮をむいて芯と種を取り除き、ごく薄い薄切りにする。

4. パイ生地を麺棒で20m×11cm程度の長方形にのばす。

5. 端を1cmほど残してカスタードクリームをのせ、その上にりんごを重ねる。

6. 溶かしバターを塗り、温めたオーブンで15分ほどこんがりとするまで焼く。

7. 焼けたら、あんずジャムを全体に塗って照りよく仕上げる。

CONSEJOS

パイ生地さえあれば、手軽に作れるりんごのパイです。市販の生地を使ってもよいでしょう。洋梨でも作れますし、ジャムも好みのものにアレンジできます。

Coles de Bruselas al horno
芽キャベツのオーブン焼き

INGREDIENTES　材料（4人分）

芽キャベツ -------------------------------400g
オリーブオイル ------------------------ 大さじ1と1/2
塩、こしょう --------------------------------- 各適量

PREPARACIÓN　作り方

1. オーブンを200℃に温めておく。
2. 芽キャベツはかたい皮をむき、半分に切る。
3. 耐熱容器に入れ、オリーブオイル、塩、こしょうを加えて和え、温めたオーブンで20分ほど焼く。

CONSEJOS

小さな粒の中に栄養がたくさん詰まった旬の芽キャベツは、冬にたくさん食べたい野菜のひとつ。肉料理や魚料理のつけ合わせにもよいですし、ナッツとともにローストしても。

Pollo campurriano
鶏肉とベーコンのワイン煮込み

INGREDIENTES　材料（4人分）

骨つき鶏もも肉 --------------- 2本（または鶏手羽元12本）
ベーコン（ブロック）---------------------------100g
玉ねぎ --1個
ローリエ --------------------------------------1枚
白ワイン --------------------------------- 1/2カップ
チキンスープストック（→ Page. 237）------------- 1/2カップ
薄力粉 -------------------------------- 大さじ1/2
オリーブオイル --------------------------- 大さじ1
塩 ------------------------------------ 小さじ2/3
こしょう --------------------------------------- 少々
温かいご飯 ---------------------------------- 4膳分

PREPARACIÓN　作り方

1. 鶏肉は半分に切り、塩、こしょうをふる。ベーコンは粗みじん切りにする。玉ねぎはみじん切りにする。
2. 鍋にオリーブオイルを中火で温め、鶏肉とベーコンを入れ、鶏肉全体がこんがりするまで炒めたら取り出す。
3. 同じフライパンに玉ねぎを加え、焦げないように混ぜながら5〜6分炒める。
4. 薄力粉をふって全体を混ぜ、粉気がなくなるまで大きく混ぜながら炒める。
5. ローリエ、白ワイン、チキンスープストックを加えて混ぜ、鶏肉を戻し入れてやわらかくなるまで20分ほど煮る。途中水分がなくなるようなら、水を適宜足す。器に温かいご飯とともに盛る。

Polvorón

ポルボロン

INGREDIENTES 材料（直径4cmのセルクル型・約12枚分）

薄力粉 --- 50g
アーモンドパウダー ---------------------------------- 50g
レモンの皮のすりおろし（ノーワックス）------------ 1/4個分
ラード --- 50g
粉砂糖 --- 50g
シナモンパウダー -------------------------------------- 少々

PREPARACIÓN 作り方

1. フライパンに薄力粉を入れて中火にかけ、茶色くなるまで炒ったら取り出して粗熱を取る。

2. 薄力粉、アーモンドパウダーは合わせてふるう。

3. ボウルにラードを入れてゴムべらで混ぜ、粉砂糖とシナモンパウダーをふるいながら加える。2.とレモンの皮のすりおろしも加え、さらに混ぜる。ひとまとめにしてラップで包み、冷蔵庫で30分ほど休ませる。

4. オーブンを150℃に温めておく。天板にオーブンシートを敷く。

5. 冷蔵庫から生地を取り出し、麺棒で1cm厚さに生地をのばす。型で抜いて天板にのせ、温めたオーブンで15分ほど焼く。

6. 粗熱が取れたら、粉砂糖（分量外）をふる。

CONSEJOS

クララ会の修道院で生まれたお菓子です。炒った薄力粉が香ばしく、ホロッとした口溶けです。

クリスマスのお菓子

お菓子作りが労働となっている修道院では、11月の終わりから12月いっぱい、クリスマスのお菓子作りで大忙しになります。スペインではクリスマスにさまざまな種類の小さな伝統菓子を食べる習慣があり、クリスマスが近づくと、家庭ではクリスマス菓子がいつでもダイニングテーブルに置かれます。イブの日やクリスマスの日のデザートとしてはもちろん、その後もじわじわと1月6日の公現祭の日までに楽しみ、食べ尽くします。

小さなお菓子の代表格といえば、"ポルボロン"。南のクララ会の修道院で作られたのが始まりといわれている、小さなホロホロッとしたお菓子です。そしてアニスの香りと粉砂糖をまとった小さなドーナツ型のサクッとしたクッキー"ロスコス・デ・ヴィノ（—→ Page. 323）"や13世紀にトレドの修道院で生まれたといわれる"マサパン（—→ Page. 295）"、卵で作ったひと口サイズのお菓子など。ほかにも地方や地域によってさまざまなお菓子が加わります。

バスクではイブの晩餐に伝統的な"くるみのクリーム（—→ Page. 317）"、"クリスマスのコンポート（—→ Page. 319）"などを食べる習慣もあります。

PRIMER PLATO 一皿目

Sopa de legumbres y pasta
白いんげん豆と野菜とパスタのスープ

INGREDIENTES 材料(4人分)

コンキリエ ----------------------------------- 20g
白いんげん豆(水煮) ------------------------- 1カップ
トマト ------------------------------------- 1/4個
ブロッコリー --------------------------------- 1/2個
にんじん ------------------------------------ 1本
長ねぎ -------------------------------------- 2本
塩、こしょう--------------------------------- 各適量

PREPARACIÓN 作り方

1. トマトは皮をむき、みじん切りにする。にんじんは1cmの角切りにする。長ねぎは小口切りにする。ブロッコリーは小房に分け、さらに半分に切る。

2. 鍋に水4カップを入れて中火にかける。沸騰したら、白いんげん豆、1.の野菜、塩小さじ1を加える。

3. 再度沸騰したらコンキリエを加え、10分ほど煮て、塩、こしょうで味を調える。

CONSEJOS

白いんげん豆の煮汁がある場合は、ぜひ加えてください。美味しい出汁になります。ただし缶詰や瓶詰めのときは、塩味がついているので味見しながら塩加減を調整してください。

SEGUNDO PLATO 二皿目

Croquetas de pollo
チキンクリームコロッケ

INGREDIENTES 材料(12個分)

鶏むね肉 ------------------------------------ 小1枚
バター -------------------------------------- 25g
薄力粉 -------------------------------------- 大さじ3
牛乳 -- 1カップ
ブランデー ----------------------------------- 少々
ナツメグ ------------------------------------- 少々
パン粉(細挽き) ------------------------------ 適量
溶き卵--------------------------------------- 1個分
塩、こしょう--------------------------------- 各適量
揚げ油 -------------------------------------- 適量

PREPARACIÓN 作り方

1. 鶏肉は少量の熱湯で茹でる。湯をきって余分な筋と脂を取り除き、粗みじん切りにし、軽く塩、こしょうをふる。茹で汁大さじ2は取っておく。

2. 鍋にバターを入れ、弱火にかける。溶けたら、薄力粉を加えて炒める。粉臭さがなくなったら、牛乳、1.の茹で汁を加えてとろみがつくまで混ぜる。

3. ブランデー、ナツメグ、塩小さじ1/4、こしょう少々で味を調える。1.の鶏肉を加えて混ぜ、角バットなどに移す。粗熱が取れたらラップをぴったりと被せて冷蔵庫で1時間ほど置く。

4. 3.がかたくなったら、12等分に切り込みを入れて2本のスプーンで取り、ひとつずつ楕円形に丸める。

5. パン粉、溶き卵、さらにパン粉をまぶし、中温に温めた揚げ油で揚げる。

CONSEJOS

どこの修道院でも月に1度は作る小さなクリームコロッケ。ポイントは中身は十分に冷やしておくことです。また、衣に使うパン粉はかなり細かく挽いたものを使い、2度まぶすと破裂しにくくなります。

Medias lunas de mantequilla
バターの三日月

INGREDIENTES　材料（15個分）

薄力粉 --- 120g
アーモンドパウダー ------------------------------- 50g
塩 -- ひとつまみ
バター（無塩）---------------------- 100g（室温に戻す）
グラニュー糖 --------------------------------------- 60g
卵黄 --- 1個分
粉砂糖 --- 適量

PREPARACIÓN　作り方

1. ボウルにバターとグラニュー糖を入れ、白っぽくなるまでよく混ぜる。

2. 卵黄を加えて混ぜたら薄力粉、アーモンドパウダー、塩を加えてさらに混ぜる。

3. ラップで包み、冷蔵庫で1時間ほど休ませる。

4. オーブンを180℃に温めておく。天板にオーブンシートを敷く。

5. 生地を15等分にして丸め、三日月形に成形する。

6. 天板に生地を並べ、温めたオーブンで15分ほど焼く。粗熱が取れたら、粉砂糖をふる。

CONSEJOS

三日月の形をしたバタークッキー。クララ会では「バターの三日月」と呼んでいたのが可愛らしくてそのまま記していますが、クロワッサンのこともフランス語で"メディア・ルナ（Media lunas)"と呼ぶことがあるので、ちょっと紛らわしい名前です。ドイツの三日月形のクリスマスクッキーを真似て作ったのかもしれません。

PRIMER PLATO 一皿目

Crema de nabos
かぶのポタージュ

INGREDIENTES 材料（4人分）

かぶ	6個
長ねぎ	2本
チキンスープストック（⟶ Page. 237）	4カップ
オリーブオイル	大さじ3
塩、こしょう	各適量

PREPARACIÓN 作り方

1. かぶは茎を切り落とし、皮をむいて8等分のくし形切りにする。長ねぎはみじん切りにする。

2. 鍋にオリーブオイルを中火で温め、長ねぎを炒める。

3. 長ねぎがしんなりとしたら、かぶを加えてさらに炒める。

4. チキンスープストックを加え、沸騰したら蓋をし、弱火で15分ほど煮る。

5. ミキサーまたはブレンダーでピューレ状にし、塩、こしょうで味を調える。

CONSEJOS

日本より少し甘みが少ないものの、バスクにもかぶがあります。トッピングに刻んだかぶの葉を加えても美味しいです。

SEGUNDO PLATO 二皿目

Pollo a la Franciscana
鶏肉と野菜の煮込み

INGREDIENTES 材料（4人分）

鶏もも肉	2枚
玉ねぎ	1/2個
ペコロス	8個
にんじん	1本
カリフラワー	1/4個
にんにく	2片
オレガノ	2本
ローズマリー	2本
赤唐辛子	1本
白ワイン	1カップ
オリーブオイル	大さじ1
塩、こしょう	各適量

PREPARACIÓN 作り方

1. 鶏肉は余分な筋と脂を取り除く。食べやすい大きさに切り、塩、こしょうをふる。

2. 玉ねぎはみじん切りにする。ペコロスは皮をむく。にんじんは乱切り、カリフラワーは小房に分ける。にんにくは薄切りにする。

3. 鍋にオリーブオイルを中火で温め、鶏肉の全面をこんがり焼いて取り出す。

4. 足りないようならオリーブオイルを適宜足して弱火にし、玉ねぎ、にんにく、赤唐辛子を炒める。

5. 残りの野菜も加えて混ぜ、鶏肉を戻し入れて白ワインを注ぐ。オレガノとローズマリーを加えて蓋をし、弱火で40～45分煮て塩、こしょうで味を調える。

CONSEJOS

冬は鶏肉の煮込みを作ることが多くなります。ラードを使ってコクを出したり、じゃがいもを入れたり、違う野菜を使ったりなど、色々と応用が効いて作りやすい料理のひとつです。

POSTRE デザート

Macedonia de invierno y requesón
冬のフルーツとフレッシュチーズ

INGREDIENTES 材料（4人分）

みかん --- 1個
ざくろ ------------------------------------- 1/4個
ぶどう（種無し。マスカットなど） -------------------- 12粒
好みのフレッシュチーズ（カッテージチーズ、リコッタチーズなど）
--- 200g
レモン果汁 ----------------------------------- 小さじ1
ミントの葉 --------------------------------------- 適量
はちみつ -- 適宜

PREPARACIÓN 作り方

1. みかんは皮をむいて薄皮から果肉を取り出す。ざくろは実を取り出し、ぶどうは半分に切る

2. ボウルに入れ、レモン果汁とミントの葉を加えて和える。

3. 器に盛ってフレッシュチーズを添え、好みではちみつをかける。

CONSEJOS

スペイン特産のフレッシュチーズを使ったレシピです。手に入りやすいチーズで代用してください。ナッツをふっても。

PRIMER PLATO 一皿目

Hervido casero
茹で野菜のビナグレットソース

INGREDIENTES　材料(4人分)

じゃがいも ---2個
玉ねぎ --1個
にんじん--1本
さやいんげん -----------------------------------8本
白ワインビネガー --------------------------- 適量
オリーブオイル ----------------------------- 適量
塩、こしょう-------------------------------- 各適量

PREPARACIÓN　作り方

1. じゃがいもと玉ねぎは4等分に切る。にんじんは皮つきのまま4等分に切る。さやいんげんは筋を取って半分に切る。

2. 鍋にたっぷりの水とじゃがいもを入れて強火にかける。沸騰したら中火にし、残りの野菜を入れて茹でる。

3. 好みのやわらかさになったら、ザルに上げて水気をきる。

4. 器に盛り、白ワインビネガー、オリーブオイル、塩、こしょうを添えて各自取り分けて食べる。

CONSEJOS

スイスチャードなどを加えることもあります。日本では、じゃがいもをほかの根菜やさつまいもなどにアレンジしてもよいですね。味つけは食べるときに各自でお好みに。

SEGUNDO PLATO 二皿目

Tortilla de bacalao
鱈のバスク風オムレツ

INGREDIENTES　材料(直径28cmのフライパン・1個分)

卵 --6個
甘塩鱈(切り身) ------------------------------4切れ
玉ねぎ --2個
にんにく--1片
イタリアンパセリのみじん切り------------------ 大さじ1
赤唐辛子 ---------------------------------------1本
オリーブオイル ---------------------------- 大さじ2
塩 --- 小さじ1/2

PREPARACIÓN　作り方

1. 甘塩鱈は皮と骨を取り除き、粗みじん切りにする。玉ねぎとにんにくは薄切りにする。赤唐辛子は半分に切り、種を取り除く。

2. フライパンにオリーブオイル半量を中火で温め、玉ねぎをゆっくり炒める。しんなりとしたら赤唐辛子、にんにく、鱈を加えて炒めて取り出す。

3. ボウルに卵を割りほぐし、イタリアンパセリと塩、赤唐辛子を除いた2.を加えて混ぜる。

4. 同じフライパンに残りのオリーブオイルを中火で温め、3.を流し入れて大きく混ぜる。弱火にして、中は少し半熟程度に焼く。

CONSEJOS

バスクでは馴染み深い干し鱈のオムレツを、このレシピでは甘塩鱈で代用しました。フライパンで大きく焼き、切り分けていただきます。

Mandarinas con yogur y queso

みかんのヨーグルトパフェ

INGREDIENTES 材料（4人分）

みかん --4個
クリームチーズ ---------------------------------------200g
プレーンヨーグルト（無糖）-------------------------------100g
はちみつ -------------------------------------- 大さじ1と1/2

PREPARACIÓN 作り方

1. ボウルにクリームチーズを練ってやわらかくする。
2. プレーンヨーグルトとはちみつを加えて混ぜる。
3. みかんは皮をむき、薄皮から果肉を取り出す。
4. 器に2.を盛り、みかんをのせる。

CONSEJOS

冬になると、たわわに実をつけたみかんの木から甘い香りがしてきます。スペインにも日本のようなみかんがあり、最近では日本でもスペイン産のものが手に入るようです。ここでは、手に入るみかん、またはオレンジを使ってもよいでしょう。

はちみつのこと

15世紀にさとうきびがやって来るまで、はちみつは唯一の大切な甘味料でした。それ以前から、修道院では養蜂が盛んに行われていたそうです。甘味料だけでなく、教会ではたくさんの蝋燭が必要だったため、みつばちを育て、巣から蜜蝋を採取し、キャンドル作りをしていたのです。また治療薬としてのはちみつも必需品で、修道院を取り巻く野原や庭などの所々に巣箱を設置していたといいます。修道院は養蜂の発展にも貢献していたのです。現代は大変少なくなったものの、いくつかの修道院が養蜂を続けています。

そんな長い歴史もあり、はちみつが栄養面でも優れていることは代々伝えられ、毎日の健康管理の助けに活用するほか、お菓子や料理に上手に使うことにも長けているようです。

PRIMER PLATO 一皿目

Patatas a lo pobre
素朴なじゃがいも

INGREDIENTES　材料（4人分）
じゃがいも --4個
油（オリーブオイル、サラダ油など）----------------適量
塩 ---適量

PREPARACIÓN　作り方

1. じゃがいもは皮をむき、薄いいちょう切りにする。

2. フライパンにじゃがいもを入れ、ひたひたの油を注いで中火にかける。煮立ったら弱火にし、たまに混ぜながら油煮する。

3. ザルに上げて木べらで軽く押して油をきり、塩をふる。

CONSEJOS
秋の「大切なじゃがいも」（——→ Page. 222）に引き続き、冬は「素朴なじゃがいも」という名前で親しまれている料理をご紹介します。ひたひたの油でじゃがいもをゆっくり油煮するこの料理には、ピーマンやパプリカ、玉ねぎなどをプラスすることもあります。肉、魚料理のつけ合わせやスペインオムレツの具にしても。

SEGUNDO PLATO 二皿目

Arroz con espinacas y huevo
ほうれん草の炒めご飯 卵のせ

INGREDIENTES　材料（4人分）
冷やご飯 --------------------------------------- 4膳分
卵 ---4個
ほうれん草---2束
玉ねぎ --1個
にんにく ---1片
松の実 --------------------------------------- 大さじ2
オリーブオイル --------------------------------- 小さじ2
塩、こしょう --------------------------------- 各適量

PREPARACIÓN　作り方

1. オーブンを180℃に温めておく。

2. ほうれん草は3cm幅に切る。玉ねぎはみじん切り、にんにくは薄切りにする。

3. フライパンにオリーブオイルを中火で温め、玉ねぎとにんにくを炒める。玉ねぎがしんなりとしたら、ほうれん草と松の実を加えてさらに炒める。

4. 冷やご飯を加えて全体が混ざるように炒め、塩、こしょうで味を調える。

5. 耐熱容器に移して卵を割り落とし、温めたオーブンで黄身が半熟状になるまで焼く。

CONSEJOS
オーブンで焼く代わりに、炒めご飯を器に盛り、目玉焼きをのせてもよいでしょう。

Tarta de Santiago
サンティアゴのケーキ

INGREDIENTES 材料（直径17cmの丸型・1台分）

アーモンドパウダー -- 150g
卵 -- 4個
グラニュー糖 -- 80g
レモンの皮のすりおろし（ノーワックス）------------ 1/2個分
ブランデー -- 大さじ2
オリーブオイル -- 大さじ1
粉砂糖 -- 大さじ4
アーモンドスライス -- 12粒

PREPARACIÓN 作り方

1. オーブンを180℃に温めておく。型にオーブンシートを敷く。

2. 卵は卵白と卵黄に分け、それぞれボウルに入れる。

3. 卵黄のボウルにグラニュー糖半量を混ぜ、湯せんにかけて
   もったりするまで泡立て器で泡立てる。

4. レモンの皮のすりおろし、ブランデー、オリーブオイルを加えて
   混ぜ、アーモンドパウダーを少しずつ加え、その都度混ぜる。

5. 別のボウルで卵白を泡立てる。ある程度ボリュームが出たら、残
   りのグラニュー糖を3回に分けて加え、ツノが立つまで泡立てる。

6. 5～6回に分けて3.に加え、その都度さっくり混ぜる。

7. 型に流し入れ、温めたオーブンで20分ほど焼く。

8. 型から取り出し、粗熱が取れたら粉砂糖をふり、アーモンドス
   ライスを飾る。

CONSEJOS

ガリシア州の伝統菓子"タルタ・デ・サンティアゴ"。アーモンドパウダーで作るシ
ンプルなケーキです。"サンティアゴ"とは聖ヤコブのこと。聖ヤコブの遺骨が祭
られている巡礼地の最終目的地サンティアゴ・デ・コンポステーラの修道院で作
られたのが、その始まりとされています。今ではスペインを代表するほどのお菓
子です。仕上げに粉砂糖で十字架をデザインします。

PRIMER PLATO 一皿目

Porrusalda con calabaza
かぼちゃと長ねぎのポルサルダ

INGREDIENTES 材料(4人分)
かぼちゃ ------------------------------------ 1/8個
長ねぎ -- 2本
玉ねぎ -- 1個
にんじん --------------------------------------- 1本
じゃがいも ------------------------------------ 1個
チキンスープストック(⟶ Page. 237) ------------ 4カップ
オリーブオイル ---------------------------- 大さじ1
塩 -- 小さじ1

PREPARACIÓN 作り方
1. かぼちゃはワタと種を取り除き、食べやすい大きさに切る。長ねぎは2cm幅に切り、玉ねぎは粗みじん切りにする。にんじんは5mm幅の輪切り、じゃがいもは食べやすい大きさに切る。

2. 鍋にオリーブオイルを中火で温め、玉ねぎを炒める。しんなりとしたらじゃがいもを加えて炒める。

3. じゃがいもが少し透き通ってきたらかぼちゃ、長ねぎ、にんじんを加えて全体に油が回るように混ぜながら炒め、塩を加えて炒め合わせる。

4. チキンスープストックを加え、弱火にして10分ほどかぼちゃが崩れない程度に煮る。

CONSEJOS
バスクの伝統料理"ポルサルダ(⟶ Page. 072)"にかぼちゃをプラス。甘みが加わり、風味も豊かです。

SEGUNDO PLATO 二皿目

Huevos gratinados
茹で卵のトマトグラタン

INGREDIENTES 材料(4人分)
茹で卵 -- 6個
ハム --- 4枚
トマトソース(⟶ Page. 136) ------------------ 大さじ10
[ベシャメルソース]
    バター ------------------------------------ 20g
    薄力粉 ------------------------------- 大さじ2
    牛乳 ------------------------------------ 1カップ
    塩、こしょう ----------------------- 各適量

PREPARACIÓN 作り方
1. オーブンを250℃に温めておく。

2. ベシャメルソースを作る。鍋にバターを入れて弱火にかけて溶かす。溶けたら、薄力粉を加えて中火にして炒める。粉臭さがなくなったら、牛乳を少しずつ加えては泡立て器で混ぜるを繰り返し、とろみをつけて塩、こしょうで味を調える。

3. 茹で卵4個は半分に切り、白身と黄身に分ける。

4. 残りの卵は粗みじん、ハムはみじん切りにしてボウルに入れる。トマトソース大さじ4を加えて混ぜ、3.の白身に詰める。

5. 耐熱容器にベシャメルソース半量を広げる。その上に4.を並べ、残りのトマトソースとベシャメルソースを順にかける。

6. 温めたオーブンで15分ほど焼き、3.の黄身をザルでこしてふる。

Peras al vino tinto
洋梨の赤ワイン煮

INGREDIENTES 材料（4人分）

洋梨 -- 小4個
赤ワイン（フルボディ）------------------------- 2カップ
レモンの皮（ノーワックス）--------------------- 1/4個分
シナモンスティック ------------------------------1本
ローリエ --1枚
黒粒こしょう------------------------------------ 10粒
バニラビーンズ ---------------------------------- 1/2本
グラニュー糖 ----------------------------------- 大さじ5

PREPARACIÓN 作り方

1. 洋梨はヘタを残して皮をむく。バニラビーンズはさやを縦半分に切り、ナイフで種をこそぎ出す。

2. 鍋に洋梨以外の材料を入れて中火にかけ、グラニュー糖が溶けて沸騰したら1.を並べる。水をひたひたに注ぎ、蓋をし、弱火で30分ほど煮る。

3. 洋梨を崩れないように取り出し、煮汁を煮詰める。とろみがついたら、器に盛った洋梨にかける。

CONSEJOS

赤ワインの色が美しい、濃厚な洋梨のコンポートです。たくさん作る修道院では、洋梨を丸ごと鍋に立てるようにぎゅうぎゅうと並べて煮込みますが、寝かして煮たり、半分に切ってもよいでしょう。

腎臓によいコンソメスープ

INGREDIENTES 材料（約10人分）

にんじん --------------------------------------- 1本
りんご --- 1個
玉ねぎ --- 大1個
長ねぎ --- 1本
にんにく --------------------------------------- 1/2片
イタリアンパセリ ------------------------------- ひと握り
セロリの葉 ------------------------------------- 2〜3枚
キャベツの葉 ----------------------------------- 3枚
塩 --- 適量

PREPARACIÓN 作り方

1. りんごは4等分のくし形切りにして芯と種を取り除く。すべての材料を大きく切って深鍋に入れ、水1と1/2ℓを加える。中火にかけ、沸騰したら弱火で蓋なしで2時間ほど煮込む。

2. 1.を漉して鍋に戻す。取り出した野菜とりんごはミキサーまたはブレンダーでピューレ状にし、鍋に加えて塩で味を調える。

CONSEJOS

冬の修道院は寒く、足がむくんで下半身が冷えやすくなります。そんなときに修道女たちが作るのがこのコンソメスープ。腎臓を労わる野菜をたっぷり入れ、熱々に温めたものをいただきます。

PRIMER PLATO 一皿目

Sopa de garbanzos con espinacas
ひよこ豆とほうれん草のスープ

INGREDIENTES 材料（4人分）

ひよこ豆（水煮）------------------------ 1カップ
ほうれん草 ------------------------------ 1／2束
チキンスープストック（→ Page.237）------------ 4カップ
塩、こしょう ------------------------------ 各適量

PREPARACIÓN 作り方

1. ほうれん草はざく切りにする。

2. 鍋にひよこ豆、ほうれん草、チキンスープストックを入れ、5分
   ほど弱火で煮て、塩、こしょうで味を調える。

CONSEJOS

栄養価の高いスープです。乾燥豆から作ると断然美味しい。あればひよこ豆の
煮汁を加えるとコクが出ます。

SEGUNDO PLATO 二皿目

Huevos rellenos en salsa
茹で卵の詰め物 オニオンソース

INGREDIENTES 材料（4人分）

茹で卵 ---------------------------------- 6個
ツナ ------------------------------------ 70g
生クリーム ------------------------------ 大さじ2
塩、こしょう ---------------------------- 各適量
［オニオンソース］
　玉ねぎのみじん切り ------------------- 1個分
　白ワイン ------------------------------ 1／2カップ
　オリーブオイル ----------------------- 大さじ1

PREPARACIÓN 作り方

1. 茹で卵は半分に切り、白身と黄身を分ける。

2. ボウルにツナ、1.の黄身、生クリーム、塩、こしょうを入れて
   混ぜる。

3. 1.の白身に2.を詰め、器に盛る。

4. オニオンソースを作る。フライパンにオリーブオイルを弱火で
   温め、玉ねぎを炒める。白ワインと水1カップを加えて半量にな
   る程度まで煮詰めてとろみをつける。

5. 3.の卵の詰め物に5.のオニオンソースをかける。

CONSEJOS

茹で卵の詰め物は前菜、サラダに供するのがポピュラーですが、これはオニオン
ソースをかけ、卵料理としてメインでいただきます。

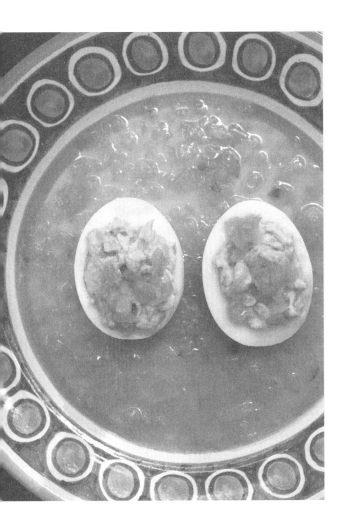

Lenguas de monjas
修道女の舌

INGREDIENTES 材料（20個分）

薄力粉	100g
ベーキングパウダー	小さじ1
塩	ひとつまみ
ラード	25g
ビール	大さじ3
グラニュー糖	70g

PREPARACIÓN 作り方

1. オーブンを170℃に温めておく。天板にオーブンシートを敷く。
2. ボウルにラードを入れ、木べらで練ってやわらかくする。
3. ビールを加えて混ぜ、さらに薄力粉、ベーキングパウダー、塩を加えてよく混ぜる。
4. 生地を丸めてラップで包み、冷蔵庫でひと晩ほど休ませる。
5. 生地を冷蔵庫から取り出し、グラニュー糖を広げた台にのせる。生地を20等分にして丸めて楕円に成形し、天板に並べる。
6. 温めたオーブンに入れ、15分ほど焼く。

CONSEJOS

修道院で生まれたり、作られたりしているお菓子の名前には「修道女」という言葉がつけられていることがよくあります。このお菓子の名前も、"ラングドシャ（猫の舌）"からアレンジしたのでしょうか。

PRIMER PLATO 一皿目

Espinacas rehogadas
ほうれん草のソテー

INGREDIENTES　材料（4人分）
ほうれん草------------------------------1束
玉ねぎ ----------------------------1/2個
にんにく ---------------------------1片
ナツメグ --------------------------- 少々
オリーブオイル --------------- 小さじ2
塩、こしょう------------------------各適量

PREPARACIÓN　作り方
1. ほうれん草は3cm幅に切る。鍋にたっぷりの湯を沸かして茹で、しっかり水気をきる。
2. 玉ねぎとにんにくは薄切りにする。
3. フライパンにオリーブオイルを弱火で温め、玉ねぎとにんにくをじっくり炒める。玉ねぎがしんなりとして甘みが出てきたら、ほうれん草を加え、中火にして水分を飛ばすように炒める。
4. ナツメグ、塩、こしょうを加えて味を調える。

CONSEJOS
玉ねぎをゆっくりと弱火で炒め、甘みを引き出すのがポイントです。

SEGUNDO PLATO 二皿目

Tortilla con bechamel
オムレツのベシャメルソース

INGREDIENTES　材料（4人分）
卵 -------------------------------------8個
茹で卵 --------------------------------1個
生ハム -------------------------------4枚
オリーブオイル --------------------- 大さじ2
塩 --------------------------------- 小さじ1/3
こしょう ---------------------------- 少々
［ベシャメルソース］
　バター --------------------------- 20g
　薄力粉--------------------------- 大さじ2と1/2
　牛乳---------------------------1と1/2カップ
　塩 --------------------------------- 小さじ1/6
　こしょう----------------------------- 適量
イタリアンパセリのみじん切り --------------------- 少々

POSTRE デザート

Mermelada de naranja y helado
オレンジマーマレードとアイスクリーム

PREPARACIÓN 作り方

1. ベシャメルソースを作る。鍋にバターを溶かし、薄力粉を加える。粉臭さが消えたら、牛乳を少しずつ加えては泡立て器で混ぜる。とろみがついたら塩、こしょうで味を調える。

2. 茹で卵と生ハムは粗みじん切りにし、ベシャメルソースに加えて混ぜる。

3. オムレツを1人分ずつ作る。ボウルに卵2個を割りほぐし、塩、こしょうを加えて混ぜる。

4. フライパンにオリーブオイルを中火で温め、3.の卵液を入れて木べらで大きくかき混ぜる。周りがかたまってきたら、両端を中央に向けて折りたたむように寄せる。残りも同様に焼く。

5. 器に盛ったオムレツに2.のベシャメルソースをかけ、イタリアンパセリをふる。残りも同様に焼く。

アイスクリーム（—» Page. 117）

Mermelada de naranja
オレンジマーマレード

INGREDIENTES （作りやすい分量）

オレンジ ------------------------------ 500g
グラニュー糖 ------------------------- 約480g

PREPARACIÓN 作り方

1. オレンジはよく洗い、皮をむく。皮は白い部分を取り除いてせん切りにする。果肉は薄皮ごと6等分に切り、種は取り除く。

2. 鍋に湯を沸かしてオレンジの皮を入れ、10分ほど煮る。水気をきり、同様に茹でるを3回繰り返す。

3. 鍋に果肉を入れ、グラニュー糖を加える。弱火で15分、木べらでかき混ぜながら煮て、とろみがついたら火から下ろす。

4. 2.と3.をフードプロセッサーまたはブレンダーに入れて軽く攪拌する。

5. 瓶詰めにする（—» Page. 357）。

保存期間：冷暗所で6か月保存可能。

CONSEJOS

フードプロセッサーにかけると、口当たりがよくなります。好みのなめらかさに仕上げてください。

PRIMER PLATO 一皿目

Ensalada de lechuga
グリーンサラダ

INGREDIENTES　材料（4人分）

ロメインレタス ---1個
紫玉ねぎ --- 1／2個
イタリアンパセリのみじん切り -------------------- 大さじ1
タイムのみじん切り------------------------------- 小さじ1
レモン（ノーワックス） ------------------------------- 1／2個
オリーブオイル ---------------------------------- 大さじ2
塩 ---適量

PREPARACIÓN　作り方

1. ロメインレタスはひと口大にちぎり、水に浸してシャキッと
   させて水気をきる。紫玉ねぎは薄切りにする。レモンは皮をす
   りおろし、果汁を搾る。

2. ボウルにロメインレタス、紫玉ねぎ、ハーブを入れて混ぜる。レ
   モンのすりおろしと果汁、オリーブオイルを加えて和え、塩で味
   を調える。

CONSEJOS

ロメインレタスと玉ねぎ、ハーブのシンプルなサラダ。レタスは水につけてシャ
キッとさせ、水きりをしっかりとしてドレッシングを絡みやすくします。手でちぎる
と食感もよくなり、表面積が増えてドレッシングがさらに絡みます。

SEGUNDO PLATO 二皿目

Estofado de costillas de cerdo y patatas
豚スペアリブとじゃがいもの煮込み

INGREDIENTES　材料（4人分）

豚スペアリブ --------------------------------------8本
じゃがいも ---3個
ピーマン ---1個
玉ねぎ ---1個
にんにく---2片
トマト水煮-------------------------------------- 1カップ
白ワイン ------------------------------------1／2カップ
ローリエ --1枚
パプリカパウダー ----------------------------- 小さじ1
オリーブオイル ----------------------------------- 大さじ1
塩、こしょう------------------------------------- 各適量

PREPARACIÓN　作り方

1. 豚スペアリブは塩、こしょうをふる。

2. じゃがいもはひと口大に切り、ピーマンはヘタと種を取り除き、玉ねぎ、にんにくとともにみじん切りにする。

3. 鍋にオリーブオイルを中火で温め、豚スペアリブの全面をこんがりと焼く。

4. じゃがいも以外の野菜を加えて炒める。玉ねぎが透き通ったら、トマト水煮を加えて潰しながら混ぜる。

5. 白ワイン、ローリエ、パプリカパウダーを加え、ひたひたになる程度に水を注ぐ。

6. 沸騰したらアクを取り除き、弱火にして蓋をし、30分ほど煮る。

7. じゃがいもを加え、さらに15分煮る。

CONSEJOS

伝統的な家庭料理のひとつです。肉を焼くときは触らず、じっくりと焼き目をつけます。表面をしっかり焼いて旨みを閉じ込めましょう。骨からホロリと外れるほどやわらかく煮込みます。

Crema de café
コーヒークリーム

INGREDIENTES　材料（4〜5人分）

卵黄	2個分
牛乳	3カップ
グラニュー糖	60g
コーンスターチ	大さじ5
インスタントコーヒー	大さじ1
バター（無塩）	10g

PREPARACIÓN　作り方

1. ボウルに卵黄、牛乳1/4カップ、グラニュー糖、コーンスターチを入れて混ぜる。

2. 鍋に残りの牛乳、インスタントコーヒー、バターを入れて中火にかけ、沸騰寸前で火を止める。

3. 1.を加え、とろみがつくまで混ぜる。

CONSEJOS

スプーンですくって食べるコーヒー味のカスタードクリーム。冬は温かいでき立てを、夏は冷蔵庫で冷やしたものを食べます。

Patatas a la crema
じゃがいものグラタン

INGREDIENTES 材料(4人分)

じゃがいも -- 3個
ピザ用チーズ ------------------------------------- 50g
[ベシャメルソース]
　　バター --- 20g
　　薄力粉 ------------------------------------- 大さじ2
　　牛乳 --------------------------------1と1/2カップ
　　塩---小さじ1/4
　　こしょう -------------------------------------- 適量

PREPARACIÓN 作り方

1. オーブンを250℃に温めておく。

2. じゃがいもは5mm厚さの半月切りにする。

3. 鍋にたっぷりの水を入れ、じゃがいもを水から茹でる。やわらかくなったら水を捨て、もう一度火にかけて残った水分を飛ばす。

4. ベシャメルソースを作る。別の鍋にバターを入れて弱火にかけて溶かす。溶けたら、薄力粉を加えて中火にして炒める。粉臭さがなくなったら、牛乳を少しずつ加えては泡立て器で混ぜるを繰り返してとろみをつけ、塩、こしょうで味を調える。

5. 3.のベシャメルソースに2.のじゃがいもを加えて混ぜる。耐熱容器に移し、ピザ用チーズを全体にふり、温めたオーブンでこんがりするまで10分ほど焼く。

Lomo de cerdo con naranja y limón
豚ロース肉のオレンジレモンソース

INGREDIENTES 材料(4人分)

豚ロース肉(とんかつ用) ----------------------------4枚
オレンジの皮のすりおろし------------------------- 2個分
オレンジ果汁 --------------------------------------- 2個分
レモン果汁-- 1個分
ローズマリー --3本
白ワイン(辛口) ----------------------------1/2カップ
コアントロー --------------------------------------- 大さじ1
グラニュー糖 --------------------------------------- 小さじ2
オリーブオイル ----------------------------------- 大さじ1
塩、こしょう --- 各適量

PREPARACIÓN 作り方

1. 豚肉は筋切りし、塩、こしょうをふる。

2. フライパンにオリーブオイルを中火で温め、豚肉の両面をこんがり焼く。白ワインを加え、半量程度になるまで弱火で煮る。

3. オレンジとレモンの果汁それぞれ半量と、水1/2カップを加える。オレンジの皮のすりおろしとローズマリーをのせて蓋をし、さらに15分ほど煮る。

4. 残りの果汁とグラニュー糖を加える。とろみがつき、豚肉に絡まるようになるまで煮詰め、コアントローを加えてひと煮立ちさせる。

Intxaursaltsa
くるみのクリーム

INGREDIENTES 材料（4人分）

くるみ（皮なし）-------------------------------- 250g
レモンの皮（ノーワックス）------------------- 1/4個分
シナモンスティック -------------------------------- 1本
牛乳 --- 1ℓ
グラニュー糖 ----------------------------------- 250g
塩 -- ひとつまみ

PREPARACIÓN 作り方

1. くるみはすり鉢に入れて潰し、粉状にする。またはポリ袋に入れて麺棒で叩く。
2. 鍋に1.と残りの材料を入れ、弱火にかける。木べらでとろみがつくまでかき回しながら20分ほどゆっくりと煮る。

CONSEJOS

バスクの伝統的なクリスマスのデザートです。修道院でも、バスク出身の修道女たちはこの時期に作ることを忘れません。加熱時間はおおよそ20分ですが、とろみがつくまで時間は調節してください。沸騰させずにゆっくりと気長に煮るのがポイントです。マミヤ（——→ Page. 071）やアイスクリーム（——→ Page. 117）に添えることも。

クリスマスの料理

24日のクリスマスイブの夜は、遠く離れた家族、親戚が集まり、皆で食卓を囲む1年で最も大切な日です。お母さんやおばあちゃんが腕を奮って作る豪勢な料理は、誰もが心待ちにしていることでしょう。

修道院で暮らす修道女たちは帰郷することはありませんが、ほかの多くの家庭と同じようにクリスマス料理を楽しみます。地方や地域によって伝統料理は異なり、また家庭や修道院によっても料理の内容が変わります。

バスクの伝統的なクリスマスイブのメニューといえば、"キャベツのにんにく風味炒め"、"カタツムリのトマトソース煮"、鯛や干し鱈、メルルーサなどの魚料理。クリスマスイブに肉を禁じていたカトリックの影響で魚料理がメインディッシュになったといいます。近代になり、その習慣がなくなると、鶏肉や七面鳥、羊などの肉料理も加わり、今では伝統料理に好みの料理も加えながら、自在にそれぞれのクリスマスの晩餐を楽しむようになりました。

しかし、今でもバスクの古い伝統の「パンの儀式」がまだ行われている家庭もあるとか。イブの晩餐を祝福し、田舎パンにナイフで十字架の印を作ってカットし、最初にカットしたものは新年の無事と平安を祈願し、1年間保存するそうです。

PRIMER PLATO 一皿目

Crema de puerros
長ねぎのポタージュ

INGREDIENTES 材料(4人分)

長ねぎ	5本
にんにく	1片
プロセスチーズ	25g
チキンスープストック(—» *Page. 237*)	3カップ
牛乳	1カップ
オリーブオイル	大さじ2
塩、こしょう	各適量

PREPARACIÓN 作り方

1. 長ねぎは5cm幅に切る。にんにくは薄切りにする。

2. 鍋にオリーブオイルを中火で温め、長ねぎとにんにくを炒める。

3. 長ねぎがしんなりとしたらチキンスープストックを加え、沸騰したらプロセスチーズを崩しながら加えて蓋をし、弱火で15分ほど煮る。

4. 牛乳を加えて混ぜ、ミキサーまたはハンドブレンダーでクリーム状にする。

5. 鍋に戻して温め、塩、こしょうで味を調える。

CONSEJOS

滋味豊かな長ねぎのポタージュです。優しい味わいなので、プロセスチーズでコクを加えます。さらに生ハムや炒めたベーコンなどをトッピングすると、より味が引き立ちます。

SEGUNDO PLATO 二皿目

Arroz con costillas de cerdo
豚スペアリブのタイム風味ご飯

INGREDIENTES 材料(4人分)

米	2カップ
豚スペアリブ	400g
パプリカ(赤)	1個
トマト	1個
にんにく	1片
タイム	2本
サフラン	ひとつまみ
オリーブオイル	大さじ1
塩、こしょう	各適量

PREPARACIÓN 作り方

1. 鍋に水2と1/2カップ、細かく砕いたサフラン、塩小さじ2/3を入れる。

2. 豚スペアリブは塩、こしょうをふる。

3. パプリカはヘタと種を取り除き、せん切りにする。トマトはヘタを切り落として皮をむき、みじん切りにする。にんにくもみじん切りにする。

4. 別の鍋にオリーブオイルを中火で温め、豚スペアリブの全面をこんがり焼く。パプリカとにんにくを加えてさらに炒める。パプリカがしんなりとしたら、トマトを加えて煮詰める。

5. 1.を沸かして米を4.に加え、沸騰したらタイムを加えて混ぜる。

6. 再度沸騰したら蓋をして中火で2分、弱火にしてさらに10分炊き、火を止めてそのまま10分蒸らし、こしょうをふる。

CONSEJOS

米料理は一皿目扱いが多いスペインですが、豚肉を使って重めなので、メインに分類しています。タイムも加え、風味も豊かに仕上げます。

Compota de Navidad
クリスマスのコンポート

INGREDIENTES 材料（4人分）

ドライいちじく ---------------------------------- 200g
ドライあんず ------------------------------------ 120g
ドライプルーン（種抜き） ------------------------ 100g
レーズン -- 100g
洋梨（またはりんご） ----------------------------- 1個
シナモンスティック ------------------------------ 1本
赤ワイン ------------------------------ 2と1/2カップ

PREPARACIÓN 作り方

1. 鍋にドライフルーツとひたひたの水を注いで1時間以上浸す。

2. 洋梨は皮をむき、芯と種を取り除き、小さめのひと口大に切る。

3. 1.の鍋に洋梨とシナモンスティックを入れ、赤ワインを注ぐ。中火にかけ、沸騰したら蓋をし、弱火で30〜40分煮る。

CONSEJOS

クリスマスの締めくくりに食べることで馴染み深いバスクの伝統的なデザートです。寒い日には温めていただきます。子供のいる家庭ではワインの代わりにシロップだけで作るそう。

Espinacas a la crema
ほうれん草のクリーム煮

INGREDIENTES 材料(4人分)

ほうれん草 ------------------------------------- 2束
玉ねぎ ------------------------------------- 1/2個
にんにく ------------------------------------- 1片
生クリーム ------------------------------------- 3/4カップ
オリーブオイル ------------------------- 小さじ2
塩、こしょう ------------------------------- 各適量

PREPARACIÓN 作り方

1. ほうれん草はざく切りに、玉ねぎは薄切りに、にんにくはみじん切りにする

2. フライパンにオリーブオイルを弱火で温め、玉ねぎとにんにくをじっくり炒める。玉ねぎがしんなりとしたら、ほうれん草を加えて炒める。

3. ほうれん草に火が通ったら、生クリームを加えてとろみがつくまで煮て、塩、こしょうで味を調える。

CONSEJOS

チーズやパン粉をふってオーブンで焼き、グラタンにすることもあります。肉や魚介料理のつけ合わせとしても活躍します。

Solomillo de cerdo al hojaldre
豚ヒレ肉のパイ包み

INGREDIENTES 材料(4〜5人分)

マザー・マリア・アルムデナのパイ生地(⟶ Page. 355) ----- 300g
豚ヒレ肉(ブロック) ------------------------- 500g
マッシュルーム ------------------------- 100g
にんじん ------------------------------------- 1本
玉ねぎ ------------------------------------- 1/4個
卵黄(塗り用) ------------------------------- 1個分
オリーブオイル ------------------------- 大さじ1
塩、こしょう ------------------------------- 各適量

Nueces con miel

くるみとはちみつ

INGREDIENTES　材料（作りやすい分量）

くるみ --- 適量
はちみつ --- 適量

PREPARACIÓN　作り方

1. くるみはフライパンで軽く炒る。

2. ガラス瓶などに炒ったくるみを入れ、きっちりと浸るまではちみつを注ぐ。

CONSEJOS

瓶などに炒ったくるみとはちみつを合わせて保存しておくと、それだけでも美味しいデザートになります。また、ケーキやクッキーの生地に混ぜたり、果物に加えたりと使い道も多く楽しめます。

PREPARACIÓN　作り方

1. オーブンを200℃に温めておく。天板にオーブンシートを敷く。

2. 豚肉は余分な脂を取り除き、塩、こしょうをすり込む。

3. すべての野菜はみじん切りにする。

4. フライパンにオリーブオイルを中火で温め、豚肉の全面をこんがり焼き、取り出してしっかり粗熱を取る。

5. 同じフライパンに3.の野菜を入れてよく炒め、塩、こしょうで味を調える。

6. 豚肉に切り込みを入れ、炒めた野菜を間に挟む。

7. 6.がきっちり包める程度の大きさにパイ生地をのばし、包む。生地の表面に数か所竹串で穴を開け、表面に卵黄を塗る。

6. 温めたオーブンで30分ほど焼き、そのままオーブンの中で粗熱を取る。

CONSEJOS

イギリス料理"ビーフ・ウェリントン"がスペインに伝わったのでしょうか。豚肉を使うのがスペイン風。野菜から水分が出ないように、しっかりと炒めて水分を飛ばします。お祝いの日には、余ったパイ生地で表面にツリーやヒイラギなどクリスマスらしい飾りつけをして楽しみます。

PRIMER PLATO 一皿目

Arroz con verduras
野菜のご飯

INGREDIENTES　材料(4人分)

米 -- 2カップ
カリフラワー ------------------------------------ 120g
ピーマン -- 1個
にんじん -- 1/2本
長ねぎ --- 1本
にんにく -- 2片
オリーブオイル -------------------------------- 大さじ1
塩 --- 小さじ1

PREPARACIÓN　作り方

1. カリフラワーは小房に分ける。ピーマンはヘタと種を取り除き、粗みじん切りにする。にんじんは1cm角、長ねぎは小口切りにする。にんにくはみじん切りにする。

2. 鍋にオリーブオイルを中火で温め、カリフラワー以外の野菜を5分ほど炒める。

3. 野菜がしんなりとしたら、カリフラワーを加え、混ぜながら炒める。

4. カリフラワーに油が回ったら、米、水2と1/4カップ、塩を加える。沸騰したら蓋をして弱火で12〜13分、火を止めてそのまま10分蒸らす。

CONSEJOS

素焼きの器で炊き上げる伝統的なご飯。重いメインと合わせるのでさっぱりと仕上げていますが、スープストックとトマトソースを使ってしっかりと味つけしても。バスクでは冬にも出回っているアーティチョークやきのこ、かぶなどを入れることもあります。

SEGUNDO PLATO 二皿目

Solomillo de cerdo San Antón
聖アントニオの豚肉料理

INGREDIENTES　材料(4人分)

豚ヒレ肉(ブロック) ---------------------------- 400g
松の実 --- 100g
レモン果汁 ------------------------------------- 大さじ2
シェリー酒(または白ワイン) ------------------ 1/2カップ
薄力粉 --- 大さじ1
オリーブオイル -------------------------------- 大さじ1
塩、こしょう ----------------------------------- 各適量

PREPARACIÓN　作り方

1. 豚肉は2cm程度の厚さに切る。塩、こしょうをふり、レモン果汁をふって1時間ほど置く。

2. フライパンにオリーブオイルを中火で温め、豚肉の全面をこんがり焼いて取り出す。

3. 同じフライパンで薄力粉を炒める。

4. 粉気がなくなったらシェリー酒を加えて混ぜる。松の実と水1/2カップも加え、10分ほど煮る。

5. 肉を戻し入れて蓋をし、弱火で30分ほど煮る。

CONSEJOS

1月17日は動物の守護聖人・聖アントニオの日。スペイン各地でお祭りが行われ、聖職者からペットに祝福を受けるための行列ができる教会もあります。ゆかりのある修道院でも動物たちのために祈りを捧げ、お祝いをするところもあります。

Roscos de vino

ロスコス・デ・ヴィノ

INGREDIENTES 材料（直径4.5cmのセルクル型・約10個分）

薄力粉 -- 100g
オレンジの皮（1cm幅）----------------------------------- 2枚
レモンの皮のすりおろし（ノーワックス）------------- 1/2個分
白炒りごま -- 大さじ2
アニスシード ----------------------------------- 小さじ1/2
グラニュー糖 --- 25g
シナモンパウダー ------------------------------------- 少々
白ワイン（甘口）-------------------------------------- 大さじ2
オリーブオイル -------------------------------- 大さじ2と1/2
粉砂糖 -- 適量

PREPARACIÓN 作り方

1. オーブンを180℃に温めておく。天板にオーブンシートを敷く。

2. フライパンにオリーブオイルとオレンジの皮を入れて弱火で炒め、香りが出たら火を止め、白ごまとアニスシードを加えて火を止め、そのまま粗熱を取る。

3. ボウルに薄力粉を入れ、中央にオレンジの皮を取り除いた2.を加え、木べらで丁寧にダマができないように混ぜる。

4. 全体が混ざったら、レモンの皮のすりおろし、グラニュー糖、シナモンパウダー、白ワインの順に加えてその都度混ぜる。

5. 手でこね、全体が混ざったらひとまとめにする。

6. 薄力粉（分量外）をふった台に生地をのせ、1cm厚さにのばす。型で抜き、中央を丸くくり抜く。

7. 天板に並べ、温めたオーブンで15分ほど焼き、温かいうちに粉砂糖をまぶす。

CONSEJOS

真っ白なドーナツ型をした小さなクリスマスのクッキー。生地に練り込んだ白ごまの風味とサクッとした食感、ほのかなワインの香りが大人っぽいお菓子です。中央はりんごの芯抜き器、または1.5〜1.8cmの口金の裏を使って丸くくり抜きます。

PRIMER PLATO 一皿目

Ensalada de peras
洋梨のサラダ

INGREDIENTES 材料（4人分）

洋梨	1個
レタス	1/2個
レモン果汁	大さじ2
粒マスタード	小さじ1
オリーブオイル	大さじ2

PREPARACIÓN 作り方

1. 洋梨は皮をむいて4等分のくし形に切り、芯と種を取り除いて5mm厚さの薄切りにする。

2. レタスは冷水に浸してパリッとさせ、食べやすい大きさにちぎる。

3. ボウルにレモン果汁、粒マスタード、オリーブオイルを入れて混ぜる。ボウルに洋梨とレタスを加えて和える。

CONSEJOS

甘く熟した洋梨にたっぷりのレモン果汁、粒マスタードが味を引き締めます。レタスはロメインレタスやトレビスなどもおすすめです。アーモンド、くるみなどのナッツ類を加えても。

SEGUNDO PLATO 二皿目

Ternera estofada casera
牛肉の赤ワインシチュー

INGREDIENTES 材料（4人分）

牛肉（シチュー用）	500g
じゃがいも	2個
にんじん	1本
玉ねぎ	1個
にんにく	1片
赤ワイン（辛口・フルボディ）	1/2カップ
トマト水煮	400g
固形ブイヨン	1個
ローリエ	1枚
薄力粉	適量
オリーブオイル	大さじ2
塩、こしょう	各適量

Bolitas de nuez

くるみボール

PREPARACIÓN　作り方

1. 牛肉は塩、こしょうをふり、薄力粉を薄くはたく。

2. じゃがいもとにんじんはひと口大に切る。玉ねぎとにんにくは
みじん切りにする。

3. 鍋にオリーブオイル半量を中火で温め、牛肉の全面をこんがり
焼いて取り出す。

4. 残りのオリーブオイルを加えて弱火にし、玉ねぎをゆっくり炒
める。

5. 玉ねぎがきつね色になったら、にんにくを加えてさらに炒める。
香りが出たら牛肉を戻し入れ、赤ワインを注ぐ。

6. 赤ワインが半量程度まで煮詰まったら、トマト水煮、固形ブイヨン、
ローリエ、水1と1/2カップを加えて中火にする。

7. 煮立ったら弱火にしてアクを取り除き、蓋をして1時間ほど煮る。

8. じゃがいもとにんじんを加え、やわらかくなるまで15分ほど煮て、
塩、こしょうで味を調える。

CONSEJOS

牛肉を炒めたときのフライパンの焦げもこそげ取りながら煮ると、旨みになりま
す。圧力鍋を使うと、手軽に作れます。

INGREDIENTES　材料（12個分）

くるみパウダー ------------------------------------- 60g
ビスケット -------------------------------------- 65g
コンデンスミルク ----------------------------------120g
チョコスプレー----------------------------------- 20g

PREPARACIÓN　作り方

1. ビスケットはポリ袋に入れて麺棒などで粉状になるまで叩く。
または、フードプロセッサーにかける。

2. ボウルに1.、くるみパウダー、コンデンスミルクを入れてフォー
クでよく混ぜる。

3. 2.がまとまったら、12等分にして丸める。

4. 角バットにチョコスプレーを広げ、3.を転がしながらまぶし、
冷蔵庫で1時間ほど休ませる。

CONSEJOS

混ぜて丸めるだけの、口当たりのよいしっとりしたお菓子です。

PRIMER PLATO 一皿目

Ensalada tibia

温野菜のサラダ

INGREDIENTES　材料(4人分)

じゃがいも --4個
カリフワラー ----------------------------------120g
グリーンピース(冷凍) --------------------- 30g
レモン果汁 -------------------------------------- 大さじ1
オリーブオイル -------------------------------- 大さじ2
塩、こしょう---------------------------------------各適量

PREPARACIÓN　作り方

1. じゃがいもはさいの目切りにする。カリフラワーは小房に分ける。グリーンピースは解凍する。

2. 鍋にたっぷりの水を注いでじゃがいもを入れ、中火にかける。沸騰したらカリフラワーも加えてやわらかくなるまで茹で、水気をしっかりきる。

3. ボウルにじゃがいも、カリフラワー、グリーンピースを入れ、レモン果汁とオリーブオイルを加えて和え、塩、こしょうで味を調える。

CONSEJOS

冷えた体を温めてくれる温野菜にレモンのビタミンCも加えた、心強いサラダです。ブッロコリーやにんじん、芽キャベツ、長ねぎ、さつまいも、かぼちゃ、根菜などの冬の旬野菜で応用してください。

SEGUNDO PLATO 二皿目

Sukalki

スカルキ

INGREDIENTES　材料(4人分)

牛肉(シチュー用) -------------------------------------500g
じゃがいも --2個
ピーマン --2個
パプリカ(赤) --1個
玉ねぎ --1個
長ねぎ --1本
グリーンピース(冷凍) ------------------------------100g
トマトソース(→ *Page.* 136) ---------------1/2カップ
白ワイン --1/2カップ
パプリカパウダー ----------------------------- 小さじ2
オリーブオイル -------------------------------- 大さじ1
塩、こしょう---------------------------------------各適量

PREPARACIÓN　作り方

1. 牛肉は塩、こしょうをふる。じゃがいもはひと口大に切る。ピーマンとパプリカはヘタと種を取り除き、粗みじん切りにする。玉ねぎと長ねぎはみじん切りにする。

2. 鍋にオリーブオイルを中火で温め、牛肉の全面をこんがり焼いて取り出す。

3. 同じ鍋に1.の野菜を入れてしんなりするまで炒め、トマトソースを加えて水分がなくなるまで煮詰める。

4. 牛肉を戻し入れ、白ワインを加える。沸騰したら水1/2カップとパプリカパウダーを加えて蓋をし、弱火で1時間ほど煮て、塩、こしょうで味を調節する。

Bizcocho a la naranja
オレンジケーキ

INGREDIENTES 材料（直径18cmの丸型・1台分）

オレンジ -- 1個

a
- 薄力粉 -- 200g
- グラニュー糖 --------------------------------------- 100g
- ベーキングパウダー -------------------------------- 10g

b
- オリーブオイル --------------------------------- 大さじ5
- 卵 --- 3個

PREPARACIÓN 作り方

1. オーブンを180℃に温めておく。型にオリーブオイル（分量外）を薄く塗る。a は合わせてふるう。

2. オレンジの皮はよく洗い、皮はすりおろし、果汁を搾る。

3. ボウルに a を入れて混ぜる。

4. 別のボウルに b と2.を入れてよく混ぜる。

5. 4.に3.を3回に分けて加え、泡立て器でその都度混ぜる。

6. 型に流し、温めたオーブンで30分ほど焼く。

CONSEJOS

スポンジケーキ“ビスコチョ”は修道院で生まれたといわれ、古くからさまざまな風味や味わいのケーキとなって受け継がれてきました。表面に粉砂糖やナッツをふってもよいでしょう。

煮込み料理のこと

スペインではおふくろの味としていちばんに名を連ねるのが煮込み料理です。肉の煮込み、魚介の煮込み、豆の煮込みなど、地域によって内容は違うとしても、煮込み料理はスペインの家庭料理の真髄。古くから愛されている伝統料理なのです。修道院ではまさにそれをしっかりと受け継ぎ、修道女たちは煮込み料理のスペシャリストと呼ばれるほど。

煮込み料理には、古くから受け継がれた料理の美点がたくさん詰まっています。まずは、あらゆる種類の食品を組み合わせることができるところ。具材がお互いに味を高め合って、コクと旨みの素敵なハーモニーを奏でてくれます。味だけではなく、食感もしかり。じっくり煮込んでとろけるようにやわらかくなった肉は煮込みだからこそなせる技です。

そして、寒い冬には体を温めてくれます。修道院の中はその構造と過度な暖房がないことから、寒さは厳しいはず。そんな中、煮込み料理は修道女を古くから喜ばせてきたことでしょう。寒い日に体の調子を整えるため、バスクで古くから作られている伝統料理に“スカルキ（左ページ）”があります。バスク語の「台所、かまどで調理する」が語源で、弱火でじっくりと煮込んだというニュアンスのある名前を持つ牛肉のシチュー。バスクの修道院でも冬は出番の多い料理です。

PRIMER PLATO 一皿目

Ensalada campera
田舎風ポテトサラダ

INGREDIENTES　材料(4人分)

じゃがいも --2個
にんじん --1/2本
さやいんげん --5本
レタス --3枚
玉ねぎ --1/4個
ケッパー --8粒
白ワインビネガー --小さじ2
オリーブオイル --大さじ1
塩、こしょう--各適量

PREPARACIÓN　作り方

1. じゃがいもはひと口大、にんじんは乱切りにする。さやいんげんは筋を取り、3等分に切る。

2. 塩少々を入れた湯で1.をそれぞれ好みのかたさに茹でて水気をきる。

3. レタスは冷水に浸してパリッとさせ、食べやすい大きさにちぎる。玉ねぎは薄切りにする。

4. ボウルに2.と3.の野菜、ケッパーを入れ、白ワインビネガーとオリーブオイルを加えて和え、塩、こしょうで味を調える。

CONSEJOS

田舎のおばあちゃんが作るような、もしくは羊飼いが放牧中に作ったサラダなのでしょうか、「田舎風」と呼ばれるスペインの典型的なサラダです。地域や家庭によって内容はさまざまですが、基本はじゃがいもとビナグレットソースです。

SEGUNDO PLATO 二皿目

Chuletas de cordero rebozadas
ラムチョップのカツレツ

INGREDIENTES　材料(4人分)

ラムチョップ --8〜12本
薄力粉 --大さじ2〜4
溶き卵--1個分
パン粉(細挽き) --1カップ
オレガノ --小さじ1
塩、こしょう--各適量
揚げ油 --適量

PREPARACIÓN　作り方

1. ラムチョップは麺棒などでよく叩く。塩、こしょうをふり、オレガノをまぶす。さらに薄力粉を薄くはたき、溶き卵に通し、パン粉をまぶす。

2. フライパンに揚げ油を中温に温め、1.を静かに入れてこんがりとするまで3分、裏返して3〜4分揚げる。

CONSEJOS

羊の飼育が盛んなバスクでは、ラム肉もよく食べます。ラムチョップはよく叩くことで、肉の繊維が崩れてやわらかくなります。

Manzanas al coñac
ブランデー風味の焼きりんご

INGREDIENTES 材料（4人分）

りんご -- 2個
グラニュー糖 ------------------------------- 50g
バター（無塩）----------------- 20g（室温に戻す）
ブランデー ----------------------------- 大さじ1

PREPARACIÓN 作り方

1. オーブンを180℃に温めておく。

2. りんごは皮をむいて半分に切り、芯をスプーンなどでくり抜く。

3. ボウルにバターとグラニュー糖を入れて練るように混ぜる。

4. 天板にりんごを並べる。くり抜いた部分に3.を詰める。

5. 温めたオーブンで30分ほど焼き、一度取り出してブランデー
   を全体にふり、さらに15分焼く。

CONSEJOS

丸ごとひとつの焼きりんごは修道院では特別な日に作ります。甘くなったりんご
にほんのりとブランデーの香りがまろやか。少し酸味のあるりんごのほうが美味
しく作れます。オーブントースターは使用しないでください。

Patatas con avellanas
じゃがいものヘーゼルナッツソース和え

INGREDIENTES 材料(4人分)

じゃがいも ------------------------------------- 3個
にんにく ------------------------------------- 1片
ヘーゼルナッツ ------------------------------ 30g
フランスパン(1cm厚さのもの) ------------------1枚
オリーブオイル ------------------------- 大さじ2
塩、こしょう------------------------------- 各適量

PREPARACIÓN 作り方

1. じゃがいもはひと口大に切る。鍋に入れたっぷりの水を注ぎ、やわらかくなるまで茹でる。湯を捨て、再度火にかけて残った水分を飛ばす。

2. フライパンにオリーブオイルを中火に温め、フランスパンとにんにくを丸ごと焼く。

3. パンの両面とにんにくの全体がこんがり焼けたら、ヘーゼルナッツとともにすり鉢に入れて潰す。またはポリ袋に入れて麺棒で潰してもよい。

4. ボウルに1.のじゃがいもと3.のペーストを入れて和え、足りないようならオリーブオイルを適宜足す。仕上げに塩、こしょうで味を調える。

CONSEJOS

お菓子に使うことが多いヘーゼルナッツですが、スペインでは料理の味のアクセントにも使います。じゃがいもとの相性もよいです。じゃがいもは少し崩れるくらいに茹で、ヘーゼルナッツは粒が残るくらいに潰し、違った食感を楽しむレシピです。

Cordero al chilindrón
ラム肉のチリンドロン

INGREDIENTES 材料(4人分)

ラム肉(ブロック) ------------------------- 500g
パプリカ(赤) ------------------------- 大1個
トマト(またはトマト水煮) --------------- 300g
にんにく ------------------------------------- 1片
赤唐辛子 ------------------------------------- 1本
パプリカパウダー ------------------- 小さじ2
白ワイン ------------------------- 1/2カップ
オリーブオイル ------------------------- 大さじ1
薄力粉 ------------------------------------- 適量
塩、こしょう------------------------------- 各適量

Leche asada
焼きミルク

INGREDIENTES　材料（約1.8ℓ容量の容器・1個分）

牛乳 --- 1ℓ
卵 --- 8個
グラニュー糖 -------- 1カップ（カラメルソース用大さじ3含む）

PREPARACIÓN　作り方

1. オーブンを180℃に温めておく。

2. カラメルソースを作る。鍋にグラニュー糖大さじ3と水大さじ2を入れて強火で煮詰める。きつね色になったら火を止め、水大さじ2を加えて再度強火にかける。鍋を回しながら混ぜ、とろりとしたら耐熱容器に流し入れる。

3. ボウルに卵と残りのグラニュー糖を入れて泡立て器でよく混ぜる。牛乳を加え、グラニュー糖がしっかりと溶けるまで混ぜる。

4. 2.の耐熱容器に静かに流し、オーブンで35〜40分焼く。

CONSEJOS

ゲルニカの聖クララ修道院のレシピで、大きな耐熱容器で大胆に作るプリンです。同じ名前のプリンが南米にもあるのですが、どこから修道院にやって来たのかは不明だそう。表面が焦げるように焼くのが美味しく作るコツです。

PREPARACIÓN　作り方

1. ラム肉は大きめのひと口大に切る。塩、こしょうし、薄力粉を薄くはたく。

2. パプリカはヘタと種を取り除き、せん切りにする。トマトは皮をむき、みじん切りにする。にんにくはみじん切り、赤唐辛子は半分に切って種を取り除く。

3. 鍋にオリーブオイルを中火で温め、ラム肉を全面こんがり焼いて取り出す。

4. 同じ鍋にパプリカ、にんにく、赤唐辛子を入れて炒める。パプリカがしんなりとしたら、トマトを加えて煮詰める。

5. パプリカパウダーを加えて混ぜ、肉を戻し入れ、白ワインと水1/2カップを加える。沸騰したら蓋をし、弱火で1時間ほど煮る。途中水分がなくなりそうになったら水を適宜足す。

6. 必要ならば塩、こしょうで味を調える。

CONSEJOS

北スペインで生まれ、のちにスペイン全土で食べられるようになった煮込み料理です。パプリカとトマトがベースのソースで、ラム肉のほか鶏肉も煮込みます。名前は、スペインのカード遊びに由来しています。

PRIMER PLATO 一皿目

Crema de espinacas
ほうれん草のポタージュ

INGREDIENTES 材料（4人分）

ほうれん草 --- 1束
じゃがいも --- 1個
玉ねぎ --- 1/2個
プロセスチーズ --------------------------------- 20g
チキンスープストック（→ Page. 237） --------- 3カップ
バター --- 大さじ2
塩、こしょう-------------------------------------- 各適量

PREPARACIÓN 作り方

1. ほうれん草は茹で、4〜5等分に切る。

2. じゃがいもと玉ねぎは薄切りにする。

3. 鍋にバターを入れて中火にかける。バターが溶けたら玉ねぎ
   を炒める。

4. 玉ねぎがやわらかくなったら、じゃがいもを加えて半透明にな
   るまで炒める。

5. チキンスープストックを加え、じゃがいもがやわらかくなるまで
   煮る。

6. ほうれん草とプロセスチーズを加える。プロセスチーズが溶けたら
   ミキサーまたはブレンダーでピューレ状にする。

7. 鍋に戻して温め、塩、こしょうで味を調える。

SEGUNDO PLATO 二皿目

Albóndigas con salsa rubia
肉団子のオニオンソース煮

INGREDIENTES 材料（4人分）

［肉団子］
　豚挽き肉 ------------------------------------ 400g
　卵 -- 1個
　にんにくのみじん切り ------------------------ 1片分
　イタリアンパセリのみじん切り ------------- 小さじ1
　パン粉 --------------------------------------- 大さじ4
　塩 -- 小さじ1/2
　こしょう--------------------------------------- 少々
玉ねぎのみじん切り ------------------------- 大さじ2
チキンスープストック（→ Page. 237） ------------- 1/4カップ
薄力粉 --- 適量
塩、こしょう-------------------------------------- 各適量
オリーブオイル ------------------------------- 大さじ4
揚げ油 --- 適量

PREPARACIÓN　作り方

1. 肉団子を作る。ボウルに肉団子の材料をすべて入れ、よく練る。くるみ程度の大きさに丸め、薄力粉を薄くはたく。

2. フライパンに肉団子の高さ半分ほどの揚げ油を中温に温める。肉団子を周りがこんがりするまで揚げ、油をきる。

3. フライパンにオリーブオイルを弱火で温め、玉ねぎを炒める。しんなりとしたら薄力粉大さじ3を加え、粉気がなくなったらチキンスープストックを少しずつ加え、その都度混ぜる。とろみがつくまで煮たら塩、こしょうで味を調える。

4. 3.に肉団子を加えて蓋をし、弱火で15分ほど煮る。

CONSEJOS

オニオンソースはその色からか、"ブロンドのソース(Salsa rubia)"と呼ばれているスペイン風ソースです。

POSTRE デザート

Flan de pera
洋梨のプリン

INGREDIENTES　材料(4人分)

洋梨	250g
レモン(ノーワックス)	1/2個
グラニュー糖	80g
卵	2個
生クリーム	200g

PREPARACIÓN　作り方

1. オーブンを170℃に温めておく。

2. レモンは皮をすりおろし、果汁を大さじ1搾る。

3. 洋梨は皮をむいて4等分のくし形に切りにし、芯と種を取り除いてさらに薄切りにする。

4. 鍋に洋梨、レモン果汁、グラニュー糖大さじ2、水25mlを入れて弱火にかける。水分がなくなる程度まで20分ほど煮て、フードプロセッサーまたはブレンダーでピューレ状にする。

5. ボウルに卵を割りほぐし、残りのグラニュー糖を加えてよく混ぜる。レモンの皮のすりおろしと生クリームを加えてさらに混ぜる。

6. 洋梨のピューレを加えて混ぜ、ココットに流し入れる。

7. 天板に並べ、熱湯をココットの高さ半分まで注ぎ、温めたオーブンで30分ほど焼く。

8. そのまま粗熱を取り、冷蔵庫で冷やす。

PRIMER PLATO 一皿目

Ensaladilla de pollo
チキンのマヨネーズヨーグルトサラダ

INGREDIENTES 材料(4人分)

鶏むね肉 ------------------------------------1枚
かぼちゃ ---------------------------------- 50g
りんご ------------------------------------ 1/2個
キャベツ ---------------------------------- 1/4個

a ┌ マヨネーズ(または修道院のマヨネーズ → *Page.091*) --大さじ4
　│ プレーンヨーグルト(無糖) ------------------ 大さじ3
　│ レモン果汁 ---------------------------- 小さじ1〜2
　└ 塩、こしょう ---------------------------- 各適量

PREPARACIÓN 作り方

1. 鶏肉は鍋に入れ、多めの水と塩少々(分量外)を加える。中火にかけて沸騰したら、10〜15分茹でる。そのまま粗熱を取り、筋などを取り除きながら細かく裂く。

2. かぼちゃはワタと種を取り除き、2cm角に切る。鍋にかぼちゃ、水適量、塩少々(分量外)を入れて茹で、水気をきる。りんごは皮つきのまま芯と種を取り除き、キャベツとともにせん切りにする。

3. ボウルに1.、2.、a を入れて混ぜる。

CONSEJOS

チキンスープストックの鶏肉と残り物の野菜を使う"お掃除サラダ"。マヨネーズにヨーグルトを加えてまろやかな味に仕上げます。野菜の甘みが足りないときははちみつを少し加えても。

SEGUNDO PLATO 二皿目

Lentejas con pan
レンズ豆のパン粉煮

INGREDIENTES 材料(4人分)

レンズ豆(皮つき、乾燥) ------------------------200g
にんにく ------------------------------------1片
フランスパン(1cm厚さのもの) ------------------4枚
白ワインビネガー ------------------------ 大さじ1
オリーブオイル ------------------------ 大さじ2
塩、こしょう ------------------------------ 各適量

PREPARACIÓN 作り方

1. レンズ豆はさっと洗う。

2. 鍋にレンズ豆を入れ、豆の2cm上まで水を加えて中火にかける。沸騰したら蓋をし、弱火で30分ほど煮る。

3. フライパンにオリーブオイルを中火で温め、にんにく丸ごととフランスパンを焼く。パンの両面とにんにくの全体がこんがり焼けたら、取り出してすり鉢で潰す。またはポリ袋に入れて麺棒で潰してもよい。

4. 白ワインビネガーを加えてさらに混ぜる。2.の鍋に加え、さらに10分ほど煮て、塩、こしょうで味を調える。

CONSEJOS

残ってかたくなったパンを使うレシピです。風味づけにビネガーを入れていますが、変色を防ぐためともいわれています。また、レンズ豆の鉄分をより吸収しやすくする働きもあります。パンの代わりにパン粉を使ってもよいでしょう。

Mantecados de vino
ワイン風味のマンテカード

INGREDIENTES　材料（直径4cmのセルクル型・12〜14個）

薄力粉 --150g
グラニュー糖 -- 大さじ1
ラード --- 50g
白ワイン（甘口）---------------------------- 大さじ2と1/2
粉砂糖 ---適量

PREPARACIÓN　作り方

1. ボウルにラードを入れ、ゴムべらでもったりするまで混ぜる。

2. 薄力粉、グラニュー糖、白ワインを加えながらよく混ぜ、さらに手でよくこねる。

3. 生地がまとまったら、丸めてラップで包み、冷蔵庫で20分ほど生地を休ませる。

4. オーブンを180℃に温めておく。天板にオーブンシートを敷く。

5. 冷蔵庫から取り出してラップで挟んで麺棒で1cm厚さにのばし、型で抜いて天板に並べる。

6. 温めたオーブンでこんがりするまで15〜20分焼き、粗熱が取れたら粉砂糖をふる。

CONSEJOS

"小さな雪のお菓子"という名前で知られているクリスマス菓子のひとつ。サクッとした食感ながら、口に含むとまろやかな味が広がります。型は星、月、花形を使ったり、生地を厚めにして焼き上げることもあります。

豆の煮方

修道院では欠かせない乾燥豆の使い方を、修道女から教わりました。これを参考に、美味しい豆の煮込みを楽しんでください。

- 乾燥豆は袋に入れて、暗く涼しいところで保管する。

- 長時間水に浸すと、発酵してしまうので浸し過ぎない（最長8時間まで）。

- 水で戻している間に浮いてきた豆は取り除く。

- 鍋に入れて火にかけたら、必ず一度沸騰させてから弱火にする。

- 豆にある程度火が入ってから塩を加える。かたいうちに入れると皮がかたまってしまう。

- 必ずたっぷりの水から茹でる。ただし、ひよこ豆は温かいお湯から茹でてもよい。

- いんげん豆は一度沸騰したら、必ず冷たい水を加えて再び沸騰させ、弱火で煮込み始める（日本で言うところの「びっくり水」）。

- 豆を煮るときは崩れないよう必ず弱火でゆっくりと。

- 豆が思いのほか膨らんで2倍程度になっていても驚かないで。水分を含んでいるだけなので大丈夫。

- ローリエ、フェンネル、クミンシードは重めの豆料理の消化を助けるので加えるようにするとよい。

- 茹でた豆は1時間ほどそのまま蒸らす。

- 豆の茹で汁は美味しいだしなので捨てずに活用する。

PRIMER PLATO 一皿目

Sopa de pollo
鶏肉と野菜のスープ

INGREDIENTES 材料（4人分）

鶏むね肉 ------------------------------------ 1枚
かぶ -------------------------------------- 2個
にんじん ---------------------------------- 1本
玉ねぎ ------------------------------------ 1個
にんにく ---------------------------------- 1片
塩、こしょう ------------------------------ 各適量

PREPARACIÓN 作り方

1. にんじんは皮ごと5mm幅の輪切りにする。かぶは茎を切り落として皮つきのまま、玉ねぎとともに4等分に切る。にんにくは切り込みを入れる。

2. 鍋に鶏肉、1.、水4と1/2カップを入れて中火にかける。沸騰したらアクを取り除き、弱火にして30分ほど煮る。

3. 鶏肉に火が通ったら、取り出して筋などを取り除きながら細かく割く。

4. 割いた鶏肉を鍋に戻し入れ、塩、こしょうで味を調える。

CONSEJOS

鶏肉と野菜から出ただしが優しい味わいのスープです。野菜は皮からだしが出るのでそのまま使います。にんにくは皮つきのため、食べるときに皮だけ取り除いてください。アクが混ざってしまわないよう蓋はしないで煮込みます。

SEGUNDO PLATO 二皿目

Judías blancas gratinadas
白いんげん豆のグラタン

INGREDIENTES 材料（4人分）

ベーコン ---------------------------------- 3枚
白いんげん豆（水煮） ----------------------- 3カップ
玉ねぎ ------------------------------------ 1個
にんにく ---------------------------------- 1片
トマトソース（⟶ *Page.136* ） ------------- 大さじ4
パルミジャーノ・レッジャーノ --------------- 75g
バター ------------------------------------ 20g
塩、こしょう ------------------------------ 各適量

PREPARACIÓN 作り方

1. オーブンを250℃に温めておく。

2. ベーコンは5mm幅に切る。玉ねぎとにんにくはみじん切りにする。

3. フライパンにバターを入れて中火にかける。バターが溶けたらベーコン、玉ねぎ、にんにくを炒める。玉ねぎがしんなりとしたらトマトソースと水気をきった白いんげん豆を加え、塩、こしょうで味を調える。

4. 耐熱容器に移し、すりおろしたパルミジャーノ・レッジャーノをふる。

5. 温めたオーブンでチーズがこんがりするまで10分ほど焼く。

CONSEJOS

バスクでは名産の羊のチーズ、イディアサバルを使います。

Rosquillas de San Blas

聖サンブラスの日のドーナツクッキー

INGREDIENTES 材料（16個分）

薄力粉 --320g
卵 --3個
アニスパウダー ----------------------------- 小さじ1/2
白ワイン --------------------------------- 大さじ1
オリーブオイル ----------------------------- 大さじ4
グラニュー糖 --------------------------- 大さじ1と1/2
［アイシング］
　卵白 ----------------------------------- 3個分
　粉糖 --300g

PREPARACIÓN 作り方

1. オーブンを170℃に温めておく。天板にオーブンシートを敷く。

2. ボウルに卵を割りほぐし、アニスパウダーと白ワインを加えて混ぜる。

3. 2.にオリーブオイルを少しずつ加えて混ぜ、さらにグラニュー糖を加えて混ぜる。

4. 全体が混ざったら、薄力粉とベーキングパウダーを少しずつ加えてしっかりと混ぜ、ある程度生地がまとまったら、手でしっかりこねる。

5. 生地を16等分にして丸める。台にオリーブオイル（分量外）を薄く塗り、丸めた生地を細長く手で転がしながら15cm程度にのばし、端と端をつないでドーナツ型に成形して天板に並べる。

6. 温めたオーブンで15〜20分焼き、粗熱を取る。

7. アイシングを作る。ボウルに卵白を入れ、粉糖を2回に分けて加えながらとろみがつくまで泡立てる。

8. クッキーの片面を7.に浸し、浸した面を上にして20〜30分そのまま乾かす。

聖ブラスの日

医師でもあった司教の聖ブラスは、魚の骨で窒息した子どもを救ったことから咽頭の守護聖人とされています。バスク地方のさまざまな場所で、毎年2月3日に聖ブラスの誕生を祝してお祭りをします。主役は白いアイシングに覆われた、アニスが香るクッキー。教会で祝福されたこのお菓子を食べると、聖人が喉の病気や痛みから守ってくれるといわれています。少し歯応えのあるドーナツ型のものや、"サン・ブラス（San Blas）"とアイシングで描かれたものなどもある、とても可愛らしいクッキーです。ゆかりのある修道院でも1年間喉が健康であるよう、このクッキーを焼いてお祝いします。

PRIMER PLATO 一皿目

Ensalada de col de Bruselas
芽キャベツのサラダ

INGREDIENTES 材料（4人分）

芽キャベツ ------------------------------------ 15個
松の実 -- 大さじ2
タイムの葉 ------------------------------------ 適量
オレガノの葉 ---------------------------------- 適量
レモン果汁 ------------------------------------ 小さじ2
オリーブオイル -------------------------- 大さじ1と1/2
塩、こしょう ---------------------------------- 各適量

PREPARACIÓN 作り方

1. 芽キャベツはかたい皮をむき、半分に切る。塩少々を入れた湯で2～3分茹で、水気をきる。タイムとオレガノの葉は粗みじん切りにする。

2. ボウルに1.と松の実を入れる。レモン果汁とオリーブオイルを加えて和え、塩、こしょうで味を調える。

CONSEJOS

冬が旬の芽キャベツはビタミンやβ-カロテンがたっぷり。茹で加減はやわらか過ぎないようにし、ホクッとした食感を楽しみましょう。

SEGUNDO PLATO 二皿目

Potaje de garbanzos
ひよこ豆と鱈の煮込み

INGREDIENTES 材料（4人分）

甘塩鱈（切り身） ------------------------------ 4切れ
茹で卵 -- 1個
ひよこ豆（水煮） ------------------------------ 1カップ
ほうれん草 ------------------------------------ 1束
にんにく -------------------------------------- 2片
パプリカパウダー ------------------------------ 大さじ1
オリーブオイル -------------------------------- 大さじ1
塩 -- 小さじ1/2

PREPARACIÓN 作り方

1. 甘塩鱈は3等分に切る。ほうれん草は4cm幅、にんにくはみじん切りにする。

2. 鍋にオリーブオイルを中火で温め、にんにくを炒める。香りが出たら火を止め、パプリカパウダーを加えて混ぜる。

3. 水4カップを注ぎ、再度中火にかける。沸騰したら、1.の鱈、ひよこ豆、ほうれん草、塩を加えて弱火で10分ほど煮る。

4. 器によそい、くし形切りにした茹で卵を添える。

CONSEJOS

干し鱈を使うレシピですが、甘塩鱈でも美味しく作れます。パプリカパウダーは焦げやすいので、加えたら一度火から下ろしてください。またひよこ豆の煮汁がある場合は、よい味が出ているのでぜひ加えてください。缶詰や瓶詰めのときは、塩味がついているので、味見しながら塩加減を調整してください。

Mermelada de limón y galletas de nata

レモンジャムと生クリームのクッキー

生クリームのクッキー（⟶ *Page. 278*）

CONSEJOS

冬になると青かったレモンも徐々に熟し、黄色に色づいてきます。たくさん収穫したレモンはジャムにして、お菓子に添えて楽しみます。

Mermelada de limón

レモンジャム

INGREDIENTES （作りやすい分量）

レモン（ノーワックス） -------------------- 500g
グラニュー糖 ------------------------ 約480g
クローブ -------------------------------- 4本

PREPARACIÓN 作り方

1. レモンはよく洗う。4等分に切って種を取り除き、ごく薄い薄切りにする。

2. ボウルに入れ、たっぷりの水に1日に3回、新しい水に替えながら2日ほど浸す。

3. レモンの水気をよくきり、重さを量り、同量のグラニュー糖を用意する。

4. 鍋にレモン、グラニュー糖、クローブ、水1カップを入れて中火にかけ、蓋をして40分ほど煮る。

5. そのまま12時間ほど置き、30分煮る、12時間置き、15分煮るを繰り返したら、クローブを取り除く。

6. 瓶詰めにする（⟶ *Page. 357*）。

保存期間：冷暗所で6か月保存可能。

PRIMER PLATO　一皿目

Zanahoria y acelgas con aceite de ajo
にんじんとスイスチャードのガーリックオイル和え

INGREDIENTES　材料（4人分）

にんじん ---2本
スイスチャード -----------------------------------1束
にんにく ---2片
赤唐辛子 ---1本
りんご酢 ---------------------------------------大さじ1
オリーブオイル ---------------------------------大さじ2
塩 --適量

PREPARACIÓN　作り方

1. にんじんは5mm幅の輪切りにし、太い場合はいちょう切りにする。スイスチャードはざく切り、にんにくはみじん切りにする。赤唐辛子は半分に切って種を取り除く。

2. にんじんとスイスチャードは塩少々（分量外）を入れた湯で一緒に茹でる。5分ほど茹でたら水気をきり、ボウルに入れる。

3. フライパンにオリーブオイルを中火で温め、にんにくと赤唐辛子を炒める。にんにくの香りが出たら2.に加えて和え、りんご酢と塩で味を調える。

CONSEJOS

シンプルな温かいにんじんのサラダ。酸味がマイルドなりんご酢を使います。肉や魚料理のつけ合わせとしても使えます。ブロッコリーやさやいんげん、カリフラワーなど、ほかの温野菜でも応用してください。

SEGUNDO PLATO　二皿目

Alubias con chorizo
白いんげん豆とチョリソーの煮込み

INGREDIENTES　材料（4人分）

チョリソー（またはソーセージ） ------------------2本
白いんげん豆（水煮） --------------------------1カップ
じゃがいも ---------------------------------------1個
長ねぎ ---1本
にんにく ---1片
イタリアンパセリ ---------------------------------1本
トマトソース（—» Page. 136 ） -----------------大さじ3
オリーブオイル ---------------------------------大さじ2
塩、こしょう ------------------------------------各適量

PREPARACIÓN　作り方

1. チョリソーは1cm幅に切る。

2. じゃがいもはひと口大に切る。長ねぎはみじん切りにする。にんにくは包丁の背で潰す。

3. 鍋にオリーブオイルを中火で温め、長ねぎを炒める。

4. 長ねぎがしんなりとしたら、じゃがいも、にんにく、チョリソーを加えてさらに炒める。

5. トマトソース、白いんげん豆、イタリアンパセリを加えて混ぜ、豆の2cm上まで水を注ぐ。沸騰したら蓋をし、弱火で30分ほど煮て、塩、こしょうで味を調える。

CONSEJOS

チョリソーがない場合は、ソーセージで代用してください。その際はパプリカパウダーを少し加えるとよいでしょう。

Dulce de manzana, nueces y queso

りんごの羊羹、くるみとチーズ

CONSEJOS

メンブリージョ（——» Page. 257）と同様に、バスクでは定番のりんごの羊羹（——» Page. 231）の楽しみ方です。チーズはバスク州のイディアサバルがりんごの羊羹に合います。イディアサバルは羊の生乳で作られたセミハードのスモークチーズ。辛みと酸味があり、長く熟成させるとハードタイプのチーズになります。

PRIMER PLATO 一皿目

Sopa hortelana
庭師のスープ

INGREDIENTES　材料(4人分)

生ハム--2枚
キャベツ -------------------------------------- 1/4個
セロリ --1本
にんじん ---1本
長ねぎ --1本
玉ねぎ --- 1/4個
ローリエ --1枚
ラード -------------------------------------- 小さじ1
塩、こしょう-------------------------------- 各適量

PREPARACIÓN　作り方

1. 生ハムと野菜はせん切りにする。

2. 鍋にラードを入れて中火にかける。溶けたら、切った野菜を炒める。

3. 野菜がしんなりとしたら、水4カップとローリエを加える。沸騰したら蓋をし、弱火で20分ほど煮て、塩、こしょうで味を調える。

4. スープを器によそい、生ハムをのせる。

CONSEJOS

庭師が収穫した野菜をたっぷり使ったスープが始まりだったのか、"庭師のスープ"という名前で呼ばれています。野菜は旨みが出るまでしっかりと炒めます。

SEGUNDO PLATO 二皿目

Bacalao al modo de Yuste
鱈のポテトグラタン

INGREDIENTES　材料(4人分)

甘塩鱈(切り身) ----------------------------4切れ
じゃがいも --------------------------------------2個
牛乳 ------------------------------------- 1/2カップ
バター -- 10g
ローリエ --2枚
ピザ用チーズ----------------------------------150g

PREPARACIÓN　作り方

1. オーブンを250℃に温めておく。

2. 甘塩鱈は皮と骨を取り除く。じゃがいもは輪切りにする。

3. 鍋に2.とローリエを入れてひたひたの水を注ぐ。強火にかけ、沸騰したら中火にしてじゃがいもがやわらかくなるまで茹でる。鱈は取り出して別にしておく。

4. 再度強火で水分を飛ばし、ローリエを取り除き、マッシャーなどで潰す。牛乳、バター、塩少々(分量外)を加えて混ぜる。

5. 鱈は3〜4等分に切り、4.に加えてざっくり混ぜる。

6. 耐熱容器に移し、ピザ用チーズをふり、温めたオーブンで表面がこんがりするまで10分ほど焼く。

CONSEJOS

16世紀の国王カルロス1世が隠居したことでも名高い、ユステ男子修道院で生まれたというレシピです。今でもカセレス県の代表的な料理で、家庭や各地の修道院に受け継がれています。本来は干し鱈で作りますが甘塩鱈で代用しています。

Tronco de Navidad

ブッシュ・ド・ノエル

INGREDIENTES 材料(35×25cmの天板・1枚分)

薄力粉 -- 大さじ5
卵 --- 5個
グラニュー糖 --- 大さじ5
[クリーム]
　　生クリーム ---------------------------- 2と1/2カップ
　　グラニュー糖 ---------------------------------- 150g
　　ココアパウダー ------------------------------- 大さじ2
デコレーション(アンゼリカ、ドレンチェリーなど) -------- 適量

PREPARACIÓN 作り方

1. オーブンを180℃に温めておく。天板に大きめのオーブンシートを敷く。卵は室温に戻し、薄力粉はふるう。

2. ボウルに卵、グラニュー糖を入れ、泡立て器でもったりするまで混ぜる。ふるった薄力粉を少しずつ加えてさらに混ぜる。

3. 天板に2.の生地を広げ、温めたオーブンで10分ほど焼く。オーブンシートをそっとはがし、乾いたフキンにのせて冷ます。

4. クリームを作る。ボウルに生クリームを入れて泡立て器でもったりするまで泡立てる。グラニュー糖とココアパウダーを3回に分けて加えながらさらに泡立てる。

5. 生地の焼き目を上にして4.のクリームの半分量を塗り、くるりと巻く。ラップに包み、冷蔵庫で1時間ほど冷やして生地とクリームを馴染ませる。残りのクリームはラップをして冷蔵庫に入れておく。

6. ケーキを冷蔵庫から取り出し、周りに残りのクリームを全体に塗る。フォークで木の筋をつけ、デコレーションを飾る。

PRIMER PLATO 一皿目

Crema de garbanzos
レンズ豆のポタージュ

INGREDIENTES 材料（4人分）

レンズ豆（皮つき、乾燥） ----------------------------------100g
じゃがいも --------------------------------------- 小1個
にんじん --- 1/2本
玉ねぎ --1個
トマトソース（ → Page. 136 ） ------------------------ 大さじ3
ローリエ --1枚
チキンスープストック（ → Page. 237 ） ----------------- 4カップ
塩、こしょう --- 各適量

PREPARACIÓN 作り方

1. レンズ豆はさっと洗う。

2. 鍋にレンズ豆を入れ、豆の2cm上まで水を加えて中火にかける。沸騰したら蓋をし、弱火で30分ほど煮る。

3. じゃがいもはいちょう切り、にんじんと玉ねぎは粗みじん切りにする。

4. 別の鍋に水気をきったレンズ豆、3.の野菜、トマトソース、ローリエ、チキンスープストックを入れて中火にかける。沸騰したら蓋をし、弱火で15分ほど煮る。

5. ローリエを取り除き、ブレンダーまたはミキサーでピューレ状にする。

6. 鍋に戻し入れて温め、塩、こしょうで味を調える。

CONSEJOS

豆の煮込みが残ったら、同じようにスープにしてください。そのため、たくさん煮込んでおくと時間も節約できる上、2度楽しめます。

Buñuelos de bacalao
鱈の揚げ物

INGREDIENTES 材料（4人分）

甘塩鱈（切り身）----------------------------------2切れ
イタリアンパセリのみじん切り---------------------- 小さじ2
卵 ---1個
薄力粉 --100g
ベーキングパウダー --------------------------- 小さじ1
塩、こしょう-------------------------------------各適量
揚げ油 -- 適量

PREPARACIÓN 作り方

1. 甘塩鱈は皮と骨を取り除き、粗みじん切りにする。
2. ボウルに卵と水1/2カップを入れて混ぜる。薄力粉、ベーキングパウダー、塩、こしょうを加えてさらに混ぜる。
3. 2.に鱈とイタリアンパセリを加えて混ぜる。
4. フライパンに揚げ油を中温に温め、3.をスプーンですくって落とし、きつね色になるまで3〜4分揚げる。

CONSEJOS

春の四旬節に食べることもある料理です。にんにくのすりおろしを混ぜたにんにくマヨネーズ（⟶ *Page.098*）やトマトソース（⟶ *Page.136*）を添えても美味しい。揚げ立ての熱々をどうぞ！

Compota de manzanas y peras
りんごと洋梨のコンポート

INGREDIENTES 材料（4人分）

りんご --------------------------------------2個
洋梨 --2個
レモンの皮（1cm幅）-------------------------2枚
シナモンスティック ---------------------------1本
はちみつ ------------------------------------ 大さじ2

PREPARACIÓN 作り方

1. りんごと洋梨は皮をむいて8等分のくし形に切りにする。芯と種を取り除き、小さめのひと口大に切る。
2. 鍋に水1カップ、レモンの皮、シナモンスティック、はちみつを入れる。中火にかけ、沸騰したらりんごと洋梨を加え、さらにひたひたの水を注ぐ。
3. 軽く全体を混ぜて蓋をし、弱火で30分ほど煮る。

CONSEJOS

アルミホイルやオーブンシートで落とし蓋をすると、染み込みが早くなります。バニラエッセンスやアニスシードで風味づけしたり、黒こしょうやクローブでスパイシーにするのもおすすめです。はちみつの代わりにホイップクリームやアイスクリームでも楽しんでください。

Lombarda salteada

紫キャベツのホットサラダ

INGREDIENTES 材料(4人分)

紫キャベツ ------------------------------ 2/3個
ローリエ ----------------------------------2枚
りんご酢 ------------------------------ 大さじ1
オリーブオイル ----------------------- 大さじ1
塩、こしょう------------------------------各適量

PREPARACIÓN 作り方

1. 紫キャベツはせん切りにする。

2. フライパンにオリーブオイルを温め、1.とローリエを炒める。

3. しんなりとしてきたらりんご酢を加え、さらに炒め、塩、こしょう
   で味を調える。

Canelones de bonito

ツナのラザニア

INGREDIENTES 材料(4人分)

ラザニア ----------------------------- 150g(約10枚)
ツナ -------------------------------------300g
トマトソース(⟶ *Page.* 136) ----------------------- 250g
ピザ用チーズ -----------------------------150g
オリーブオイル ----------------------------- 適量
［ベシャメルソース］
　バター ------------------------------- 25g
　薄力粉 ----------------------------- 大さじ3
　牛乳 ----------------------------- 1カップ
　塩、こしょう ------------------------------各適量

PREPARACIÓN 作り方

1. オーブンを250℃に温めておく。

2. ラザニアは塩（分量外）を加えたたっぷりの湯で表示通りに茹でる。

3. ボウルに油をきったツナとトマトソースを入れて混ぜる。

4. ベシャメルソースを作る。鍋にバターを入れて弱火にかけて溶かす。溶けたら、薄力粉を加えて中火にして炒める。粉臭さがなくなったら、牛乳を少しずつ加えては泡立て器で混ぜるを繰り返し、とろみをつけて塩、こしょうで味を調える。

5. 耐熱容器に薄くオリーブオイルを塗り、水気をきったラザニアを敷く。そこに3.の1/3量をのせ、その上にベシャメルソース1/3量をのせる。これを2回繰り返す。

6. ピザ用チーズをふり、温めたオーブンでこんがりするまで10分ほど焼く。

CONSEJOS

ラザニアはとてもくっつきやすいので、塩を加えたたっぷりの湯に1枚ずつ入れ、かき混ぜながら茹でます。やわらかくなったら、冷水に取って冷ましてコシを出します。その後はペーパータオルなどに重ならないようにのせて水気をきりましょう。

Mascarpone con kiwi

マスカルポーネとキウイフルーツ

INGREDIENTES　材料（4〜5人分）

キウイフルーツ --- 2個
マスカルポーネ ----------------------------------- 100g
ビスケット -- 70g

PREPARACIÓN　作り方

1. キウイフルーツは皮をむき、角切りにする。

2. ビスケットは細かく砕く。

3. 器に2.のビスケット、その上にマスカルポーネ、キウイフルーツをのせる。

PRIMER PLATO 一皿目

Patatas a la importancia con tomate
大切なじゃがいものトマト煮

INGREDIENTES 材料（4人分）

じゃがいも --- 3個
玉ねぎ --- 1/2個
トマトソース（→ Page. 136）------------------- 大さじ4
チキンスープストック（→ Page.237）------------- 1カップ
薄力粉 -- 適量
溶き卵 --- 1個分
オリーブオイル ------------------------- 大さじ1と1/2
塩 -- 小さじ2/3
こしょう -- 少々

PREPARACIÓN 作り方

1. じゃがいもは6mm幅の輪切りにする。薄力粉を薄くはたき、溶き卵に通す。玉ねぎはみじん切りにする。

2. フライパンにオリーブオイルを中火で温め、1.のじゃがいもの両面を焼いて取り出す。

3. 同じフライパンで玉ねぎを炒める。

4. 玉ねぎがしんなりとしたらトマトソースとチキンスープストックを加え、沸騰したら弱火にし塩、こしょうで味を調える。

5. じゃがいもを戻し入れ、15〜20分煮る。

CONSEJOS

「大切なじゃがいも」（→ Page. 222）のトマト味のバリエーションです。チキンスープストック（→ Page. 237）を使うと、スープ感覚で楽しめます。

SEGUNDO PLATO 二皿目

Bacalao fresco en salsa verde
鱈のソテー グリーンソース

INGREDIENTES 材料（4人分）

生鱈（切り身）--------------------------------- 4切れ
にんにく -- 2片
イタリアンパセリのみじん切り -------------------- 大さじ2
赤唐辛子 --- 1本
白ワイン ----------------------------------- 1/4カップ
薄力粉 -- 適量
オリーブオイル ----------------------------------- 大さじ1
塩、こしょう------------------------------------ 各適量

PREPARACIÓN 作り方

1. 生鱈は軽く塩、こしょうをし、薄力粉を薄くはたく。にんにくは薄切りにする。

2. フライパンにオリーブオイルを中火で温め、にんにくと赤唐辛子を炒める。

3. にんにくの香りが出たら、1.を加えて白ワインをふる。沸騰したら弱火にし、イタリアンパセリを加える。

4. フライパンを揺すりながら乳化させ、煮汁をスプーンで鱈にかけながら火を通す。

CONSEJOS

フライパンを揺すりながら、オリーブオイル、水、魚の皮のゼラチンを乳化させるのがポイントです。

Bizcocho de chocolate

チョコレートヨーグルトケーキ

INGREDIENTES　材料（18×7×高さ6cmのパウンド型・1台分）

ココアパウダー ------------------------- 1/2カップ
薄力粉 --------------------------------- 1カップ
ベーキングパウダー --------------------- 小さじ1
プレーンヨーグルト（無糖） -------------- 1/2カップ
卵 ------------------------------------- 2個
グラニュー糖 --------------------------- 1/2カップ
オリーブオイル ------------------------- 1/4カップ

PREPARACIÓN　作り方

1. オーブンを180℃に温めておく。型にオーブンシートを敷く。ココアパウダー、薄力粉、ベーキングパウダーは合わせてふるう。プレーンヨーグルトと卵は室温に戻す。

2. ボウルに卵を割りほぐし、グラニュー糖を加えて泡立て器で白っぽくなるまで泡立てる。

3. 2.にヨーグルトとオリーブオイルを加えてさらに1分ほど混ぜる。

4. ふるった粉類を5〜6回に分けて加え、その都度ゴムべらで切るようにして混ぜ、最後に底から大きく混ぜ、型に流し入れる。

5. 温めたオーブンで30〜35分焼く。温かいうちにラップで包み、1時間以上室温に置いて生地をしっとりさせる。

公現祭

1月6日はイエス・キリストが神性を人々に公に現したことを祝う、カトリック教会ではとても大切な日です。その日、東方三賢人が星に導かれ、イエス・キリストの誕生を祝福しにやって来ました。スペインでは19世紀頃から「王さま（東方三賢人）の日」と呼ぶようになり、街では子ども向けの大きなお祭りが催されます。その日はサンタクロースと同様にラクダに乗った三賢人がやって来て、寝ている子どもたちの枕元にプレゼントを置く習慣もあります。

また、この日には"ロスコン・デ・レジェス（──▸ Page. 351）"という伝統的なお菓子を食べる習慣があります。オレンジフラワーウォーターが香る、ブリオッシュのようなリング状のパン菓子で、三賢人のマントや帽子に見立て、ドレンチェリーやオレンジピールなどを彩りよく飾ります。中には陶製の小さな人形を忍ばせ、当たった人はその日だけ王様になれるサプライズも。といっても王たるもの、ロスコン・デ・レジェスの代金を支払わなければならないのですが…。もともとは古代ローマの農耕の神を祝うお祭りで、奴隷が仕事から解放された日に、いちじくやデーツ、はちみつで作られた丸いケーキがその起源のようです。3世紀頃にサプライズのそら豆が入るようになり、祝日は消えてしまったものの、ケーキとその習慣が残ったようです。フランスの王侯貴族の間で広がり、スペインにもやって来ました。

PRIMER PLATO 一皿目

Espinacas y puré de patatas
ほうれん草とマッシュポテト

INGREDIENTES　材料（4人分）

ほうれん草--1束
にんにく ---1片
オリーブオイル -------------------------------- 小さじ2
塩、こしょう ------------------------------------ 各適量
［マッシュポテト］
　　じゃがいも ----------------------------------- 大2個
　　牛乳 ---1／2カップ
　　塩 -------------------------------------- 小さじ2／3
　　こしょう--------------------------------------- 各適量

PREPARACIÓN　作り方

1. マッシュポテトを作る。じゃがいもは8等分に切る。鍋に入れ、ひたひたの水を注いで茹でる。やわらかくなったら水気をきり、マッシャーなどで潰す。牛乳を加えて混ぜ、塩、こしょうで味を調える。

2. ほうれん草は3cm幅、にんにくはみじん切りにする。

3. フライパンにオリーブオイルを中火で温め、にんにくを炒める。香りが出たらほうれん草を炒める。しんなりとしてきたら塩、こしょうで味を調える。

4. マッシュポテトとともに器に盛る。

CONSEJOS

炒めたほうれん草とまろやかなマッシュポテトを混ぜながら食べてください。

SEGUNDO PLATO 二皿目

Bacalao fresco a la Romana
鱈のローマ風

INGREDIENTES　材料（4人分）

生鱈（切り身） ----------------------------------4切れ
溶き卵-- 1個分
薄力粉 --- 適量
オリーブオイル ------------------------------ 大さじ4
塩、こしょう------------------------------------ 各適量
レモン ---1個

PREPARACIÓN　作り方

1. 生鱈は軽く塩、こしょうをふり、薄力粉を薄くはたく。

2. 1.を溶き卵に通す。

3. フライパンにオリーブオイルを中火で温め、2.の両面をこんがり焼く。

4. 器に盛り、くし形切りにしたレモンを添える。

CONSEJOS

冷凍しておいた魚でも作れるピカタ風のソテー。ほかの魚でも応用可能です。好みでマヨネーズ、アリオリをかけても。

Roscón de reyes

ロスコン・デ・レジェス

INGREDIENTES　材料（直径約20cmのドーナツ形・1個分）

薄力粉	400g
牛乳	75ml
バター（無塩）	30g
卵	2個
卵黄（塗り用）	1個分

a
- グラニュー糖 -------------------- 大さじ5
- 塩 -------------------- 小さじ1/4
- ブランデー -------------------- 大さじ2
- オレンジフラワー・ウォーター -------------------- 大さじ1
- ドライイースト -------------------- 10g
- レモンの皮のすりおろし -------------------- 1/4個分
- オレンジの皮のすりおろし -------------------- 1/4個分

デコレーション
（アーモンドスライス、ドライフルーツ、ドレンチェリーなど） -- 適量
グラニュー糖 -------------------- 大さじ1

PREPARACIÓN　作り方

1. 鍋に牛乳とバターを入れて中火にかけ、バターを溶かす。

2. ボウルに薄力粉とaを入れる。溶いた卵2個を少しずつ加えてフォークで混ぜる。

3. さらに1.を少しずつ加え、手でこねる。手から生地が離れる程度までしっかりとこねる。

4. 生地を丸めてボウルに入れ、きっちりとラップで覆い、室温で1時間半ほど置き、発酵させる。

5. 4の空気を抜きながら軽くこねる。天板にオーブン用シートを敷き、生地をリング状にする。乾いたキッチンクロスを被せてさらに30分ほど置く。

6. オーブンを180℃に温めておく。トッピング用のグラニュー糖は水小さじ1/2で湿らせる。

7. 表面に溶いた卵黄を塗り、アーモンドスライス、ドライフルーツなどを飾り、6.をところどころにのせる。

8. 温めたオーブンで30分ほど焼く（焦げるようならアルミホイルを被せる）。

CONSEJOS

お菓子屋さんやパン屋さんで買う人が多いのですが、修道院でも作って販売しているところがあります。もっと甘みが欲しい人のために横半分に切り、中にホイップクリームやチョコレートクリームを挟んだものもあります。

Brócoli y coliflor gratinados
ブロッコリーとカリフラワーのチーズ焼き

INGREDIENTES 材料（4人分）

ブロッコリー ------------------------------------370g
カリフラワー ------------------------------------100g
生クリーム ------------------------------------ 1カップ
パルミジャーノ・レッジャーノのすりおろし--------1/2カップ
塩、こしょう------------------------------------各適量

PREPARACIÓN 作り方

1. オーブンを250℃に温めておく。

2. ブロッコリーとカリフラワーは小房に分ける。

3. 塩少々を入れた湯で2.を茹で、水気をきる。

4. ボウルに入れ、生クリーム、塩、こしょうを加えて和える。

5. 耐熱容器に移し、パルミジャーノ・レッジャーノをふり、温めた
   オーブンで10分ほどこんがりするまで焼く。

Pulpo a la gallega
タコのガリシア風

INGREDIENTES 材料（4人分）

タコ --------------------------------------- 足2本
じゃがいも --------------------------------------2個
パプリカパウダー（スモークタイプ）----------------適量
粗塩 ---適量
オリーブオイル -----------------------------------適量

PREPARACIÓN 作り方

1. タコは食べやすい厚さに切る。

2. じゃがいもはよく洗い、皮ごと水から茹でる。火が通ったら皮を
   むき、5mm幅の輪切りにする。

3. 器にじゃがいもを並べ、タコをのせる。

4. オリーブオイルをかけ、粗塩とたっぷりのパプリカパウダーをふる。

CONSEJOS

「タコの寄付があった日にはど
んなお料理にしますか？」との
問いに、この料理の名前が返っ
てきたときにはつくづく納得して
しまいました。簡単にタコを美
味しく食べるガリシア州の料理
です。前菜やタパスとして食べ
るという概念がありましたが、
具材たっぷりのスープやチキン
サラダ、グラタンなどと合わせて
メインとして食べるそうです。

Tarta de crema
アーモンドホワイトクリームタルト

INGREDIENTES 材料（直径18cmのタルト型・1台分）

タルト生地（——→ *Page.045*）----------------------------- 全量
粉砂糖 -- 30g
卵黄 -- 2個分
ブランデー --- 大さじ1/2
バター（無塩）-- 25g
薄力粉 -- 40g
牛乳 ---1と1/2カップ
グラニュー糖 -- 大さじ1
アーモンドスライス ----------------------------------- 30g

PREPARACIÓN 作り方

1. タルト生地を作る。ただしデザート用のタルト生地なので、プロセス3.で卵と一緒に粉砂糖を練り混ぜる。

2. オーブンを180℃に温めておく。型にバター（分量外）を塗り、薄力粉（分量外）を薄くはたく。

3. 型にタルト生地を敷き詰め、フォークで底面に穴を開けて重石をし、温めたオーブンで10〜15分焼く。

4. ボウルに卵黄とブランデーを入れて混ぜる。

5. 鍋にバターを入れて弱火で溶かす。薄力粉を加えて混ぜる。牛乳とグラニュー糖を加えてさらによく混ぜる。

6. いったん火を止めて4.を加え、泡立て器で混ぜて再度1分ほど弱火にかける。

7. 焼いたタルト生地に6.を流し入れ、表面にアーモンドをふる。温めたオーブンの下段で10分ほど焼く。

PRIMER PLATO 一皿目

Sopa de cebolla
オニオングラタンスープ

INGREDIENTES　材料（4人分）

玉ねぎ --4個
フランスパン（1〜1.5cm厚さのもの）-------------4枚
グリュイエールチーズ -------------------- 80g
チキンスープストック（→ Page.237）------------ 4カップ
シェリー酒（辛口、または白ワイン）------------- 大さじ4
生クリーム -------------------------------- 大さじ1
オリーブオイル ---------------------------- 大さじ2
塩、こしょう-------------------------------各適量

PREPARACIÓN　作り方

1. 玉ねぎはみじん切りにする。フランスパンはオーブントース
   ターで焼く。グリュイエールチーズはすりおろす。

2. 鍋にオリーブオイルを弱火で温め、玉ねぎを15分ほどじっくり
   炒める。玉ねぎが色づいて甘みが出たら、チキンスープストッ
   クを加えて蓋をし、40分ほど煮る。水分が足りないようなら水
   を適宜足す。

3. オーブンを220℃に温めておく。

4. 塩、こしょうで味を調え、シェリー酒を加え、再度5分ほど煮て
   火を止める。生クリームを加え、それぞれの器によそう。パンを
   のせてすりおろしたグリュイエールチーズをふる。

5. 温めたオーブンでチーズがふつふつとするまで5〜10分焼く。

SEGUNDO PLATO 二皿目

Pulpo al vino tinto
タコの赤ワイン煮

INGREDIENTES　材料（4人分）

タコ -------------------------------------500g
玉ねぎ -----------------------------------1個
ローズマリー ------------------------------3本
トマトソース（→ Page.136）--------------- 大さじ5
赤ワイン ---------------------------------1/2カップ
白ワインビネガー --------------------------- 小さじ2
パプリカパウダー --------------------------- 小さじ1
塩 ---------------------------------- 小さじ2/3
オリーブオイル --------------------------- 大さじ2

PREPARACIÓN　作り方

1. タコは食べやすい大きさに切る。玉ねぎはみじん切りにする。

2. 鍋にオリーブオイルを中火で温め、玉ねぎを炒める。

3. しんなりとしたらトマトソースを加える。煮立ったら、パプリカパ
   ウダーと塩をふり、タコを加えて混ぜる。

4. 赤ワインを加えてひと煮立ちさせ、白ワインビネガーとローズ
   マリーを加えて蓋をし、弱火で30分ほど煮る。

CONSEJOS

ワイン色に染まったタコにソースを絡めていただきます。海に近い修道院ならで
はの料理です。生ダコを使うときは繊維を壊すように肉叩きで叩きます。もしくは
冷凍すると、繊維が壊れてやわらかくなります。

Hojaldre de chocolate
ミニチョコレートパイ

INGREDIENTES　材料(8個分)

マザー・マリア・アルムデナのパイ生地(下) ----------- 100g
板チョコレート(ブロック) ----------------------------- 8片
卵黄(塗り用) -- 1個分

PREPARACIÓN　作り方

1. オーブンを200℃に温める。天板にオーブンシートを敷く。

2. 台に薄力粉(分量外)をふり、パイ生地を20×30cm角に麺棒でのばす。8等分に切り、半分に折り、それぞれに板チョコレートを1片ずつ挟む。端に卵黄を塗り、指で押さえて閉じる。

3. 天板に並べ、表面に溶いた卵黄をハケで塗り、温めたオーブンで10〜15分こんがりとするまで焼く。

Hojaldre de la Madre Mª Almudena
マザー・マリア・アルムデナのパイ生地

INGREDIENTES　(直径20cmパイ皿・1台分)

薄力粉 -------------------------------------- 125g
強力粉 -------------------------------------- 125g
バター(無塩) ------------------------------- 250g
冷水 -- 125ml
塩 --- 5g

CONSEJOS

生地が台に付着したり、やわらかくなってしまったときは冷蔵庫に入れて冷やしてください。でき上がりは冷蔵庫で冷やしておくか、ラップできっちり包んで冷凍して必要に応じて使います。

PREPARACIÓN　作り方

1. バターは1〜2cm角くらいに切り、冷蔵庫で冷やしておく。

2. 粉類と塩はふるっておく。強力粉(分量外)を麺棒と台にふっておく。

3. 大きなボウルにふるった粉と塩を入れ、冷たいバターを加えて、溶けないように素早くバターが粉で覆われるよう指でホロホロになるまで混ぜる。

4. すぐに冷水を加え、バターの形が残り、丸められる程度に混ぜる。

5. 打ち粉をした台に生地をのせ、麺棒で1cmほどの厚さの長方形にのばす。端から1/3を折り、さらに反対側も端から1/3を重ねるように折る。この際に重ねる面に打ち粉がついていたら払い落とす。麺棒で折った部分がつくように軽く押す。サランラップで包み、冷蔵庫で1時間生地を休ませる。

6. 強力粉(分量外)をふった台に生地を再びのせ、折り目を手前にして5.のようにのばし、折るをなめらかになるまで5〜6回繰り返し、冷蔵庫で再び休ませる。

Arroz con gambas y chirlas
海老とあさりのご飯

INGREDIENTES　材料（4人分）

米	2カップ
海老（殻つき）	4〜8尾
あさり	200g
にんにく	1片
パプリカパウダー	小さじ2
オリーブオイル	大さじ2
塩	小さじ1/3

PREPARACIÓN　作り方

1. 海老は頭があれば切り落とし、殻と背ワタを取り除く。あさりは塩3％を入れた水で30分ほど砂抜きし、こするように洗う。

2. にんにくはみじん切りにする。

3. 鍋にオリーブオイルを中火で温め、にんにくを炒める。

4. にんにくの香りが出たら、米とパプリカパウダーを加えて混ぜる。

5. 熱湯2と1/4カップ、塩、海老、あさりを加えて軽く混ぜ、弱火にして12〜13分煮る。火を止めてさらに15分蒸らす。

CONSEJOS

デリオの聖クララ会で教えていただいたレシピです。少しずつ残った魚介や冷凍保存した白身魚、イカ、ムール貝などを合わせて使ったりするそう。

Pescadilla en salsa
白身魚のにんにくソース

INGREDIENTES　材料（4人分）

白身魚（生鱈などの切り身）	4切れ
茹で卵	2個
にんにく	3片
オリーブオイル	大さじ3
薄力粉	大さじ2
塩、こしょう	各適量
好みの葉野菜（クレソン・サラダほうれん草など）	適量

PREPARACIÓN　作り方

1. 生鱈は塩、こしょうをふり、薄力粉を薄くはたく。

2. にんにくはみじん切りにする。

3. フライパンにオリーブオイル半量を中火で温め、1.の鱈の両面をこんがり焼いて取り出す。

4. 同じフライパンに残りのオリーブオイルを入れてにんにくを炒める。香りが出たら3.を戻し入れ、水をひたひた弱注いでフライパンを揺らしながらとろみがつくまで煮る。

5. 器に盛り、輪切りにした茹で卵をのせ、食べやすく切った葉野菜を添える。

CONSEJOS

厚切りのメルルーサを使って作る料理ですが、鱈やメロ、銀鱈、あんこうなどでも代用できます。油と水を乳化させてとろりとしたスープにするのがポイントです。葉野菜のほか、ほうれん草などのソテーを添えても。

Compota de calabaza
かぼちゃのコンポート

INGREDIENTES 材料(4人分)

かぼちゃ -- 1／4個
シナモンスティック ---------------------------------- 1本
グラニュー糖 -------------------------------------- 小さじ2

PREPARACIÓN 作り方

1. かぼちゃは皮をむき、ワタと種を取り除いて食べやすい大きさ
   に切る。
2. 鍋にかぼちゃ、シナモンスティック、グラニュー糖を入れ、ひた
   ひたの水を加える。
3. かぼちゃがやわらかくなるまで煮たら、残った煮汁を強火で
   煮詰める。

ジャムの瓶詰め

旬の果物を日々の料理に上手に活用する
修道女たちですが、たくさん収穫したときに
保存する知識も、古くから修道院に受け継
がれています。そのひとつが瓶詰めです。
しっかりと煮沸消毒をして腐敗を防ぎ、脱
気することで長期保存が可能になります。
ここでは、どこの修道院でも作られている
ジャムの基本的な詰め方をご紹介します。

UTENSILIOS 必要な道具

・大きな鍋
・トング
・キッチンクロス
・お玉またはスプーン

CÓMO ENVASAR 方法

1. ガラス瓶は耐熱か、また密閉可能
   かどうかを確認する。
2. 作業する場所と道具はすべてきれ
   いに消毒(煮沸またはアルコール
   でふくなど)しておく。
3. 瓶と蓋は隅々まで洗剤でよく洗う。
4. 鍋に瓶がひたひたになる程度の水
   を入れて沸かす。沸騰したら瓶を
   静かに入れ、中火で10分煮沸す
   る。蓋は1分ほど煮沸する。
5. 乾いたキッチンクロスの上に瓶と
   蓋を並べ、水気をきる。

6. 瓶がまだ温かいうちに熱いジャム
   を9分目まで入れ、瓶口の汚れを
   ふき取る。
7. 蓋を軽く閉め、瓶を少し揺らす。
8. 鍋底にキッチンクロスを敷き、湯を
   沸かす。瓶を並べて瓶のジャムと
   同じ高さまでに湯量を調節し、弱
   火で20〜25分加熱する。
9. ヤケドに注意しながら瓶を取り出
   し、取り出したらすぐに蓋を一瞬ゆ
   るめ、素早く蓋をしっかりと閉める。
10. 冷まし、冷暗所で保存する。

PRIMER PLATO 一皿目

Sopa de ajo con huevo
卵入りにんにくのスープ

INGREDIENTES 材料（4人分）

卵 --4個
にんにく ----------------------------------3片
フランスパン（1cm幅）-------------------2枚
タイムの葉 ----------------------------- 少々
チキンスープストック（→ *Page.* 237）------------3と1/2カップ
パプリカパウダー ---------------------- 小さじ2
オリーブオイル ------------------------ 大さじ1
塩、こしょう------------------------------ 各適量

PREPARACIÓN 作り方

1. にんにくはみじん切りにする。フランスパンはざく切りにする。

2. 鍋にオリーブオイルを中火で温め、にんにくとパンを炒める。

3. 火を止めてパプリカパウダーを加え、さっと混ぜる。

4. チキンスープストックを加えて蓋をし、弱火にして20分ほど煮て塩、こしょうで味を調える。

5. 卵を溶きほぐして加える。さっと混ぜ、卵がかたまったら火を止める。

6. 器によそい、粗みじん切りにしたタイムの葉をふる。

CONSEJOS

チキンスープや肉系のスープストックを使うと、さらにスタミナがついて風邪予防になるスープです。殺菌効果のあるタイムの葉を加え、免疫力も高めます。パンがスープを吸ってパンがゆのよう。

SEGUNDO PLATO 二皿目

Lenguado con salsa de espinacas
ヒラメのムニエル ほうれん草ソース

INGREDIENTES 材料（4人分）

ヒラメ（切り身）------------------------4切れ
ほうれん草-------------------------------1束
にんにく ----------------------------------1片
バター -------------------------------- 20 g
生クリーム -------------------------- 1カップ
薄力粉 ------------------------------- 大さじ2
塩、こしょう------------------------------ 各適量

PREPARACIÓN 作り方

1. ヒラメは塩、こしょうをふり、薄力粉を薄くはたく。

2. ほうれん草はたっぷりの湯で茹でる。水気を絞り、粗みじん切りにする。

3. にんにくは薄切りにする。

4. フライパンにバターを入れて中火にかける。バターが溶けたら、ヒラメの両面をこんがり焼いて器に盛る。

5. 同じフライパンににんにくを入れて炒め、香りが出たらほうれん草を加えて炒める。油が回ったら、生クリームを加え、塩、こしょうで味を調える。とろりとするまで煮たら、ヒラメにかける。

CONSEJOS

ヒラメは寒くなる晩秋から初春が美味しい時期。最も脂が乗り、身が締まる冬にぜひ味わいたいものです。

Trufas Lekunberri

トリュフチョコレート

INGREDIENTES 材料（約8個分）

クーベルチュール・チョコレート（スイート）----------- 100g
バター（無塩）---------------------------------- 40g
ブランデー ---------------------------------- 大さじ1/2
コンデンスミルク -------------------------------- 70g
チョコレートスプレー（またはココアパウダー）---------- 適量

PREPARACIÓN 作り方

1. チョコレートは刻む。

2. 鍋にチョコレートとバターを入れて湯せんにかけて弱火で溶かす。

3. チョコレートが溶けたら、ブランデーとコンデンスミルクを加えて木べらでよく混ぜる。

4. 角バットなどに移し、ラップをして冷蔵庫で30分ほど冷やしかためる。

5. 4.を冷蔵庫から取り出し、スプーン2本を使って小さく丸め、チョコレートスプレーをまぶす。

CONSEJOS

バレンタインデーにはローマ時代の聖バレンチヌスが関連しているようですが、カトリックでは2月14日はほかの聖人を祝う日です。ましてやチョコレートをプレゼントする習慣はありませんが、修道女の得意なチョコレート菓子をぜひ参考にしてください。

残ったパンのこと

米を食べることも多いスペインですが、あくまでも主食はパンです。修道院でも、バゲットとバタールの中間のような太さと長さのパンが主流で、毎日何本かを1日に3回切り分けて食べます。カトリックでは、パンはキリストの体であり、分け合って食べることには大きな意味合いがあります。

修道院では時間があるときに手作りするところもあるようですが、基本的にはパン屋さんに配達してもらうことがほとんど。多めにお願いし、切り分けてから冷凍して保存することも。ただし、残ってかたくなることも当然ながらあります。そんなときは、上手に使い回すのも修道女の得意とするところです。

使い方を尋ねると、いちばんよく作るのが、コロッケ、フライ、肉団子、パン粉団子などに活用できるパン粉だそう。すっかりかたくなったパンを、フードプロセッサーまたはチーズおろし器で細かくし、ポリ袋に入れて冷凍もしておくそうです。

また、温かい牛乳に浸して焼くスペイン風フレンチトースト"トリーハス（—→ Page. 113）"、卵と牛乳と混ぜたパンプディング、にんにくのスープ、オニオングラタンスープ、魚介のスープ、ガスパチョ、そして細かくしたパンを水で戻し、野菜やソーセージと炒める料理"羊飼いのミガス（—→ Page. 280）"など、残すことなく料理に活用します。

PRIMER PLATO 一皿目

Rollitos de jamón
長ねぎのハム巻きグラタン

INGREDIENTES 材料（4人分）

長ねぎ -- 2本
ハム（厚めのもの）------------------------------------ 10枚
［ベシャメルソース］
　　バター --- 30g
　　薄力粉-- 大さじ4
　　牛乳 -- 3カップ
　　塩 --- 小さじ1/2
　　こしょう--- 適量

PREPARACIÓN 作り方

1. オーブンを230℃に温めておく。

2. 長ねぎは5等分に切る。沸騰した湯で3分ほど茹で、水気を
　しっかりきる。

3. 茹でた長ねぎにハムを1枚巻く。

4. ベシャメルソースを作る。鍋にバターを入れて弱火にかけて溶
　かす。溶けたら、薄力粉を加えて中火にして炒める。粉臭さが
　なくなったら、牛乳を少しずつ加えては泡立て器で混ぜるを
　繰り返し、とろみをつけて塩、こしょうで味を調える。

5. 耐熱容器にハムの巻き終わりを下にして並べる。ベシャメルソー
　スをかけ、温めたオーブンでほんのり焦げ目がつくまで焼く。

CONSEJOS

スペインのハムは比較的厚くて大きめなので、意外とボリュームがある料理で
す。長ねぎは庭で育った旬の甘みたっぷりのものを使います。

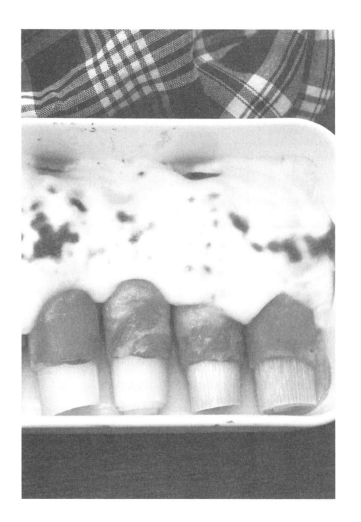

Lenguado al horno
ヒラメのトマトオーブン焼き

INGREDIENTES 材料(4人分)

ヒラメ(切り身) -------------------------4切れ
トマト --------------------------------2個
玉ねぎ --------------------------------1個
イタリアンパセリのみじん切り-------------- 小さじ1
オリーブオイル ------------------------- 適量
塩、こしょう----------------------------各適量

PREPARACIÓN 作り方

1. オーブンを180℃に温めておく。天板にオーブンシートを敷く。

2. ヒラメは塩、こしょうをふる。

3. トマトはヘタを切り落として輪切りにする。玉ねぎは薄切りにする。ともにボウルに入れ、塩、こしょうをふり、オリーブオイル大さじ1を加えて和える。

4. 天板に3.のトマトと玉ねぎを並べ、ヒラメをのせてイタリアンパセリとオリーブオイル小さじ2をふり、オーブンで15～20分焼く。

CONSEJOS

バスクのヒラメは小さいものから、びっくりするほど大きいサイズのものまであります。いずれにせよ、切り身を天板、もしくは耐熱容器に入れて焼き上げます。プチトマト、スライスしたじゃがいもなどを添えたり、でき上がりにレモンをたっぷり搾ってもよいでしょう。

Plátanos salteados
焼きバナナのはちみつがけ

INGREDIENTES 材料(4人分)

バナナ -------------------------------2本
バター ------------------------------ 大さじ1
はちみつ ----------------------------- 適量
シナモンパウダー ----------------------- 適宜

PREPARACIÓN 作り方

1. バナナは皮をむき、長さを半分に切る。

2. フライパンにバターを溶かし、1.の両面を焼く。

3. はちみつをかけ、好みでシナモンパウダーをふる。

CONSEJOS

焼くときにラム酒をふってもよいです。その場合は火が入ると燃えるので、気をつけてください。アイスクリームやナッツを添えても。

PRIMER PLATO 一皿目

Pastel de atún
ツナのパステル

INGREDIENTES 材料（20×6×高さ7cmパウンド型・1台分）

ツナ --- 240g（正味）
卵 --3個
生クリーム ------------------------------------1/2カップ
トマトソース（⟶ Page.136、またはケチャップ）--------- 大さじ2
オレガノ --- 小さじ1
塩、こしょう--- 各適量

PREPARACIÓN 作り方

1. オーブンを170℃に温めておく。型にオーブンシートを敷く。
2. ツナは油をよくきり、さらにペーパータオルで油分を取り除く。
3. ブレンダーまたはミキサーでツナ、卵、生クリーム、トマトソースをツナが少し残る程度にピューレ状にする。
4. オレガノを加えて混ぜ、塩、こしょうで味を調える。
5. 型に流し入れ、天板にのせる。熱湯を天板にひたひたに注ぎ、温めたオーブンで30分ほど焼く。
6. 粗熱が取れたら型から取り出し、食べやすい大きさの長方形に切り分ける。

CONSEJOS

パステルはパウンド型で焼き上げる卵料理で、キッシュのフィリングのようなものです。具材は魚介や野菜、ハムなどで応用が効くので重宝します。でき上がりはパウンドケーキのような見た目になります。

SEGUNDO PLATO 二皿目

Guiso de pescado
魚介の煮込み

INGREDIENTES 材料（4人分）

生鱈（切り身）-------------------------------------4切れ
あさり --- 12個
海老（有頭）------------------------------------- 4〜8尾
玉ねぎ ---1個
にんにく ---1片
白ワイン（辛口）-------------------------------1/2カップ
オリーブオイル --- 適量
薄力粉 --- 適量
塩、こしょう--- 各適量

PREPARACIÓN 作り方

1. 生鱈は半分に切り、塩、こしょうをふって薄力粉を薄くはたく。
2. あさりは塩3%を入れた水で30分ほど砂抜きし、こするように洗う。海老は流水でよく洗い、背ワタを取り除く。
3. 玉ねぎとにんにくはみじん切りにする。
4. フライパンにオリーブオイル大さじ1を中火で温め、1.の鱈の両面をこんがり焼いて取り出す。
5. 同じフライパンに足りなければオリーブオイルを適宜足し、弱火にして玉ねぎとにんにくを炒める。
6. 玉ねぎがしんなりとしたら鱈を戻し入れ、あさりと海老を加え、白ワインを注いで蓋をして10分ほど煮る。

Turrón de yema

トゥロン

INGREDIENTES 材料（20×幅6cmパウンド型・1台分）

レモン（ノーワックス）----------------------------- 1個分
グラニュー糖 -------------------------------------200g
アーモンドパウダー（マルコナ種）-------------------300g
卵黄 --- 4個分

PREPARACIÓN 作り方

1. レモンの皮はよく洗ってすりおろし、果汁を絞る。パウンド型に
   オーブンシートを敷き詰める。

2. 鍋にグラニュー糖と水1カップを入れ、沸騰したら弱火にし、と
   ろりとなるまで煮込む。レモン果汁を加えて火から下ろす。

3. 1.にアーモンドパウダーとレモンの皮のすりおろしを加えて混
   ぜる。

4. 卵黄をひとつずつ加えて混ぜる。

5. 型に4.を流し入れ、表面を押してギュッと詰める。3時間以上
   常温に置き、生地を馴染ませる。

6. 型から取り出し、1.5cm厚さに切り分ける。

CONSEJOS

"卵黄のトゥロン"と呼ばれているトゥロンのひとつです。でき上がりの表面にグラ
ニュー糖をふり、焼きごてでキャラメリゼしますが、ここでは省略してシンプルに
しています。これだけは本格的に皮なしのマルコナ種のアーモンドを使ってくだ
さい。

トゥロンのこと

クリスマスのお菓子で絶えず人気を誇っているのは
アーモンド（マルコナ種）がベースのお菓子"トゥロン"。
生まれ故郷はバレンシア地方のアリカンテ。歴史上に
その名前が初めて登場するのは、15世紀の王妃の
手紙だったといわれています。トゥロンには、すり潰し
たアーモンド、はちみつ、砂糖を練ったソフトタイプと、
ホールのアーモンドと卵白、はちみつと砂糖のシロップ
でかためたハードタイプの2種類があります。クリスマス
にはチョコレートやココナッツ、卵黄などを加えたもの、
くるみやヘーゼルナッツで作られたものなど、たくさん
の種類が出回ります。お菓子屋さんは大きな長方形
に作り、グラムで切り分けて販売したり、ヌガーのように
手頃なタブレット状で販売します。サルバティエラの聖
ペドロ修道院では、季節になると10種類以上ものトゥ
ロンを作り販売します。その味はどれも格別です。

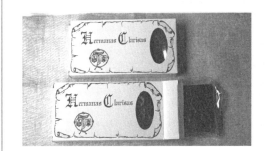

PRIMER PLATO 一皿目

Sopa de pescado
魚介のポタージュ

INGREDIENTES 材料（4人分）

魚介（有頭海老、白身魚、あさりなどを合わせて）------ 500g
にんじん --------------------------------- 1/2本
玉ねぎ ------------------------------------ 1個
長ねぎ ------------------------------------ 1本
にんにく ---------------------------------- 1片
魚介スープストック（→ Page. 086）--------- 5カップ
トマトソース（→ Page. 136）-------------- 1/2カップ
フランスパン ------------------------------ 50g
ローリエ ---------------------------------- 1枚
ブランデー ------------------------------ 1/2カップ
パプリカパウダー -------------------- 小さじ1/2
オリーブオイル ----------------------- 大さじ3
塩、こしょう----------------------------- 各適量

PREPARACIÓN 作り方

1. 海老は流水でよく洗って背ワタを取り除き、白身魚はひと口大に切って塩、こしょうをふる。あさりは塩3%を入れた水で30分ほど砂抜きし、こするように洗う。

2. にんじん、玉ねぎ、長ねぎは粗みじん切り、にんにくはみじん切りにする。

3. 鍋にオリーブオイル大さじ2を弱火で温め、玉ねぎをじっくり炒める。玉ねぎがしんなりとしたら、にんじん、長ねぎ、にんにくを加えてさらに炒める。

4. ブランデーを加えてアルコール分を飛ばしながら煮詰める。

5. トマトソースを加えて全体を混ぜ、フランスパンをちぎり入れてさらに混ぜる。

6. パプリカパウダーをふり、魚介スープストックを加える。沸騰したらローリエを加えて蓋をし、弱火で20分ほど煮る。

7. ブレンダーまたはミキサーでなめらかにする。

8. 鍋に戻し入れ、1.の海老、白身魚を加えて弱火で10分ほど煮る。あさりを加えて貝の口が開くまで、さらに5分ほど煮て、塩、こしょうで味を調える。

CONSEJOS

バスクのサンセバスチャンにある聖ドミニコ修道院のレシピから。私がスペインに住んでいた頃に本で出合い、ずっとお世話になっているレシピです。パンでとろみをつけた濃厚なこのスープが名高い、サン・セバスチャン界隈の基本の作り方。なんといっても新鮮な魚介があってこそのスープです。

SEGUNDO PLATO 二皿目

Dorada a la sal
鯛の塩釜焼き

INGREDIENTES　材料(4人分)

鯛 -- 1尾(1kg)
粗塩 ---1〜1.5kg
ハーブ(エストラゴン、ローズマリー、タイムなど) ------ 3〜4本
［ビナグレットソース］
　　オリーブオイル ------------------------------ 大さじ6
　　白ワインビネガー --------------------------- 大さじ2
　　塩、こしょう ----------------------------------各適量

PREPARACIÓN　作り方

1. オーブンを200℃に温めておく。ビナグレットソースの材料を混ぜる。ボウルに粗塩と水大さじ5〜6を入れて混ぜる。

2. 鯛はウロコと内臓、エラを取り除く。流水でよく洗い、ペーパータオルで水気をしっかりふき、腹にハーブを詰める。

3. 耐熱容器または天板に塩1/3量を敷き、鯛をのせる。残りの塩で鯛全体を隙間なく覆う。

4. 温めたオーブンで35分ほど焼く。

5. 器に盛り、ビナグレットソースを添える。

CONSEJOS

バスク隣のカンタブリア地方の聖モンテ・カルバリオ修道院に古くから伝わるレシピです。今よりたくさん鯛が漁れて安価だった時代にはよく作られていたそう。現在は漁師さんたちが寄付してくださったときに作る特別な料理。臭みが残らないように内臓とウロコをしっかり取り除きます。いただくときは魚の皮を切らないように優しく塩を崩します。

POSTRE デザート

Macedonia de invierno
冬のマセドニアフルーツ

INGREDIENTES　材料(4人分)

グレープフルーツ -------------------------------4個
オレンジ ---2個
レモン(ノーワックス) ------------------------- 1/2個分
はちみつ -------------------------------------- 大さじ2

PREPARACIÓN　作り方

1. レモンはよく洗い、皮はすりおろして果汁を絞る。

2. 1.とはちみつを混ぜる。

3. グレープフルーツとオレンジは皮をむいて輪切りにし、さらに半分に切る。

4. 3.を器に盛り、2.をかける。

PRIMER PLATO 一皿目

Endivias salteadas
チコリのソテー

INGREDIENTES　材料（4人分）

チコリ ------------------------------------ 4個
くるみ ------------------------------------ 15g
白ワインビネガー ------------------------ 小さじ1
オリーブオイル ------------------------- 大さじ1
塩、こしょう ----------------------------- 各適量

PREPARACIÓN　作り方

1. チコリは縦半分に切る。くるみは粗みじんに切る。
2. フライパンにオリーブオイルを中火で温め、チコリの切った面を下にしてきつね色になるまで焼く。
3. 裏返し、全体に塩、こしょう、白ワインビネガーと水大さじ1をふり、蓋をして弱火で3分ほど蒸し焼きにする。
4. 器に盛り、くるみをふる。

CONSEJOS

くるみの代わりにピーナツやアーモンドを使っても。

SEGUNDO PLATO 二皿目

Dorada a la sidra
鯛のシードル風味

INGREDIENTES　材料（4人分）

鯛（切り身） -------------------------- 4切れ
にんにく ------------------------------- 2片
シードル --------------------------- 1/4カップ
オリーブオイル ------------------------ 大さじ1
塩、こしょう --------------------------- 各適量

PREPARACIÓN　作り方

1. 鯛は塩、こしょうをふる。にんにくは薄切りにする。
2. フライパンにオリーブオイルを弱火で温める。にんにくを炒め、香りが出たら取り出す。
3. 同じフライパンに鯛を並べ、両面を焼く。中まで火が通ったらにんにくを戻し入れ、シードルを加え、中火で煮詰める。

CONSEJOS

茹でて炒めたじゃがいもやマッシュポテトを添えたり、りんごを炒め、シードルとグラニュー糖でキャラメリゼしたものもこの料理によく合います。

Pantxineta

パンチネタ

INGREDIENTES 材料（5〜6人分）

マザー・マリア・アルムデナのパイ生地（⟶» *Page. 355*）----- 200g

［カスタードクリーム］

    牛乳 ---------------------------------- 1カップ

    卵黄 ------------------------------------ 2個

    グラニュー糖 ---------------------------- 30g

    コーンスターチ -------------------------- 15g

アーモンドスライス ----------------------------- 50g

卵黄（塗り用）---------------------------------- 1個分

粉砂糖 --------------------------------------- 適量

PREPARACIÓN 作り方

1. カスタードクリームを作る。牛乳2/3カップを鍋に入れて弱火で温める。ボウルに卵黄を溶きほぐし、グラニュー糖を加えて泡立て器でよく混ぜる。温めた牛乳を少しずつ加えて混ぜる。鍋に戻し、残りの牛乳で溶いたコーンスターチも加えて弱火でとろみが出るまで混ぜる。粗熱を取る。

2. オーブンを200℃に温めておく。天板にオーブンシートを敷く。

3. パイ生地を20×30cm角に麺棒でのばしたものを2枚用意する。

4. 生地の端1cmを残し、カスタードクリームを均等にのせる。もう1枚の生地をのせ、端をフォークで押さえ、表面に竹串で数個穴を開ける。卵黄を全体に塗り、アーモンドスライスをふり、温めたオーブンで15分ほどこんがりと焼き目がつくまで焼く。粗熱が取れたら、粉砂糖をふる。

マザー・マリア・アルムデナのパイのこと

善き羊飼いの修道院にはパイ名人がいるとか。聞けば、マザー・マリア・アルムデナは特別な日になるとキッチンに入り、丁寧にパイ生地（⟶» *Page. 355*）をこねて、美味しいパイを焼いてくれると、うっとりとした様子でシスターたちが話してくれました。

「焼き立てのパイのそれは美味しいこと。私たちは特別な日があると、マザー・マリア・アルムデナについついおねだりしてしまうの」。庭仕事を終えて現れたマザー・マリア・アルムデナは、色白で目鼻立ちがはっきりとした美人さんで、ケラケラッと笑った顔がまた可愛らしく、この人が作るパイなら間違いなく美味しいはず、と思わず確信してしまったほど。「パイ生地？ 簡単よ」との第一声にほかのシスターたちが「そんなに簡単じゃないわよね。教わっても同じように作れないもの」。

コツはと聞くと、「第一に暑くない日を選び、涼しいところで大理石か、花崗岩の台を使うことね」。マザーの手は、見た目はぷっくりとして温かそうだけれど、実はいつでも冷たくて、まさにパイ生地にうってつけだそう。「粉とバターは同じ量でね。バターは必ず切っておいてしっかり冷やしたものを使って。少しでもやわらかくなったらだめ。」と色々と伺っている間もほかのシスターたちはでき立てのパイを思い出したのか、マザーの話に聞き入ったり、相槌を打ったりしていました。

Recetas del corazón
por las hermanas de los
conventos Vascos

バスクの修道女　日々の献立

Índice de recetas

索引

Ingredientes cotidianos en España
スペインでよく使うメイン食材

Pollo［鶏肉］

Cerdo［豚肉］

Ternera［牛肉］

Embutidos, jamón y bacón
［加工品］

Índice alfabético
料理名順

Monasterios colaboradores

ご協力いただいたシスターたち

Monasterio De Santa Clara

聖クララ修道院／バスク州ビスカヤ県ゲルニカ

ゲルニカはバスクの象徴といわれている、とても重要な町です。小さな旧市街の中心にある議事堂にはその昔、樫の木の下でバスク議会が行われていたというバスク独立の象徴「ゲルニカの木」があります。聖クララ修道院は、その議事堂の横にあります。設立が17世紀、建物は140年前に建てられました。修道長のマザー・マリア・テレサは朝、庭で摘んだという花をブーケにして迎えてくださいました。書き出したレシピも用意してくださり、料理の話になると微笑ましいエピソードとともに美味しい話が尽きませんでした。ゲルニカに生まれ、育ち、若い頃この修道院に入ったという生粋のバスクっ子。ピカソの絵「ゲルニカ」で知られるスペイン内戦の悲劇も経験し、その話をするときの遠くを見つめる哀しげな瞳が忘れられません。

Monasterio De Carmelitas Descalzas Del Buen Pastor

跣足カルメル会善き羊飼いの修道院／バスク州ギスプコア県サラウツ

クララ会のマザー・マリア・テレサに教えていただき、伺った跣足カルメル会善き羊飼いの修道院。美食の町としても知られているビスケー湾に面したサン・セバスチャンから車で20分ほどの、海岸沿いの避暑地サラウツにあります。もともとは、ベルギーのカルメル会修道女たちが設立したという修道院。伺ったときはちょうど修復工事中でした。ここには日本人のお父様を持つシスター・アキコがいらっしゃいます。5年前まで外科医として前線でキャリアを積んでいらした異色のシスターです。シスター・ピラールももともとは薬剤師であり、2人のお話は自然療法に、自然食にと話題が尽きず、2時間以上も話し込んでしまいました。メールでもたくさんやりとりをさせていただき、「愛のある料理の効果」、「自然の食材を上手に活用する方法と意義」を多く語ってくださいました。

Monasterio De Santa Clara
聖クララ修道院／バスク州ビスカヤ県デリオ

バスク州の州都ビルバオから車で20分ほどの小さな町、デリオの小高い丘に建ちます。大変古い修道院で、歴史的な色々な事情から幾度となく移り住み、現在の場所に至っているといいます。シスターマリア・サイオンはマドリッド生まれで、クララ会のチョコレート作りの広報も担当する料理好きの修道女。ほかの若いシスター達とともに率先して料理の研究も行なっています。ジャムやチョコレート、お菓子の販売やホスペデリア（もともとは巡礼者のための宿泊施設で現在は一般宿泊）も併設しているので、観想修道院ですが、人と接することが多い修道院です。

お話や料理を参考にさせていただいた修道院

Monasterio De Mercedarias Descalzas
跣足メルセス修道院／カンタブリア州ノハ

Monasterio De Santa Clara
聖クララ修道院／カンタブリア州サンティージャナ・デル・マル

Monasterio De San Pelayo
聖ペラージョ修道院／アストゥリアス州オビエド

Monasterio De San Jose
聖ホセ跣足修道院／グラナダ　ほか

Epílogo

あとがき

料理の話になるとその場の空気ががらんと変わるのが分かります。
食べることは誰にとっても喜びのひとつだと実感するときです。

訪ね歩くうち、それぞれの修道院が特色を持ち、その修道院カラーが私にも分かるようになりました。

でもどこも変わらないのは、毎日私たちと同じように「どんなメニューにしよう」と考え、
工夫し、食べる人たちのことを思い、そして自分も美味しくいただくために料理をしていることです。

そして、感謝の気持ちを忘れないことが大切だと、いつも気づかせてくれます。

自然の恵みに、美味しいものを満喫できる健康な体に、
そして作ってくれた人たちに感謝を忘れずいただきたいものです。

丸山久美

Kumi Maruyama
丸山久美

料理家。スペイン家庭料理教室「mi mesa」
主催。アメリカへ留学後、ツアーコンダク
ターとして世界各国を廻る。1986年から
スペイン・マドリードに14年在住。家庭料理
をベースにしたスペイン料理を習得しなが
ら修道院を巡り、修道女たちから料理を学
ぶ。『修道院のお菓子 スペイン修道女の
レシピ』(扶桑社)、『家庭で作れるスペイン
料理 パエリャ、タパスから地方料理まで』
(河出書房新社)など多数。

写真／原田教正(**Page. 017–032, 193–208**)
装丁／岡村佳織
題字／三戸美奈子(andscript)
料理アシスタント／矢口 香
編集／小池洋子(グラフィック社)

RECETAS DEL CORAZÓN POR LAS HERMANAS DE LOS CONVENTOS VASCOS

バスクの修道女　日々の献立

2021年 3 月25日　初版第1刷発行
2023年12月25日　初版第4刷発行

著者／丸山久美
発行者／西川正伸
発行所／株式会社グラフィック社
〒102-0073 東京都千代田区九段北1-14-17
tel.03-3263-4318(代表)／03-3263-4579(編集)
郵便振替 00130-6-114345
http://www.graphicsha.co.jp
印刷・製本／図書印刷株式会社